Werner Schmidt, Andrea Müller
Personalräte

Forschung aus der Hans-Böckler-Stiftung | 201

Editorial

Die Reihe **Forschung aus der Hans-Böckler-Stiftung** bietet einem breiten Leserkreis wissenschaftliche Expertise aus Forschungsprojekten, die die Hans-Böckler-Stiftung gefördert hat. Die Hans-Böckler-Stiftung ist das Mitbestimmungs-, Forschungs- und Studienförderungswerk des DGB. Die Bände erscheinen in den drei Bereichen »Arbeit, Beschäftigung, Bildung«, »Transformationen im Wohlfahrtsstaat« und »Mitbestimmung und wirtschaftlicher Wandel«.
Forschung aus der Hans-Böckler-Stiftung bei transcript führt mit fortlaufender Zählung die bislang bei der edition sigma unter gleichem Namen erschienene Reihe weiter.
Die Reihe wird herausgegeben von der Hans-Böckler-Stiftung.

Werner Schmidt (Dr. rer. soc.), geboren 1958, ist Soziologe, Politikwissenschaftler und ehemaliger Geschäftsführer des Forschungsinstituts für Arbeit, Technik und Kultur (F.A.T.K.) Tübingen. Seine Forschungsschwerpunkte sind Arbeitssoziologie, industrielle Beziehungen, Tarifpolitik und Entgeltbestimmung sowie Migration.
Andrea Müller (M.A.), geb. 1967, ist Soziologin, Geschäftsführerin des Forschungsinstituts für Arbeit, Technik und Kultur (F.A.T.K.) Tübingen und arbeitet an der Eberhard Karls Universität Tübingen. Ihre Forschungsschwerpunkte sind Arbeitssoziologie, Arbeitsbeziehungen, sozial-ökologische Transformation sowie Migration und Integration.

Werner Schmidt, Andrea Müller
Personalräte
Strategien, Arbeitsweise und Selbstverständnis von Personalvertretungen im öffentlichen Dienst

[transcript]

Bibliografische Information der Deutschen Nationalbibliothek
Die Deutsche Nationalbibliothek verzeichnet diese Publikation in der Deutschen Nationalbibliografie; detaillierte bibliografische Daten sind im Internet über https://dnb.dnb.de/ abrufbar.

Dieses Werk ist lizenziert unter der Creative Commons Attribution 4.0 Lizenz (BY). Diese Lizenz erlaubt unter Voraussetzung der Namensnennung des Urhebers die Bearbeitung, Vervielfältigung und Verbreitung des Materials in jedem Format oder Medium für beliebige Zwecke, auch kommerziell. (Lizenztext: https://creativecommons.org/licenses/by/4.0/deed.de)
Die Bedingungen der Creative-Commons-Lizenz gelten nur für Originalmaterial. Die Wiederverwendung von Material aus anderen Quellen (gekennzeichnet mit Quellenangabe) wie z.B. Schaubilder, Abbildungen, Fotos und Textauszüge erfordert ggf. weitere Nutzungsgenehmigungen durch den jeweiligen Rechteinhaber.

2025 © Werner Schmidt, Andrea Müller

transcript Verlag | Hermannstraße 26 | D-33602 Bielefeld | live@transcript-verlag.de

Umschlagkonzept: Kordula Röckenhaus
Umschlagabbildung: © Yuri Arcurs/peopleimages.com / AdobeStock
Satz: Michael Rauscher
Druck: Elanders Waiblingen GmbH, Waiblingen
https://doi.org/10.14361/9783839476420
Print-ISBN: 978-3-8376-7642-6
PDF-ISBN: 978-3-8394-7642-0
Buchreihen-ISSN: 2702-9255
Buchreihen-eISSN: 2702-9263

Gedruckt auf alterungsbeständigem Papier mit chlorfrei gebleichtem Zellstoff.

Inhalt

Abbildungen | 9

Tabellen | 11

Vorbemerkung | 15

Zusammenfassung | 17

1 Einleitung: Untersuchungsansatz, Fragestellung und Erhebung | 21
1.1 Mitbestimmung – essenziell für eine demokratische Gesellschaft | 21
1.2 Fragen an einen übersehenen Forschungsgegenstand | 23
1.3 Machtressourcen der Personalräte | 28
1.4 Untersuchungsfeld, Methode, empirische Erhebung | 37

2 Institutionalisierung der Mitbestimmung im öffentlichen Dienst | 49
2.1 Kurze Geschichte der Mitbestimmung im öffentlichen Dienst | 49
2.2 Die Entstehung des heutigen Personalvertretungsrechts | 53
2.3 Aspekte des heutigen Personalvertretungsrechts | 64

3 Zusammensetzung der Personalräte und Personalratswahlen | 79
3.1 Zusammensetzung | 79
3.2 Freistellungen | 88
3.3 Altersstruktur und Amtsdauer der Vorsitzenden | 92
3.4 Personalratswahlen | 94
3.5 Gewerkschaftsmitglieder in Personalräten | 97
3.6 Zwischenfazit | 99

4 Inhalte der Personalratsarbeit | 101
4.1 Themen und Ziele | 101
4.2 Dienstvereinbarungen | 110
4.3 Zeitbedarf und Beteiligung | 114

5 Arbeitsweise und Interaktion im Personalrat | 119
5.1 Zusammenarbeit und Teambildung | 119
5.2 Interne Konflikte und Wandel | 129
5.3 Teambildung und Qualifizierung | 134

6 Personalrat und Beschäftigte | 139
6.1 Personalversammlungen | 139
6.2 Kanäle der Kommunikation vor und seit der Corona-Pandemie | 143
6.3 Bedeutung des Personalrats für die Beschäftigten | 149

7 Personalrat und Arbeitgeber | 155
7.1 Kooperation und Konflikt | 155
7.2 Gespräche und Gegenüber | 160
7.3 Selbstverständnis und Beziehung zur Dienststelle | 162
7.4 Anerkennung und Mikropolitik | 169

8 Personalrat und Gewerkschaften | 175
8.1 Zusammenarbeit von Personalräten und Gewerkschaften | 175
8.2 Gewerkschaftliches Engagement von Personalräten | 183
8.3 Netzwerke | 189

9 Einflussfaktoren und Machtressourcen | 195
9.1 Strukturelle Machtressourcen | 195
9.2 Organisationale Machtressourcen | 200
9.3 Institutionelle Machtressourcen | 206
9.4 Gesellschaftliche Machtressourcen | 210
9.5 Politische Machtressourcen | 213

10 Typologie und Wandlungsmuster von Personalräten | 217
10.1 Typologie der Personalräte | 219
10.2 Wandlungsmuster | 240

11 Schlussfolgerungen für Forschung und Praxis | 249
11.1 Heterogenität der Personalvertretung | 249
11.2 Engagement und Anerkennung | 251
11.3 Gesellschaftliche Öffnung | 252
11.4 Personalräte und Gewerkschaften | 254
11.5 Anmerkungen zum Personalvertretungsrecht | 261
11.6 Abschließende Hinweise | 265

Literatur | 271

Abbildungen

Abbildung 1: Einschätzung der Schwierigkeiten, Kandidatinnen und Kandidaten zu finden | 81

Abbildung 2: Einfluss des Personalrats bei Privatisierung, Ausgründung, Auslagerung und Rekommunalisierung | 102

Abbildung 3: Veränderung der Leistungsanforderungen | 106

Abbildung 4: Zusammenarbeit innerhalb des Personalrats | 124

Abbildung 5: Einschätzung der Zusammenarbeit innerhalb des Personalrats | 128

Abbildung 6: Auswirkungen von Corona auf das Verhältnis zwischen Beschäftigten und Personalrat | 146

Abbildung 7: Bedeutung der Personalratsarbeit für die Beschäftigten | 150

Abbildung 8: Bedeutung der Personalratsarbeit bei verschiedenen Beschäftigtengruppen | 151

Abbildung 9: Bedeutung von Kooperation und Konflikt im Umgang mit dem Arbeitgeber | 156

Abbildung 10: Ernste Konflikte zwischen Personalrat und Arbeitgeber | 158

Abbildung 11: Verhältnis zwischen Personalrat und Dienststellenleitung | 161

Abbildung 12: Rolle des Personalrats in der Praxis | 163

Abbildung 13: Anerkennung bei Beschäftigten und Dienststellenleitung | 169

Abbildung 14: Verhältnis zwischen Personalrat und Dienststellenleitung bzw. Arbeitgeberseite | 174

Abbildungen

Abbildung 15: Zufriedenheit der Personalräte mit gewerkschaftlicher Unterstützung | 178

Abbildung 16: Einschätzung des Erfolgs der Personalratsarbeit (differenziert nach Arbeitsmarkt und Haushaltslage) | 196

Abbildung 17: Auswirkungen von Personal- und Fachkräfteknappheit | 198

Abbildung 18: Einschätzung des Erfolgs der Personalratsarbeit (differenziert nach Zusammenarbeit mit Gewerkschaften) | 202

Abbildung 19: Ressourcenausstattung des Personalrats | 205

Abbildung 20: Politische Orientierung der Verwaltungsspitze und Mehrheitsverhältnisse im Rat | 215

Tabellen

Tabelle 1: Verbeamtete Staatsbeschäftigte in Deutschland | 38

Tabelle 2: Angestellte Staatsbeschäftigte in Deutschland | 39

Tabelle 3: Angaben zur befragten Verwaltung | 45

Tabelle 4: Beteiligte Verwaltungen nach Bundesländern | 47

Tabelle 5: Angaben zur ausfüllenden Person | 48

Tabelle 6: Anzahl der Personalrats- bzw. Betriebsratsmitglieder und Freistellungen laut Personalvertretungsgesetzen bzw. Betriebsverfassungsgesetz | 73

Tabelle 7: Aufteilung der Personalratsmitglieder nach Beschäftigungsbereichen | 82

Tabelle 8: Beweggründe, sich im Personalrat zu engagieren | 84

Tabelle 9: Faktoren, die ein Engagement im Personalrat begünstigen | 85

Tabelle 10: Personalratsmitglieder nach Beschäftigungs- bzw. Dienstgruppen | 88

Tabelle 11: Gründe für die Nichtinanspruchnahme von Freistellungen | 89

Tabelle 12: Amtsdauer der Personalratsvorsitzenden | 93

Tabelle 13: Anzahl der Gewerkschaftsmitglieder im Personalrat | 98

Tabelle 14: Ziele der Personalratsarbeit | 104

Tabelle 15: Umgang von Personalräten mit Fragen der Eingruppierung und Einstufung | 108

Tabelle 16: Themen bestehender Dienstvereinbarungen | 110

Tabelle 17: Tätigkeiten der Personalratsarbeit nach Zeitbedarf | 114

Tabellen

Tabelle 18: Beteiligung des Personalrats an Entscheidungen | 116

Tabelle 19: Einarbeitung neuer Personalratsmitglieder | 135

Tabelle 20: Häufigkeit, Teilnahme und Beteiligung an Personalversammlungen | 140

Tabelle 21: Beziehungen innerhalb der Verwaltung vor und seit Corona | 145

Tabelle 22: Bedeutung der verschiedenen Kommunikationskanäle zur Kontaktpflege mit den Beschäftigten | 147

Tabelle 23: Regelmäßige Ansprechpartner des Personalrats auf Arbeitgeberseite | 160

Tabelle 24: Zusammenarbeit von Personalräten und Gewerkschaften | 177

Tabelle 25: Schwächen bei der Unterstützung durch die Gewerkschaft(en) | 181

Tabelle 26: Unterstützung der Gewerkschaftsarbeit durch Personalratsmitglieder | 185

Tabelle 27: Gründe für nicht vorhandenen Kontakt zur Gewerkschaft | 186

Tabelle 28: Zusammenarbeit mit Personalräten anderer Kommunen | 189

Tabelle 29: Wichtige Faktoren für die Durchsetzungschancen des Personalrats | 200

Tabelle 30: Einschätzung des Erfolgs der Personalratsarbeit nach Grad der Anerkennung | 203

Tabelle 31: Typologie der Personalräte | 220

Tabelle 32: Selbstverständnis von Personalräten als Kontroll- und Schutzorgan nach Verwaltungsgröße | 223

Tabelle 33: Selbstverständnis von Personalräten als Mitgestalter nach Verwaltungsgröße | 226

Tabelle 34: Selbstverständnis von Personalräten als regelorientierte Kontrollinstanz nach Verwaltungsgröße | 230

Tabelle 35: Beispiel eines »parlamentarisierten Personalrats« (Anzahl der Personalratsmitglieder) | 232

Tabelle 36: Anerkennung des Personalrats bei Beschäftigten und Dienststellenleitung | 239

Tabelle 37: Typologie der Wandlungsmuster | 241

Tabelle 38: Qualifizierungsbedarf von Personalräten | 257

Tabelle 39: Änderungsbedarf beim Personalvertretungsrecht aus Sicht von Personalräten | 262

Tabelle 40: Defizite der Personalratsarbeit aus der Sicht von Personalräten | 267

Vorbemerkung

In den allermeisten Dienststellen des öffentlichen Dienstes gibt es Personalräte. Eine stattliche Zahl von Arbeitnehmerinnen und Arbeitnehmern sowie Beamtinnen und Beamten lässt sich in diese Gremien der betrieblichen Beschäftigtenvertretung wählen, engagiert sich für die Kolleginnen und Kollegen und sorgt dafür, dass gesetzliche Bestimmungen und tarifvertragliche Vereinbarungen eingehalten werden.

In der Öffentlichkeit wird dieses freiwillige Engagement selten gewürdigt und auch in Studien zu Mitbestimmung und Arbeitsbeziehungen spielen Personalräte nur eine marginale Rolle. Die öffentliche Wahrnehmung wie auch die Forschung werden der Bedeutung von Personalratsarbeit nicht gerecht. Unsere Studie möchte daher die Arbeit der Personalräte ins Licht rücken, sichtbar machen und zu einer kritischen Würdigung beitragen.

Einen entscheidenden Anteil am Gelingen unseres Vorhabens haben die Personalräte selbst. Etliche waren bereit, mit uns über ihre Arbeit zu sprechen, und viele nahmen die Mühe auf sich, einen umfangreichen Online-Fragebogen auszufüllen. Allen Personalräten, die an unserer Untersuchung mitgewirkt haben, gilt unser besonderer Dank. Wir hoffen, dass sich für möglichst viele von ihnen interessante Befunde und vielleicht auch Anregungen und neue Perspektiven ergeben.

Danken möchten wir auch jenen, die selbst keine Mitglieder eines Personalrats sind, sondern hauptamtliche Gewerkschafterinnen und Gewerkschafter, Personalleiter oder Bürgermeisterinnen, aber gleichwohl bereit waren, ihr Wissen über Personalräte mit uns zu teilen und uns beim Feldzugang zu unterstützen.

Hilfreiche Anregungen erhielten wir nicht zuletzt aus den Reihen des Projektbeirats der Hans-Böckler-Stiftung, der das Projekt kritisch, doch stets konstruktiv begleitete. Stellvertretend für die fördernde Stiftung und den Beirat sei an dieser Stelle Stefan Lücking gedankt.

Vorbemerkung

Bei Marc Schwenzer vom SurveyLab am Institut für Soziologie der Universität Tübingen bedanken wir uns dafür, dass er uns Zugang zum Erhebungsprogramm LimeSurvey verschaffte und uns half, mit dem Programm klarzukommen.

Schließlich möchten wir uns bei unseren studentischen Hilfskräften bedanken, die uns vor allem bei der Transkription der Interviews und der Auswertung der standardisierten Erhebung, aber auch bei der Suche nach Kontakten unterstützten. Zu nennen sind hier Pierre Pascal Cerdan Castagnola, Anna Flörchinger, Rebecca Günthner, Charlotte Meyer zu Bexten, Patrizia Pinzl, Pamela Porozynski, Jannis Pott, Alieren Renkliöz, Clara Schweizer und Lina Weber.

Tübingen, im Oktober 2024
Werner Schmidt und Andrea Müller

Zusammenfassung

Personalräte vertreten die Interessen der Beschäftigten im öffentlichen Dienst, also sowohl die Interessen der Beamtinnen und Beamten als auch die der dort beschäftigten Arbeitnehmerinnen und Arbeitnehmer. Als Akteuren der betrieblichen Mitbestimmung kommt Personalräten eine wichtige Funktion im Rahmen der Arbeitsbeziehungen in Deutschland zu. Eine funktionierende betriebliche Mitbestimmung ist wichtig, damit die Anliegen der Beschäftigten artikuliert werden und betriebliche Sozialintegration gelingt. Mitbestimmung darf als essenziell für eine demokratische Gesellschaft gelten.

Personalräte sind weit verbreitet und bestehen in den allermeisten Dienststellen. Sehr viele Beschäftigte engagieren sich in Personalräten. Gleichwohl wurde die Arbeit der Personalräte bisher kaum untersucht und kritisch gewürdigt. Abgesehen davon, dass es alle Felder freiwilligen Engagements verdienen, wahrgenommen zu werden, ist eine Kenntnis der betrieblichen Mitbestimmung auch im öffentlichen Dienst relevant, um beurteilen zu können, wie es um die Arbeitsbeziehungen in Deutschland steht und wie sie sich entwickeln.

Mit der vorgelegten Studie, die sich auf eine umfangreiche empirische Erhebung in den Kommunalverwaltungen stützt, wird ein erster Schritt unternommen, um dieses Forschungsdesiderat zu beheben. Basierend auf zahlreichen Interviews und einer standardisierten Fragebogenerhebung in Städten und Gemeinden ab 10.000 Einwohnerinnen und Einwohnern sowie in Landkreisen werden Personalräte und ihre Arbeit kritisch beleuchtet sowie Hinweise auf Stärken und Schwächen der Personalratsarbeit gegeben.

Dem bisher wenig fortgeschrittenen Stand der Forschung entsprechend liefert die Studie zunächst eine Reihe von deskriptiven Befunden, etwa zur Zusammensetzung von Personalräten nach Tätigkeiten oder zum Anteil

Zusammenfassung

an Gewerkschaftsmitgliedern unter den Personalratsmitgliedern. Um ihre Handlungsmöglichkeiten auszuloten, fragt die Untersuchung auch nach den Machtressourcen, die den Personalräten zur Verfügung stehen und von diesen genutzt werden. Dabei wird nach strukturellen, organisationalen, institutionellen, gesellschaftlichen und politischen Machtressourcen unterschieden.

Ein erster Befund ist, dass in den Personalräten der Kommunalverwaltung gewöhnlich alle Tätigkeitsbereiche vertreten sind, aber die manuellen und technischen Bereiche etwas überrepräsentiert, die Sozial- und Erziehungsdienste hingegen etwas unterrepräsentiert sind. Ebenfalls unterrepräsentiert sind im Vergleich zu ihrem Anteil an den Beschäftigten die einfacheren Tätigkeiten und der höhere Dienst. Viele Personalräte begreifen sich selbst als »gutes Team«, die Zusammenarbeit zwischen den Beamten- und den Arbeitnehmervertreterinnen und -vertretern wird von 78 Prozent der Befragten als »sehr gut« bezeichnet.

Bemerkenswert ist, dass nur 54 Prozent der Personalräte die Möglichkeiten der Freistellung für die Personalratsarbeit vollständig ausschöpfen. Die wichtigsten Gründe sind nicht etwa Widerstände des Arbeitgebers, sondern das Interesse der Personalratsmitglieder, ihre dienstlichen Tätigkeiten fortzuführen, den beruflichen Anschluss nicht zu verlieren oder die Kolleginnen und Kollegen bei der Arbeit nicht im Stich zu lassen.

Die Kontakte zu den Beschäftigten pflegten die Personalräte vor der Corona-Pandemie vor allem durch persönliche Gespräche am Arbeitsplatz, auf Personalversammlungen, die überwiegend einmal im Jahr stattfinden, und per E-Mail. Mit Corona haben vor allem die Personalversammlungen an Relevanz verloren, E-Mails hingegen deutlich an Gewicht gewonnen.

Auch Video-Meetings, die vor Corona praktisch bedeutungslos waren, gewannen an Bedeutung; sie sind jedoch immer noch nur für ein Fünftel der Personalräte wirklich relevant. Teilweise liegt das auch daran, dass viele Personalräte nicht über das erforderliche Equipment verfügen. Auch ansonsten sind manche Personalräte nicht gut ausgestattet.

Etwa zwei Drittel der Personalräte sehen sich von den Beschäftigten hoch anerkannt; etwas mehr als die Hälfte sind nach eigenen Angaben auch beim Arbeitgeber hoch anerkannt. Fragt man danach, wie wichtig Kooperation und Konflikt im Umgang mit dem Arbeitgeber sind, dominiert eindeutig die Kooperation (für mehr als 90 Prozent wichtig oder sehr

Zusammenfassung

wichtig); Konflikten kommt eine geringere Bedeutung zu (für 38 Prozent wichtig oder sehr wichtig).

Mehr als die Hälfte der Personalratsmitglieder sind gewerkschaftlich nicht organisiert. Unter den Organisierten stellt ver.di die stärkste Gruppe; den Personalräten gehören aber auch Mitglieder der Gewerkschaft Komba und vereinzelt anderer Gewerkschaften an. Nur 14 Prozent der Personalräte arbeiten regelmäßig mit externen Gewerkschaftsvertreterinnen und -vertretern zusammen, weitere 38 Prozent selten.

Fragt man diejenigen ohne Kontakt zu Gewerkschaften nach den Ursachen dafür, geben nur 2 Prozent an, dass sie Gewerkschaften grundsätzlich ablehnen; 6 Prozent sehen keinen praktischen Nutzen in einer Zusammenarbeit. 93 Prozent[1] hingegen geben entweder an, dass sich bisher »keine Gewerkschaft aktiv um uns bemüht« hat, oder, dass die Ablehnung »nicht grundsätzlich« sei, sich eine Zusammenarbeit aber »einfach nicht ergeben« habe.

Es gibt somit ein gewerkschaftlich ansprechbares Potenzial, doch dessen Ausschöpfung ist für die Gewerkschaften schwierig, weil die Personalräte – wahrscheinlich zutreffend – »zu wenig Präsenz vor Ort« als größte Schwäche der Gewerkschaften benennen; eine Schwäche, die angesichts der Mitgliederentwicklung nicht ohne Weiteres zu beheben ist.

Doch eine Zusammenarbeit mit den Gewerkschaften müsste auch im Eigeninteresse der Personalräte liegen, denn wenn eine solche Zusammenarbeit erfolgt, halten sie ihre Arbeit für erfolgreicher. Im Falle einer Zusammenarbeit mit ver.di sind die positiven Effekte besonders ausgeprägt.

Viele Personalräte verzichten darauf, ihre potenziellen Machtressourcen vollständig auszuschöpfen und suchen weder in den Gewerkschaften noch beispielsweise in den Ratsfraktionen nach Verbündeten. Erfolgreicher sind Personalräte jedoch, wenn sie auch solche Machtressourcen zu nutzen wissen, wie einzelne Beispiele zeigen. Auch in diesen Fällen dominiert wie bei nahezu allen Personalräten die Kooperation mit dem Arbeitgeber, doch es wird auf der Basis eigener Stärke kooperiert.

Die Unterschiede zwischen den Personalräten sind groß. Gebündelt kann zwischen folgenden Typen unterschieden werden:

---

1 | Da die Erhebungsdaten in der Regel auf ganze Zahlen gerundet sind, treten mitunter kleinere Rundungsfehler auf.

Zusammenfassung

- der anerkannten gewerkschaftsorientierten Schutzmacht,
- dem mitgestaltenden Modernisierer,
- dem Personalrat als regelorientierter Kontrollinstanz,
- dem parlamentarisierten Personalrat,
- dem Personalrat als Vermittler und Kümmerer und
- dem weitgehend ignorierten Personalrat.

Obwohl sich manche Personalräte im Zeitverlauf nur graduell verändern, treten mitunter auch konflikthafte Übergänge zwischen diesen Typen auf.

Die Beschäftigung mit Personalräten, denen sowohl Tarifbeschäftigte als auch Beamtinnen und Beamte angehören, wirft auch ein etwas anderes Licht auf die Befunde der generellen Forschung zu Arbeitsbeziehungen. So könnte etwa im öffentlichen Dienst von einem dreigliedrigen System der Arbeitsbeziehungen statt von einem dualen System gesprochen werden.

1 Einleitung: Untersuchungsansatz, Fragestellung und Erhebung

1.1 Mitbestimmung – essenziell für eine demokratische Gesellschaft

Das in der Nachkriegszeit (re-)etablierte »deutsche Modell der Arbeitsbeziehungen«, dem neben anderen Einflüssen ein Beitrag zur Verbesserung der Lage der arbeitenden Menschen zugeschrieben wird, ist gekennzeichnet durch ein »duales System der Interessenvertretung« (Müller-Jentsch 2004 und 2018) – mit Gewerkschaften und Arbeitgeberverbänden als Akteuren, die auf sektoraler Ebene Kollektivverträge aushandeln und vereinbaren, sowie Arbeitnehmervertretungen, die die Interessen der Beschäftigten auf betrieblicher Ebene in Aushandlungsprozessen mit dem Management vertreten.

Dieses System der Arbeitsbeziehungen knüpfte nach dem Ende des Nationalsozialismus und des Zweiten Weltkriegs in mancherlei Hinsicht an Entwicklungen an, die bereits in der Weimarer Republik und davor begonnen hatten, musste in jüngerer Zeit jedoch Federn lassen. In etlichen Branchen sind Tarifverträge rar bzw. in ihrer Reichweite und Regelungstiefe ausgedünnt worden; in vielen Betrieben gibt es darüber hinaus keine betrieblichen Interessenvertretungen. Die gesamte Topografie der Arbeitsbeziehungen zeigt sich in starkem Maße fragmentiert.

Schroeder (2014, S. 26 f.) spricht von »drei unterschiedlichen Welten der Arbeitsbeziehungen«:

- Eine erste Welt mit organisations- und verpflichtungsfähigen Kollektivakteuren auf sektoraler Ebene sowie Betriebsräten findet sich demnach »vornehmlich in der verarbeitenden Industrie des exportorientierten Sektors und in großbetrieblichen Strukturen.«

- Die zweite Welt der Arbeitsbeziehungen ist bereits weniger stabil. Dort gibt es Haustarifverträge und die Rolle der DGB-Gewerkschaften ist nicht mehr unangefochten, denn es gibt berufsgewerkschaftliche Konkurrenz.
- Drittens fehlen Gewerkschaften in der Regel ganz, Arbeitgeberverbände sind schwach und Betriebsräte selten. Dies ist vornehmlich in klein- und mittelständischen Betrieben insbesondere in Ostdeutschland, im privaten Dienstleistungssektor und im Handwerk der Fall (Schroeder 2014, S. 26 f.; vgl. auch Schroeder/Weßels 2003).

Dort, wo sie existieren, tragen Betriebs- und Personalräte als Akteure der betrieblichen Mitbestimmung jedoch dazu bei, dass die Interessen der Beschäftigten in Betrieben und Dienststellen Beachtung finden. Die Mitbestimmung durch Betriebs- und Personalräte eröffnet auch in der Arbeitswelt eine gesetzlich abgesicherte, wenn auch deutlich begrenzte demokratische Teilhabe.

Vor dem Hintergrund der Literatur zu Betriebsräten – Literatur zu Personalräten ist rar – darf erwartet werden, dass Betriebs- und Personalräte einen wichtigen Beitrag zur betrieblichen und letztlich auch zur gesellschaftlichen Sozialintegration leisten (Kotthoff 2009) und Mitbestimmung sowohl Rechtspopulismus und Rassismus als auch ethnisch orientierter Identitätspolitik entgegenwirkt (Schmidt 2020). Darüber hinaus finden sich Hinweise, dass Beschäftigtenvertretungen die Effektivität organisationalen Handelns verbessern (Müller 2015; Jirjahn 2010; Müller/Stegmaier 2017).

Doch nahezu alle Studien zu den Akteuren der betrieblichen Mitbestimmung beschäftigen sich mit den Arbeitsbeziehungen in der Privatwirtschaft und auf betrieblicher Ebene mit den Betriebsräten. Die Arbeit der Personalräte wurde bislang bedauerlicherweise meist übersehen.

Das geringe öffentliche Interesse mag mit der mangelnden Sichtbarkeit vieler Aktivitäten von Personalräten zu erklären sein, die sich primär nicht an die Öffentlichkeit richten. Gleichwohl verdient ein ehrenamtliches Engagement dieser Größenordnung Beachtung, wenn man verstehen möchte, wie Staat und Gesellschaft funktionieren. Auch wenn man es der Öffentlichkeit nachsehen kann, dass sie die Relevanz von Personalräten verkennt – gegenüber der Nichtbeachtung der Sozialwissenschaften, die sich auch weniger augenfälligen Phänomenen widmen sollten, darf man hier durchaus strengere Maßstäbe anlegen.

Einleitung: Untersuchungsansatz, Fragestellung und Erhebung

1.2 Fragen an einen übersehenen Forschungsgegenstand

1.2.1 Stand der Forschung

Im Jahr 2022 arbeiteten 95 Prozent der Beschäftigten im öffentlichen Dienst in Dienststellen mit Personalräten, so das Statistische Bundesamt im Anschluss an das IAB-Betriebspanel des Instituts für Arbeitsmarkt und Berufsforschung. Damit ist der Deckungsgrad durch Arbeitnehmervertretungen mehr als doppelt so hoch wie in der Privatwirtschaft (Destatis o. J.). Schäfer, Seifert und Ziegler (2008) sprachen vor einigen Jahren von hochgerechnet 225.000 Personalratsmitgliedern; eine amtliche Erfassung gibt es nicht.

In den Kommunalverwaltungen dürfte die Abdeckung durch Personalräte ähnlich hoch sein. Kübler (1981, S. 41) berichtete vor Jahrzehnten für Baden-Württemberg, dass es in 41 Prozent der Gemeinden keinen Personalrat gebe; dies sei jedoch überwiegend in Kommunen mit weniger als 5.000 Einwohnerinnen und Einwohnern der Fall. Infolge der Bildung von Verwaltungsgemeinschaften ist es allerdings wahrscheinlich, dass der Anteil ohne Personalrat abgenommen hat.

Gleichwohl waren Personalräte als eigenständiger Forschungsgegenstand deutlich seltener als Betriebsräte. Hauser-Ditz, Hertwig und Pries sprechen mit Blick auf Betriebsräte von einer »reichhaltigen Forschung« (2008, S. 33). Den öffentlichen Sektor bezeichnen Greifenstein und Kißler hingegen als »Stiefkind« der Mitbestimmungsforschung (2010, S. 115). Laut Keller, dem seit Jahren aktivsten Forscher auf diesem Feld, fanden die Arbeitsbeziehungen des öffentlichen Sektors in Deutschland »von jeher kaum Beachtung« (Keller 2010, S. 7). Andere schließen sich diesen Einschätzungen an (Grabe/Pfeuffer/Vogel 2012; Gottschall et al. 2015). International finden die Arbeitsbeziehungen des öffentlichen Sektors größere Aufmerksamkeit (exemplarisch: Bach/Bordogna 2016).

Personalräte kommen in vorliegenden Studien zu den Arbeitsbeziehungen des öffentlichen Sektors in Deutschland meist nur am Rande vor, da sich die Literatur entweder auf die sektorale Ebene konzentriert (vgl. etwa Keller 2010; Gottschall et al. 2015) und/oder spezifischen Fragestellungen widmet.

Zu nennen sind hier etliche meist ältere Studien zu Verwaltungsreform, Einführung von New Public Management (NPM) bzw. Neuem Steuerungsmodell (NSM), etwa Bogumil et al. 2007 und Kißler et al. 1997. Diese arbeiten mitunter nicht mit einem expliziten *industrial relations approach* oder widmen sich spezifischen Fragestellungen, etwa der Umsetzung spezieller tarifvertraglicher Regelungen (Trittel et al. 2010; Schmidt/Müller/Trittel 2011; Schmidt/Trittel/Müller 2011; Bahnmüller/Hoppe 2014).

Das Desinteresse an Personalräten mag überraschen, stellt aber gewissermaßen nur die Spitze eines Eisbergs an Desinteresse dar, das den Arbeitsbeziehungen des öffentlichen Dienstes generell gilt, auch wenn es selbstverständlich Ausnahmen gibt. Hier sind vor allem die Arbeiten von Brehmer (2016) sowie von Keller und Schnell (2003 und 2005) zu nennen, die sich auf die Daten der WSI-Personalrätebefragungen von 2007 bzw. 2002 stützen. Hinzu kommt die deutlich ältere Arbeit von Faber (1979) und die noch immer interessante Studie von Kübler (1981). Ein neuer, eigener Beitrag (Müller/Schmidt 2023) stützt sich bereits auf erste Befunde der hier vorgestellten Untersuchung.

Greifenstein und Kißler (2002) widmen sich der Personalratsarbeit im Kontext kommunaler Verwaltungsreform (Stichwort »Reformrathäuser«, vgl. auch Greifenstein/Kißler 2000; zur Beschäftigtenbeteiligung Kißler/Graf/Wiechmann 2000). Auch Killian und Schneider (1998) und Schneider (2002a) betrachten die betriebliche Mitbestimmung im Kontext von Organisationsveränderungen und sprechen dabei von »zentrifugalen Tendenzen« der Beschäftigtenvertretungen (Schneider 2002b, S. 9), da Gremien aufgespalten werden.

Die gesetzlichen Grundlagen für Personalräte in den Personalvertretungsgesetzen des Bundes und der Länder ähneln zwar denjenigen für Betriebsräte im Betriebsverfassungsgesetz, unterscheiden sich aber auch von letzteren und untereinander. Außerdem unterscheiden sich der private und der öffentliche Sektor – bei allen intrasektoralen Unterschieden – nicht unerheblich hinsichtlich Marktbezug, Finanzierung und Steuerung sowie gesellschaftlicher Effekte.

Anders als im Privatsektor gibt es darüber hinaus im öffentlichen Dienst mit dem – zumindest in der Tendenz – unilateral determinierten System der Beamtinnen und Beamten und dem der Tarifbeschäftigten zwei Beschäftigungssysteme, die von relevanter Bedeutung für die Interessenvertretung sind.

Obwohl Personalräte, wie wir sehen werden, in der Regel verwaltungsintern agieren und nur selten darüber hinaus in Erscheinung treten, unterliegen Beschäftigtenvertretungen des öffentlichen Sektors aufgrund des doppelten Charakters des Staates als Staat und als Arbeitgeber politischen und gesellschaftlichen Einflüssen in hohem Maße. Befunde der Betriebsratsforschung können nicht zuletzt deshalb nur sehr eingeschränkt auf den öffentlichen Sektor übertragen werden (Schmidt/Müller 2018).

Gleichwohl konnten Betriebsratsstudien (etwa Bosch et al. 1999; Artus et al. 2001; Minssen/Riese 2007; Tietel 2008; Greifenstein/Kißler 2014 und nicht zuletzt Kotthoff 1994) Anregungen für diese Studie geben. Auch kann der Vergleich mit Betriebsräten, den wir gelegentlich vornehmen werden, die Betrachtung schärfen und die Rezeption der Studie aufgrund der Erwartungshaltung, die ihr entgegengebracht wird, erleichtern.

Doch es gibt auch Gründe, die gegen eine ausgeprägte Orientierung an Betriebsratsstudien sprechen. Gerade weil Betriebsräte und die Arbeitsbeziehungen des Privatsektors in der Forschung die größere Aufmerksamkeit auf sich gezogen haben, besteht das Risiko, Personalräte und die Arbeitsbeziehungen des öffentlichen Dienstes zu sehr an deren Muster und den *industrial relations* des Privatsektors zu messen – und Abweichungen davon gewissermaßen methodisch bedingt nicht erst einmal als anders, sondern gemessen am »Original« als nicht vollständig ausgeprägt und defizitär zu betrachten.

Deshalb wollen wir die Personalvertretung des öffentlichen Dienstes – genauer: der Kommunen – trotz gelegentlicher Verweise auf Betriebsräte in ihrem eigenen Charakter erfassen.

Nach Jahren nicht immer geglückter Verwaltungsreformen, rigider Austeritätspolitik vor allem bis zur Finanzmarktkrise (Keller 2014a/b 2016; Schmidt et al. 2019; Bahnmüller/Deutschmann/Schmidt 2021), Prozessen organisationaler Restrukturierung (etwa Killian/Schneider 1998; Schneider 2002 a/b), Privatisierung, tarifvertraglicher Dezentralisierung (Keller 2010; Schmidt/Müller/Trittel 2011), Veränderungen im Dienstrecht (Czerwick 2007) vor allem im Kontext der Föderalismusreform (Keller 2014a; Dose/Wolfes/Burmester 2020) und stattfindender Digitalisierung haben sich die Rahmenbedingungen und Voraussetzungen der Personalratsarbeit verändert.

Die wenigen früheren Befunde zu Personalräten, etwa die erwähnten Studien von Faber (1979), Kübler (1981) und Keller/Schnell (2003 und 2005), aber auch die Studie von Brehmer (2016), die sich auf die WSI-Erhebung von 2007 stützt, können deshalb nicht mehr als für die heutige Situation gültig vorausgesetzt werden. Ob und ggf. wie Personalräte heute noch in der Lage sind, die Interessen der Arbeitnehmerinnen und Arbeitnehmer sowie der Beamtinnen und Beamten des öffentlichen Dienstes hinreichend zu vertreten und deren Beteiligung zu gewährleisten, musste deshalb als offene Forschungsfrage gelten.

1.2.2 Ziele und Fragestellungen

Vor dem Hintergrund der bisher nur spärlich vorhandenen Forschungsergebnisse zu Charakter, Lage und Arbeitsweise von Personalräten zielt unser Forschungsvorhaben darauf, sowohl die Defizite an grundlegendem Wissen über Personalräte zu verringern als auch aktuelle Probleme zu diagnostizieren und idealerweise Hinweise zu finden, wie diese zu beheben sind. Das Forschungsvorhaben fragte deshalb relativ umfassend nach dem Selbstverständnis, den Orientierungen, der Arbeitsweise und den Strategien von Personalräten:

- Erhoben wurde erstens, welche Ziele Personalräte verfolgen, mit welchen Themen sie sich beschäftigen und wie sie ihre Arbeit organisieren (Untersuchungskomplex 1).
- Zweitens galt das Interesse dem Zusammenwirken von Personalräten mit dem Arbeitgeber bzw. Dienstherrn und ihre Beziehung zu den Beschäftigten und den Gewerkschaften. Nicht zuletzt war auch die interne Zusammenarbeit innerhalb der Personalräte von Interesse (Untersuchungskomplex 2).
- Drittens schließlich sollte die erwartete Heterogenität von Personalräten geordnet, verschiedene Typen von Personalräten identifiziert und Einflussfaktoren und Handlungsvoraussetzungen der Personalratsarbeit gefunden werden, um Anstöße zur Reflexion der Personalratsarbeit und zu deren Unterstützung zu geben (Untersuchungskomplex 3).

Hinsichtlich des ersten Untersuchungskomplexes dachten wir in einem ersten Zugriff an alle in der Personalratsarbeit vorkommenden Themen und Aufgaben, unabhängig davon, welche Bedeutung diesen für die Vertretung von Beschäftigteninteressen und für die Wahrnehmung der rechtlich vorgesehenen Personalratsaufgaben insgesamt zukommt. Wir interessierten uns bewusst nicht nur für die »großen« Themen und Konflikte oder Vor-

Einleitung: Untersuchungsansatz, Fragestellung und Erhebung

zeigeprojekte, sondern wollten uns auch den möglicherweise weniger spektakulären alltäglichen Aufgaben widmen.

Unsere Annahme war, dass Alltagsaufgaben wie die Anliegen einzelner Beschäftigter oder alltägliche Verwaltungsarbeit bei den meisten Personalräten zeitlich von erheblicher Bedeutung sind, dass sich Personalräte aber ansonsten hinsichtlich ihrer Aufgabenwahrnehmung sowie der Relevanz und Ausrichtung ihres strategisch-politischen Handelns deutlich unterscheiden.

Im Mittelpunkt des zweiten Untersuchungskomplexes sollte die Interaktion zwischen den Akteurinnen und Akteuren stehen. Im Anschluss an Keller und Schnell (2005, S. 92) wurde dabei zwischen vier Interaktionsdimensionen unterschieden:

- Erstens der Interaktion der Personalratsmitglieder untereinander, wobei erwartet wurde, dass nicht nur dem bzw. der Vorsitzenden und ggf. den Freigestellten besondere Bedeutung zukommt, sondern auch der Herkunft der Beschäftigtenvertreterinnen und -vertreter aus dem Beamten- oder dem Arbeitnehmerbereich sowie aus bestimmten Tätigkeitsfeldern.
- Zweitens galt das besondere Interesse dem Verhältnis von Personalrat und Dienststelle, wobei wir annahmen, dass sich Personalräte nicht immer als reine Beschäftigtenvertretungen definieren, sondern auch als »intermediäre Akteure«, die zwischen Interessendivergenzen zu vermitteln suchen. Wir erwarteten zudem, dass rechtliche Regeln, finanzielle Spielräume und politische Vorgaben – inklusive der Verbandspolitik – das Handeln von Personalräten und auch der Arbeitgeberseite prägen, da sie sich in einem rechtlich und tarifvertraglich hoch regulierten institutionellen Feld bewegen.
- Drittens sollte die Interaktion von Personalräten mit den Beschäftigten betrachtet werden, da diese als relevanter Einflussfaktor auf den Personalrat zu verstehen sind – schließlich prägen die Beschäftigten allein schon durch ihr Wahlverhalten den Charakter des Personalrats in grundlegender Weise. Der Personalratswahl wurde somit ebenfalls Aufmerksamkeit geschenkt.
- Erwartet wurde viertens, dass Personalräte und Gewerkschaften zwar in vielen, aber keineswegs in allen Fällen unmittelbar interagieren. Angenommen wurde, dass die Unterstützungsbeziehung zwischen Personal-

rat und Gewerkschaft häufig einen wechselseitigen Charakter annimmt. Weiterhin war zu vermuten, dass die Zugehörigkeit zu Gewerkschaften relevant für die Zielorientierung und Strategie von Personalräten ist.

Der dritte Untersuchungskomplex widmete sich schließlich den Quellen und den Varianten des Personalratshandelns:

- Erstens sollte gefragt werden, welche Relevanz strukturellen, organisationalen, institutionellen, gesellschaftlichen und politischen Machtressourcen zukommt (Schmidt et al. 2019). Wir nahmen an, dass ein modifizierter Anschluss an ein Konzept gewerkschaftlicher Machtressourcen auch für das Handeln von Personalräten Erklärungswert besitzt. Hierauf werden wir in Kapitel 1.3 noch ausführlicher eingehen.
- Zweitens bestand das Ziel darin, eine Typologie von Personalräten und Personalratshandeln zu erstellen. Dabei sollten die Typologie von Greifenstein und Kißler (2002, S. 40f.) und verschiedene Betriebsratstypologien (etwa Müller-Jentsch/Seitz 1998; Bosch et al. 1999; Artus et al. 2001; Kotthoff 1994) als Anregung dienen. Allerdings erwarteten wir, dass eine Differenzierung etwa zwischen traditionellen und modernen Typen von Personalvertretung nach Jahrzehnten der Verwaltungsreformen und Reorganisationsprozesse auch im öffentlichen Sektor kaum mehr anwendbar und eine vollständig neue Typologie zu entwickeln ist.

Sowohl von der Typologie als auch vom Machtressourcenmodell versprachen wir uns einen weiterführenden wissenschaftlichen Beitrag und auch einen praktischen Nutzen.

1.3 Machtressourcen der Personalräte

Die Handlungschancen kollektiver Akteure sind ein zentrales Thema der Konflikt- und der Gewerkschaftsforschung. Im Anschluss an die Konzepte struktureller und assoziativer bzw. organisationaler Macht von Wright (2000) und Silver (2003), die sich zunächst auf die Machtressourcen von Arbeiterinnen und Arbeitern als Klasse beziehen, nutzen Brinkmann et al. (2008), Schmalz und Dörre (2014) und andere (beispielsweise auch Schmalz/Ludwig/Webster 2018; Lehndorff/Dribbusch/Schulten 2018) den sogenannten Machtressourcenansatz als Instrument zur Analyse der Handlungsfähigkeit von Gewerkschaften.

In diesem Zusammenhang wurde das Konzept um zwei weitere Ressourcen des Gewerkschaftshandelns ergänzt, nämlich institutionelle und gesellschaftliche Machtressourcen. Da Institutionen in der Forschung zu Arbeitsbeziehungen seit Langem eine wichtige Rolle eingeräumt wird (z. B. Müller-Jentsch 2004 und 2018; Mayntz/Scharpf 1995) und »gesellschaftliche Effekte« in der Organisationstheorie als wichtiger Einflussfaktor gelten (z. B. Maurice/Sorge 2000), ist eine solche Ergänzung hilfreich, um wichtige Machtressourcen und damit Einflussfaktoren zu berücksichtigen (Müller/Schmidt 2023).

An diese Debatte anschließend verwenden wir den Machtressourcenansatz als heuristisches Instrument zur Analyse der Handlungsmöglichkeiten und Arbeitsweise von Personalräten. Damit nehmen wir nach der Übertragung des Konzepts von der Analyse der Klassen- auf die Gewerkschaftsmacht eine weitere Veränderung des untersuchten Akteurs vor: Wir betrachten nicht die Machtressourcen der Gewerkschaften, sondern der Personalräte. Da es sich trotz aller Unterschiede auch bei Personalräten um Beschäftigtenvertretungen handelt, ist das Vorhandensein und die Nutzung von Machtressourcen auch für Personalräte von Relevanz.

Die Machtressourcen von Gewerkschaften und Personalräten sind jedoch nicht identisch, was vor dem Hintergrund des dualen Systems der Arbeitsbeziehungen nicht überraschen sollte. Gewerkschaften sind im Unterschied zu Personalräten Mitgliederorganisationen und verfügen über das Streikrecht. Daraus ergeben sich bei den sogenannten strukturellen und organisationalen Machtressourcen deutliche Unterschiede zwischen Gewerkschaften und Personalräten.

Nicht zuletzt erscheint uns eine Erweiterung auf einen fünften Typus von Machtressourcen erforderlich, um den Staat als Akteur der Arbeitsbeziehungen hinreichend zu berücksichtigen. Generell spielt der Staat eine wichtige, aber immer wieder übersehene Rolle in den und für die Arbeitsbeziehungen (Hyman 2008, S. 258 ff.). Mit Blick auf den öffentlichen Sektor ist der Staat in seiner Doppelfunktion als Staat und Arbeitgeber darüber hinaus von besonderer Relevanz (z. B. Kearney/Mareschal 2014).

Da es auf der Hand liegt, dass politische Entscheidungen und Wahlen einen wichtigen Einfluss auf die Arbeitsbeziehungen im öffentlichen Sektor haben und somit den Kontext der Personalratsarbeit maßgeblich prägen, betrachten wir neben strukturellen, organisationalen, institutionellen und gesellschaftlichen Machtressourcen auch politische Machtressourcen (Schmidt et al. 2019). Obwohl diese bei einer Untersuchung im deutschen öffentlichen Dienst besonders naheliegend erscheinen (Müller et al. 2015), wird der politische Faktor etwa auch in Studien zu den USA hervorgehoben (etwa Mareschal 2017 zum öffentlichen Sektor in den USA; Schmalstieg 2015 zu Bereichen prekärer Arbeit).

Politik scheint uns weder unter die institutionellen Faktoren subsumierbar zu sein, die ja gewissermaßen Nicht-Politik sind, noch unter die gesellschaftlichen Machtressourcen – zumindest solange die Unterscheidung von Gesellschaft und Staat als sinnvoll erachtet wird.

Selbstverständlich ist zu erwarten, dass die verschiedenen Ressourcen – die zunächst schlicht Faktoren sind, die die Handlungschancen von Personalräten beeinflussen, und somit lediglich potenzielle Machtressourcen – von den Personalräten nicht überall und nicht immer in derselben Weise genutzt werden. Machtressourcen müssen selbst als umkämpft und als Arenen betrachtet werden, in denen mitunter auch weitere Akteure – bisweilen auch auf anderen Ebenen, etwa im Rahmen der Tarifautonomie oder durch Gesetzgebung – darüber befinden, welche Faktoren die Personalräte tatsächlich als Machtressource nutzen können.

Wichtig ist, zur Nutzung welcher Machtressourcen die Personalräte selbst bereit sind. Die zu erwartende Heterogenität der Personalratsarbeit, so nehmen wir an, wird sich nicht immer hinreichend mit abweichenden strukturellen Rahmenbedingungen wie der Haushaltssituation oder der Arbeitsmarktlage erklären lassen. Jenseits aktueller Einflussfaktoren und Chancen zur Nutzung von Machtressourcen kommen voraussichtlich auch die in der Vergangenheit gewachsene Kultur der Interessenvertretung, biografische Voraussetzungen und die Erfahrungen aktiver Personalrätinnen und -räte, insbesondere der Personalratsvorsitzenden hinzu.

Einflussfaktoren und potenzielle Machtressourcen betrachten wir grundsätzlich im Sinne des akteurzentrierten Institutionalismus »ebenso als abhängige wie als unabhängige Variablen« (Mayntz/Scharpf 1995, S. 45) und damit als durch das Handeln der Akteure veränderbar. Manche dieser Faktoren bzw. Machtressourcen lassen sich allerdings von den Personalräten nicht oder nur sehr begrenzt selbst beeinflussen, sondern lediglich über den Umweg anderer Akteure.

1.3.1 Strukturelle Machtressourcen

Es macht einen nicht unerheblichen Unterschied, ob sich Arbeitnehmermacht im Privatsektor unter den Voraussetzungen der Gewinnorientierung artikuliert oder nicht. Insofern etwa ein Streik dazu führt, dass Profitproduktion unterbrochen wird, gerät ein Arbeitgeber unter ökonomischen Druck, der ihn dazu zwingen kann, den Forderungen nachzugeben. Werden aus öffentlichen Haushalten finanzierte Einrichtungen bestreikt, so können rein ökonomisch gesehen sogar gegenteilige, für den Arbeitgeber positive Effekte auftreten, z. B. Strom- und Heizkostenersparnis.

Man könnte auch formulieren, dass ein klassischer Erzwingungsstreik im Kontext des *economic bargaining* in der Privatwirtschaft durch die Folgen in der Sphäre des Tauschwerts entschieden wird, während im öffentlichen Sektor Streikfolgen in erster Linie als Störung der Gebrauchswertsphäre wirksam werden. Streikerfolge werden hier nicht durch unmittelbar tauschwertökonomischen Druck erzielt, sondern nur durch gesellschaftlichen Druck, vermittelt über Folgen für Dritte (Keller 1981, S. 351) und politische Entscheidungen.

Streiks im öffentlichen Sektor können erstens erfolgreich sein, wenn die Funktionsfähigkeit von Infrastruktur und Daseinsvorsorge beeinträchtigt wird und in der Folge Druck auf die Politik entsteht, einen Streik durch Zugeständnisse zu beenden. Zweitens ist Erfolg möglich, wenn es den Streikenden gelingt, gesellschaftliche Unterstützung zu mobilisieren, durch die sich ebenfalls politischer Druck aufbauen lässt. Diese Variante eines erfolgreichen Streiks im öffentlichen Sektor kann für die Streikenden auch mittelfristig positive Anerkennungseffekte haben, während die erste Variante das soziale Ansehen zu schädigen droht (und ggf. auch politische Folgen hat, vgl. Tarifeinheitsgesetz).

Obwohl Personalräte ebenso wie Betriebsräte kein Streikrecht haben, ist der unterschiedliche Charakter zwischen privatem und öffentlichem Sektor für Personalräte relevant, da sie sich in einem anderen Kontext bewegen als Betriebsräte. Einen entscheidenden Einfluss auf die Gestaltungsmöglichkeiten auf der Ebene der Kommunalverwaltungen hat die *Haushaltslage*, die jedoch kein harter ökonomischer Faktor, sondern durch fiskalpolitische Entscheidungen geprägt ist – auch wenn der Spielraum politischer Entscheidungen durch die »Schuldenbremse« eingeschränkt wurde.

Kapitel 1

Da sich die staatliche Steuer- und Verschuldungspolitik auf die strukturellen Machtressourcen der Personalräte – und auch der kommunalen Arbeitgeber – auswirkt, sind politische Forderungen und Initiativen der Personalräte in Zusammenarbeit mit Gewerkschaften, sozialen Bewegungen und gelegentlich auch Arbeitgeberverbänden grundsätzlich und anders als im Privatsektor von großer Bedeutung. Allerdings sind Personalräte zwar selbst von der Finanzsituation der Kommunen betroffen, aber ihr gesellschaftlicher und politischer Einfluss auf die Haushaltslage ist gering und kann allenfalls von einzelnen Personalratsmitgliedern in anderen Kontexten ausgeübt werden, etwa als Mitglieder von Gewerkschaften, Parteien oder gesellschaftlichen Bewegungen.

Eine weitere strukturelle Machtressource ist in der *Arbeitsmarktlage* zu sehen. Personalknappheit begünstigt im Grundsatz die Position der Arbeitnehmerseite, wenn es um die Aushandlung von Arbeitsbedingungen geht. Auf betrieblicher Ebene sind die offiziell zulässigen Möglichkeiten insbesondere der Entgeltgestaltung jedoch vor dem Hintergrund des Tarifvertrags für den öffentlichen Dienst (TVöD) und der »Tarifautomatik« gering – die Zuordnung zu einer Entgeltgruppe erfolgt »automatisch« anhand der auszuübenden Tätigkeit, d. h. Beschäftige *werden* nicht eingruppiert, sondern *sind* eingruppiert.

Obwohl die Nutzung struktureller Macht durch die Personalräte eingeschränkt ist, basiert deren Existenz wie jede Chance der Einflussnahme auf der Abhängigkeit – auch des Staates – von der Arbeitsleistung der Beschäftigten. Auch wenn Personalräte nicht streiken bzw. zum Streik aufrufen dürfen, bleiben doch auch kommunale Arbeitgeber davon abhängig, dass die Beschäftigten inklusive der Beamtinnen und Beamten hinreichend motiviert und leistungsbereit sind, sodass sie auf Bummelei, Dienst nach Vorschrift, Absentismus und dergleichen verzichten.

Auch wenn die Regelungen im öffentlichen Dienst darauf angelegt sind, basale strukturelle Macht zu kanalisieren und unter Kontrolle zu bringen, kann dies doch nie ganz gelingen. Davon zeugen Berichte, dass vor der TVöD-Einführung trotz »Tarifautomatik« über den Weg der Stellenbeschreibung teilweise merklich besser bezahlt wurde – und möglicherweise noch immer besser bezahlt wird –, als nach dem Wortlaut des Tarifvertrags erforderlich wäre. »Effizienzlöhne« bilden sich mitunter auch dort, wo sie nicht zulässig sind, wenn es darum geht, hinreichend motivierte Beschäftigte zu gewinnen.

Einleitung: Untersuchungsansatz, Fragestellung und Erhebung

1.3.2 Organisationale Machtressourcen

Personalräte sind, anders als Gewerkschaften, keine Mitgliederorganisationen. Ihre einzigen Mitglieder sind die gewählten Personalrätinnen und -räte selbst, deren Anzahl gesetzlich festgelegt ist. Die Durchsetzung von über den gesetzlichen Anspruch hinausgehenden *Freistellungen* könnte in der Praxis ein Weg zur Steigerung von Organisationsmacht sein, allerdings steht zu erwarten, dass in etlichen Fällen das umgekehrte Phänomen auftritt, nämlich der Verzicht auf Freistellungen (Brehmer 2016, S. 87 f.).

Allerdings können auch Personalräte von der Kraft des Organisierens profitieren, wenn sie *Gewerkschaftsunterstützung* erhalten. Mitgliederstarke bzw. – etwas weiter gefasst – organisationsstarke Gewerkschaften können, so unsere Annahme, wesentlich zu einer erfolgreichen Personalratsarbeit beitragen, indem sie erstens durch Tarifverträge Regelungen schaffen, auf die sich Personalräte stützen können – also vermittelt über institutionelle Macht –, und zweitens Personalräte schulen und beraten.

Personalratsgremien, denen Gewerkschafterinnen und Gewerkschafter angehören und die gewerkschaftsinternen Strukturen als Wissensressource und Kanal für die Übermittlung von Informationen an die Beschäftigten nutzen, werden – so ist zu erwarten – im Mittel erfolgreicher sein.

Drittens können gewerkschaftliche Betriebsgruppen oder Vertrauensleutekörper in den Dienststellen die Personalratsarbeit ergänzen. Solche Aktivitäten sind zwar formal von der Arbeit der Personalräte getrennt, doch da sich Personalräte und gewerkschaftliche Betriebsgruppen – sofern existent – personell häufig weitgehend überschneiden und viele Beschäftigte zumindest in solchen Fällen nicht genau zwischen Personalrat und Gewerkschaft trennen, können Betriebsgruppen und Vertrauensleute auch zur Machtressource der Personalräte werden.

Viertens können Gewerkschaften die soziale Anerkennung von Personalräten stärken, da sie diese als Kollektivakteur informell und einzelne Personalratsmitglieder auch formell an der Macht der Gewerkschaft partizipieren lassen. Einzelne Personalratsmitglieder können durch die Mitarbeit in gewerkschaftlichen Gremien Einfluss auf die gewerkschaftliche Arbeit und Tarifpolitik nehmen, die die Arbeits- und Lebensbedingungen der Beschäftigten prägen und von diesen zumindest bei Tarifabschlüssen wahrgenommen werden.

Hilfreich für die Arbeit von Personalräten dürfte auch ein guter *Rückhalt in der Belegschaft* sein, der dem Personalrat auch über die Wahlen hinaus Legitimität verleiht. Ein guter Rückhalt kann aber auch nützlich sein, um z. B. die überlegenen Kapazitäten der Arbeitgeberseite, die sich auf die Kompetenz der gesamten Verwaltung stützen kann, durch die Nutzung von Personalkompetenzen im eigenen Interesse auszugleichen. Ohne dass dies auf den ersten Blick ersichtlich wäre, ist zu erwarten, dass Organisationsmacht vornehmlich indirekt eine wichtige Ressource für durchsetzungsfähige Personalratsarbeit ist.

1.3.3 Institutionelle Machtressourcen

Personalvertretungsgesetze regeln die Arbeit der Personalräte in der Bundesverwaltung, den jeweiligen Ländern und den Kommunen. Darüber hinaus prägen *Arbeits- und Dienstrecht* sowie *Tarifverträge* die Existenz und die Arbeit von Personalräten.

Da Personalräte mangels Streikrecht und als Nicht-Mitgliederorganisation bzw. Gremium nur eingeschränkte Möglichkeiten haben, sich auf strukturelle und organisationale Machtressourcen zu stützen – dies gilt insbesondere im Falle der Beamtinnen und Beamten –, kommt ihrer rechtlichen Konstitution und den Regeln, die in Gesetzen und Tarifverträgen festgelegt sind, also den institutionellen Machtressourcen hohe Bedeutung zu. Personalräte agieren nicht nur in einem hochgradig institutionalisierten Feld, sie sind auch selbst, zumindest in ihrer aktuellen Form, zu einem erheblichen Maß ein Ergebnis dieser Institutionalisierung.

Die Regeln, auf die sich die Personalräte stützen können, geben diesen nicht nur ein Gewicht, das bis zur sogenannten Allzuständigkeit reichen kann; sie geben auch in hohem Maße vor, wie in den Kommunalverwaltungen zu verfahren ist. In Zeiten, in denen originäre Beschäftigtenmacht schwindet, darf die hochgradige Institutionalisierung der Personalräte und ihrer Arbeit sicherlich als im Beschäftigteninteresse positiv bewertet werden.

Sollte sich die Arbeitnehmermacht hingegen *strukturell* (etwa infolge der Wirkungen des demografischen Wandels auf den Arbeitsmarkt) oder *organisational* (etwa als Reaktion auf wachsende Arbeitsbelastung und soziale Ungleichheit sowie die Erschöpfung neoliberaler Ideologie) wieder positiv entwickeln, könnte die Institutionalisierung der betrieblichen Interessenvertretung im öffentlichen Dienst – etwa in Form rechtlich gewerkschaftsunabhängiger Personalräte und deren stark verrechtlichter Arbeitsweise – eine hemmende Kehrseite im Kontext effektiver Beschäftigtenvertretung offenbaren.

Auf die rechtliche Situation und die historische Entwicklung der Personalräte werden wir in Kapitel 2 noch ausführlicher eingehen.

1.3.4 Gesellschaftliche Machtressourcen

Da Streiks, die der Arbeitgeberseite die Gewinnchancen nehmen, im öffentlichen Dienst in der Regel nicht möglich sind und Arbeitskonflikte unter Umständen sogar zu paradoxen Effekten wie Kostensenkungen für die Dienststelle führen können, richten sich Streiks im öffentlichen Dienst de facto primär an die Bürgerinnen und Bürger, deren Dienstleistungsangebot vorübergehend eingeschränkt wird. Die von dem Streik Betroffenen können deshalb Streikmaßnahmen ablehnen oder aber mit Blick auf eine verbesserte Dienstleistungsqualität oder aus ethischen oder solidarischen Erwägungen unterstützen. Typische Beispiele hierfür sind in der jüngeren Vergangenheit Streiks in Kindertagesstätten (Kutlu 2013).

Im öffentlichen Sektor tätige Gewerkschaften sind deshalb in weitaus höherem Maße als Industriegewerkschaften auf die öffentliche Meinung angewiesen (*societal stage bargaining*; Schmidt/Müller 2022, S. 14). Da Personalräte und Gewerkschaften von den Beschäftigten oftmals als eng verbunden wahrgenommen werden – zumindest dort, wo beide präsent sind –, sind Diskurse rund um Tarifkonflikte auch für die Personalratsarbeit relevant.

Bürgerschaftliche Unterstützung für die Anliegen der Beschäftigten des öffentlichen Dienstes könnte generell hilfreich bei der Durchsetzung sein, da die Unterstützung durch die Bürgerinnen und Bürger in einer Demokratie auch für den Staat als Arbeitgeber wichtig ist. Eine solche Unterstützung ist zwar hilfreich, aber keineswegs selbstverständlich.

Vor dem Hintergrund neoliberaler Hegemonie galt der öffentliche Sektor lange Zeit als ausgesprochen ineffizient und *austerity* im Sinne der »schwäbischen Hausfrau« als beste Methode zur Sanierung öffentlicher Haushalte. Deshalb haben der öffentliche Dienst und die dort Beschäftigten nicht den besten Ruf, wie Befragungen zeigen (DBB 2022, S. 40 ff.). Allerdings gilt dies nur dann, wenn die Fragen so gestaltet sind, dass Klischees über Beamtinnen und Beamte wirksam werden können.

Ist hingegen von Feuerwehrleuten, die gewöhnlich verbeamtet sind, oder Krankenpflegepersonal die Rede, ändert sich die Einschätzung deutlich, denn diese Berufe sind im Ranking der angesehenen Berufe führend. Infolge der Belastungen durch die Corona-Pandemie wurden Krankenpflegerinnen und -pfleger ganz anders als die vermeintlich trägen »Bürokraten« in den Amtsstuben – mit Ausnahme der Gesundheitsämter, was möglicherweise ein vorübergehender pandemiebedingter Sonderfall sind – als »systemrelevant« erkannt und geradezu zu Heldinnen und Helden verklärt.

1.3.5 Politische Machtressourcen

Politische Entscheidungen auf Landesebene prägen sowohl die Haushaltspolitik der Kommunen als auch die Regelungen des Personalvertretungsrechts und die Besoldung von Beamtinnen und Beamten (Dose/Wolfes/Burmester 2020). Somit bestimmen sie die Voraussetzungen der Personalratsarbeit erheblich. Ein Wechsel in der Landesregierung kann deshalb dazu führen, dass sich die Handlungsbedingungen der Personalräte verbessern oder verschlechtern. Zwar unterliegen politische Entscheidungen verfassungsrechtlichen Begrenzungen, doch letztlich wirken sie auf die strukturellen und institutionellen Machtressourcen der Personalräte ein, wenn auch bisweilen mit Zeitverzögerung.

An den politischen Entscheidungen auf Landesebene sind die Personalräte allerdings in der Regel nicht beteiligt, sondern allenfalls an vorweggehenden Beratungen, an denen sie meist als Partei- oder Gewerkschaftsmitglieder teilnehmen. Von *political stage bargaining* (Schmidt/Müller 2018) kann aber mit Blick auf Personalräte wahrscheinlich nur begrenzt die Rede sein. Für die meisten Personalräte der Kommunalverwaltungen dürfte sich die Frage nach der Nutzung politischer Ressourcen für die eigenen Anliegen eher auf der kommunalen Ebene stellen.

Unmittelbare Relevanz für die Durchsetzungschancen von Anliegen des Personalrats könnte es haben, wenn die Verwaltungsspitze oder relevante Fraktionen der Ratsversammlung die Arbeitgeberentscheidungen im Interesse der Beschäftigten und in Abstimmung mit dem Personalrat beeinflussen. Auch diesbezüglich sind Unterschiede zwischen den Kommunen zu erwarten. Relevant dürfte sein, wie die politischen Mehrheiten in den Ratsversammlungen aussehen und ob die Oberbürgermeisterin oder der Bürgermeister Sympathien für die Beschäftigtenvertretung hegt.

Einleitung: Untersuchungsansatz, Fragestellung und Erhebung

1.4 Untersuchungsfeld, Methode, empirische Erhebung

1.4.1 Wahl des Untersuchungsfeldes

Die Verwaltungen des Bundes, der Länder und der Kommunen unterscheiden sich deutlich in ihren Aufgaben und folglich in den Tätigkeitsfeldern der dort arbeitenden Beamtinnen und Beamten sowie Angestellten. Beim Bund liegt der Beamtenanteil bei 37 Prozent, bei den Ländern – die unter anderem das Lehrpersonal an Schulen sowie Polizistinnen und Polizisten verbeamten – bei 52 Prozent.

Dort liegt der Beamtenanteil erheblich höher als bei den Kommunen, in denen die Beamtinnen und Beamten mit 11 Prozent nur einen kleinen Teil der Beschäftigten ausmachen (Destatis 2021a, Tab. 8.1.1; siehe Tabelle 1 und Tabelle 2). Dies gilt insbesondere für die ostdeutschen Bundesländer, in denen beim Umbau der Kommunalverwaltungen nach der Wende weitgehend auf eine Verbeamtung verzichtet worden war. Heute beträgt der Anteil der kommunalen Beamtinnen und Beamten an den Beschäftigten 12 Prozent in den alten und 5 Prozent in den neuen Bundesländern (Destatis 2022, Tab. 9.1 und 9.2).

Bei Bund, Ländern und Kommunen ist trotz der gemeinsamen Zugehörigkeit zum öffentlichen Dienst mit unterschiedlichen Voraussetzungen für die Personalratsarbeit zu rechnen. Da auch bei Betrachtung nur einer der Verwaltungsebenen eine erhebliche Heterogenität der Personalratsarbeit zu erwarten war – allein schon, weil sich in jedem Bundesland das Personalvertretungsrecht unterscheidet – wurde die Untersuchung auch angesichts des schwachen Forschungsstandes auf Personalräte in Kommunen beschränkt. Die Kontextbedingungen sollten beherrschbar bleiben.

Auch die Beschäftigenzahlen insgesamt unterscheiden sich zwischen den Bundesländern erheblich. Während Nordrhein-Westfalen, Bayern und Baden-Württemberg mit einem Anteil von 23, 19 und 16 Prozent an der deutschen Kommunalbeschäftigung die Schwergewichte bilden, befinden sich Niedersachsen mit 9 Prozent, Hessen mit 8 Prozent sowie Rheinland-Pfalz und Sachsen mit je 5 Prozent im Mittelfeld, während Schleswig-Holstein, Brandenburg und Sachsen-Anhalt mit jeweils ca. 3 Prozent, Mecklenburg-Vorpommern und Thüringen mit je 2 Prozent und das Saarland mit einem Prozent deutlich geringere Anteile haben (Destatis 2021a, Tab. 2.7).

Kapitel 1

Tabelle 1: Verbeamtete Staatsbeschäftigte in Deutschland

Jahr	Insgesamt	Bundes-bereich	Landes-bereich	Kommunaler Bereich	Sozialver-sicherung
1991	1.843.500	—	—	—	—
1998	1.704.500	—	—	—	—
1999	1.693.300	—	—	—	—
2000	1.684.600	209.800	1.255.000	178.600	41.100
2001	1.666.800	201.900	1.246.200	177.300	41.400
2002	1.674.800	197.800	1.256.600	178.300	42.100
2003	1.689.900	195.700	1.271.600	179.700	42.900
2004	1.696.900	193.400	1.281.600	180.400	41.500
2005	1.691.600	190.100	1.276.800	184.100	40.700
2006	1.694.500	189.200	1.281.400	184.200	39.700
2007	1.686.000	187.800	1.275.500	184.000	38.700
2008	1.672.700	184.800	1.266.100	184.800	37.000
2009	1.674.200	183.600	1.268.900	185.500	36.200
2010	1.687.100	182.900	1.282.600	186.100	35.500
2011	1.698.200	182.400	1.293.900	186.200	35.600
2012	1.702.000	181.600	1.299.400	186.300	34.600
2013	1.694.500	180.300	1.293.800	186.500	33.900
2014	1.678.600	179.700	1.279.800	186.100	33.000
2015	1.671.300	179.700	1.273.300	186.100	32.100
2016	1.672.700	180.000	1.275.100	186.300	31.200
2017	1.678.900	181.700	1.279.600	187.300	30.300
2018	1.688.000	183.400	1.287.500	187.600	29.500
2019	1.703.200	185.200	1.301.700	187.800	28.600
2020	1.716.900	189.200	1.312.000	188.300	27.400
2021	1.734.700	194.700	1.325.000	188.500	26.400

Anmerkung: Zahlen in der Quelle auf 100 gerundet
Quelle: Destatis (diverse Jahrgänge): Fachserie 14, R.6, Finanzen und Steuern, Tab. 8.1.1

Einleitung: Untersuchungsansatz, Fragestellung und Erhebung

Tabelle 2: Angestellte Staatsbeschäftigte in Deutschland

Jahr	Insgesamt	Bundes-bereich	Landes-bereich	Kommunaler Bereich	Sozialver-sicherung
1991	4.637.100	—	—	—	—
1998	3.172.700	—	—	—	—
1999	3.086.300	—	—	—	—
2000	3.037.800	201.300	1.135.600	1.393.400	307.400
2001	2.969.500	196.400	1.105.800	1.358.500	308.800
2002	2.949.100	191.200	1.112.800	1.334.400	310.700
2003	2.902.600	190.400	1.101.400	1.300.200	310.600
2004	2.785.300	188.300	1.065.800	1.230.000	301.200
2005	2.722.700	185.700	1.021.300	1.188.900	326.800
2006	2.697.400	181.600	1.005.700	1.174.000	336.100
2007	2.669.800	178.000	997.600	1.157.300	337.100
2008	2.648.800	168.200	996.700	1.146.500	337.400
2009	2.688.400	165.300	1.015.200	1.164.700	343.100
2010	2.713.400	161.700	1.035.200	1.169.200	347.300
2011	2.719.200	156.800	1.043.000	1.181.000	338.400
2012	2.735.900	152.800	1.047.100	1.199.700	336.200
2013	2.766.600	149.400	1.059.900	1.219.900	337.400
2014	2.804.300	147.300	1.076.800	1.241.800	338.400
2015	2.808.200	143.700	1.073.600	1.253.400	337.500
2016	2.852.600	145.700	1 089.000	1.278.100	339.800
2017	2.895.400	146.100	1.109.300	1.300.200	339.800
2018	2.947.300	145.300	1.132.400	1.331.000	338.700
2019	3.011.100	146.200	1.158.800	1.368.700	337.400
2020	3.079.100	148.700	1.181.300	1.408.500	340.600
2021	3.189.500	155.300	1.216.400	1.469.100	348.900

Anmerkung: Zahlen in der Quelle auf 100 gerundet
Quelle: Destatis (diverse Jahrgänge): Fachserie 14, R.6, Finanzen und Steuern, Tab. 8.1.1

Der Anteil der Frauen an den Beschäftigten des Kommunalbereichs betrug im Juni 2021 62 Prozent. Bemerkenswert ist darüber hinaus, dass 41 Prozent der Beschäftigten in den Kommunen einer Teilzeittätigkeit nachgehen; im öffentlichen Dienst insgesamt sind dies 34 Prozent (Destatis 2021a, Tab. 2.1).

Vor dem Hintergrund unterschiedlicher Personalvertretungsgesetze wurden vier Bundesländer exemplarisch untersucht: Schleswig-Holstein, Nordrhein-Westfalen, Brandenburg und Thüringen. Thüringen war interessant, weil dort im Personalvertretungsgesetz 2019 die sogenannte Allzuständigkeit eingeführt wurde, die den Personalräten weitgehende Mitbestimmungsrechte einräumt.

1.4.2 Methodische Vorgehensweise

Für einen qualitativen Zugang sprachen der unzureichende Stand der Personalratsforschung, die Erwartung erheblicher Heterogenität und die duale Perspektive auf Interesse und Anerkennung (Schmidt 2005; Voswinkel 2012), die damit rechnet, dass neben der Vertretung von Beschäftigteninteressen beispielsweise auch die Wertschätzung durch die Dienststellenleitung für Personalräte bedeutsam sein kann. Der empirische Kern der qualitativen Erhebung besteht aus Interviews (vgl. u.a. Klemm/Liebold 2017; Bogner/Littig/Menz 2005; Liebold/Trinczek 2002; Witzel 1982 und 2000; Trinczek 1995; Mayring 2010; Kuckartz 2014) vornehmlich mit Personalratsmitgliedern, gelegentlich ergänzt um Gespräche mit Dienststellenvertreterinnen und -vertretern sowie externen Expertinnen und Experten.

Daran anschließend sollte eine standardisierte Online-Erhebung zumindest einen Teil der Befunde quantifizieren. Es wurde ein *mixed methods approach* gewählt: Die qualitative Erhebung wurde zur Vorbereitung der quantitativen Befragung herangezogen – etwa indem qualitative Ergebnisse als Grundlage für die Entwicklung der standardisierten Fragen dienten – und die standardisierte Erhebung zur Quantifizierung der qualitativen Befunde. Diese können dann wiederum zur Interpretation und Deutung der standardisiert erhobenen Daten dienen (Triangulation; Flick 2008). Doch es gibt auch Befunde, die nur qualitativ oder quantitativ erhoben und nicht einfach in Bezug zueinander gesetzt werden konnten.

Nach Beginn des Projektes zeigte sich im Frühjahr 2020, dass Verzögerungen bei den Erhebungen zu erwarten waren. Empirische Felderhebungen während der Corona-Pandemie, so viel wurde rasch klar, sind nicht *business as usual,* sondern in verschiedener Hinsicht mit Anforderungen konfrontiert, an die vor Beginn der Pandemie nicht zu denken war. Dies gilt auch für unser Projekt zur Untersuchung von Personalratsarbeit: Reisebeschränkungen und die Rücksicht auf die Gesundheit der Interviewten und Interviewenden erlaubten es nicht oder allenfalls in eingeschränkter Weise, Interviews vor Ort zu führen.

Es lag im Frühjahr 2020 zunächst nahe, dem Rat der gewerkschaftlichen Kontaktpersonen in den untersuchten Bundesländern zu folgen und erst später mit der Erhebung zu starten. Allerdings wurden schließlich deutlich darüber hinausgehende Veränderungen erforderlich.

Die Personalräte waren über längere Zeit mit zusätzlichen Aufgaben belastet, nicht zuletzt mit Fragen im Zusammenhang mit Arbeitszeit, Homeoffice und Umsetzung von Kurzarbeitsregelungen (»TV Covid«). Außerdem mussten sie auch lernen, in veränderter Weise miteinander zu kommunizieren und ihre Arbeit zu erledigen. Obwohl nicht alle Personalrätinnen und -räte, mit denen wir sprachen, die Situation als gleichermaßen belastend empfanden, brachte das weit verbreitete Arbeiten im Homeoffice doch allemal die gewohnte Arbeitsweise durcheinander.

Unter diesen Sonderbedingungen war es im Interesse der Personalräte wie auch eines guten Feldzugangs nicht nur angemessen, sondern auch unumgänglich, eine Verzögerung in Kauf zu nehmen. Wir als Forschende hofften zunächst noch, die Erhebung nach einer begrenzten zeitlichen Verzögerung methodisch wie geplant durchführen zu können. Doch die Interviews konnten überwiegend nicht vor Ort, sondern mussten *remote* geführt werden; womit eine nicht geplante methodische Veränderung erforderlich wurde.

1.4.3 Modifikation der qualitativen Erhebung

In Absprache mit den Interviewpartnerinnen und -partnern wurde häufig auf Interviews vor Ort verzichtet; ersatzweise wurden Telefoninterviews oder mitunter auch Videogespräche geführt. Methodisch blieben wir gleichwohl skeptisch. Weder Telefoninterviews noch Videokonferenzen schienen dazu geeignet, hinreichend Vertrauen aufzubauen. Die telefonisch geführten Interviews verliefen dann jedoch deutlich offener und ertragreicher, als wir erwartet hatten.

Kapitel 1

Wir zogen in der Regel das früher zumindest gelegentlich genutzte Instrument des Telefoninterviews vor, zumal in mehreren Kommunen (externe) Videokonferenzen nicht oder aus Datenschutz- oder sonstigen Gründen lediglich mit Software zulässig war, die uns – in Verbindung mit einer nicht immer stabilen Internetverbindung – wenig geeignet schien, Aufzeichnungen von hinreichender Qualität zu erhalten.

Bei Gruppendiskussionen zogen wir allerdings Video-Meetings vor, da sie gegenüber Telefonkonferenzen den Vorteil bieten, auch nonverbale Kommunikation zu ermöglichen. Diese ist aber auch in Videokonferenzen erheblich reduziert, weshalb wir Gruppendiskussionen nur in wenigen Fällen durchführten. In einem Fall konnten wir allerdings auch an einer inoffiziellen »Personalratssitzung für Gäste« – d. h. ohne formelle Entscheidungen und Namensnennungen – teilnehmen. Diese Form wurde gewählt, um rechtliche Probleme zu vermeiden und uns zumindest näherungsweise einen realen Eindruck der Gruppeninteraktion zu ermöglichen.

Da die Pandemie die Praxis der Personalratsarbeit längere Zeit stark geprägt und auch beeinträchtigt hat, wurde der Umgang mit Corona auch zum Thema der Interviews, wobei der Versuch, die Personalratsarbeit vor der Pandemie zu rekonstruieren, nicht nur methodisch schwierig, sondern auch inhaltlich zweifelhaft gewesen wäre. Wir gaben unsere anfänglichen Versuche, die Corona-Thematik vor Beginn des eigentlichen Interviews gesondert abzuhandeln, um sie aus dem Gespräch über die »normale« Personalratsarbeit herauszuhalten, aus zwei Gründen zunehmend auf:

- Erstens fiel es den Interviewten nicht immer leicht, eine solche Trennung durchzuhalten: »Ja, also ich versuche, das auszublenden und den Regelbetrieb in den Kopf zu kriegen« (PRV SH 3.1).
- Zweitens wurde mit zunehmender Dauer der Pandemie auch deutlich, dass sich eine Rekonstruktion der Personalratsarbeit vor der Pandemie auf eine Vergangenheit beziehen würde, die der gegenwärtigen Situation nicht entspricht und auch der zukünftigen Situation – zumindest teilweise – nicht entsprechen wird. Auch wenn wir uns nicht auf eine »neue Normalität« des Lebens und Arbeitens mit dauerhaft gefährlichen Corona-Viren einstellen müssen, werden die Erfahrungen aus Pandemiezeiten doch nachwirken. Dies ist beim Thema Homeoffice bereits offensichtlich.

Einleitung: Untersuchungsansatz, Fragestellung und Erhebung

Um die Gespräche im geplanten Umfang führen zu können, mussten nicht nur Verzögerungen in Kauf genommen werden, es mussten auch mehr Kommunen einbezogen werden als ursprünglich intendiert und somit die Tiefenschärfe zugunsten einer breiteren Sicht zurückgestellt werden. In drei Bundesländer wurden letztlich fünf Kommunalverwaltungen einbezogen, in Thüringen sieben, weil es in zwei Gemeinden nicht möglich war, mehr als ein Interview zu führen. In Thüringen und Nordrhein-Westfalen war auch jeweils ein Landkreis unter den untersuchten Kommunalverwaltungen.

Insgesamt wurden wie geplant 79 Interviews geführt, darunter 18 in Brandenburg, 18 in Nordrhein-Westfalen, 15 in Schleswig-Holstein und 18 in Thüringen auf kommunaler Ebene sowie 10 Gespräche mit externen Expertinnen und Experten.

1.4.4 Online-Survey

Im Jahr 2022 wurde eine standardisierte Online-Befragung von Personalräten durchgeführt. Mit einbezogen wurden alle Landkreise und alle Städte und Gemeinden ab 10.000 Einwohnerinnen und Einwohnern, teilweise auch Verwaltungsgemeinschaften, sofern diese für mindestens 10.000 Einwohnerinnen und Einwohner in verschiedenen Gemeinden zuständig sind, die nicht über eine eigene oder über eine nur rudimentäre Verwaltung verfügen. Insgesamt wurden 2.211 Kommunalverwaltungen angeschrieben und um Teilnahme gebeten.

Verbunden mit der Bitte um Beteiligung wurden ein Link zum Online-Fragebogen und ein Code mitgeteilt, um den Online-Zugang zum Fragebogen zu ermöglichen. Dadurch konnten die Teilnehmenden das Ausfüllen des Fragebogens unterbrechen und speichern. Zugleich wurde das mehrfache Beantworten des Fragebogens sowohl durch dieselbe Person als auch durch weitere Personalratsmitglieder ausgeschlossen, um Verzerrungen zu vermeiden – etwa nach dem ansonsten nicht unsympathischen Motto »Bei uns hat jede und jeder eine Stimme«.

Da die Befragung auf die offiziellen Anschriften der Kommunen zurückgreifen musste, weil es kein Verzeichnis der Personalräte gibt, konnte das Problem auftreten, dass Kommunalverwaltungen angeschrieben wurden, in denen kein Personalrat existiert. Vereinzelt kamen Schreiben mit dem Hinweis zurück, dass es in der Verwaltung keinen Personalrat gibt, sodass die reale Größe der Stichprobe bzw. die Grundgesamtheit (N) faktisch kleiner ist als die Zahl der angeschriebenen Adressen. Zudem muss auch vor dem Hintergrund früherer Befragungen (Schmidt/Müller 2013, S. 25 f.) angenommen werden, dass das Fehlen eines Personalrats in der Regel nicht gemeldet wird.

Technisch war nicht ausgeschlossen, dass auch dort, wo kein Personalrat existiert, eine Dienststellen- oder Personalleitung den Fragebogen ausgefüllt hat. Tatsächlich wurde in einem Fall eine offene Frage mit der Möglichkeit der Texteingabe genutzt, um die Mitteilung »Wir haben seit vielen Jahren KEINEN Personalrat mehr« abzusetzen; auf die Beantwortung von Fragen, die einen Personalrat vorausgesetzt hätten, wurde allerdings verzichtet. Wir gehen aber davon aus, dass es nicht zu Verzerrungen durch nicht legitimierte Fragebogenbeantwortung gekommen ist.

Insgesamt wurden durch das genutzte Online-Programm LimeSurvey 650 Beteiligungen erfasst, wobei in 634 Fällen auch tatsächlich Fragen beantwortet wurden. Bezogen auf die postalisch versandten Zugangsmöglichkeiten ergibt dies einen Rücklauf von 29 Prozent. Wenn wir unterstellen, dass ein nicht zu beziffernder Teil der angeschriebenen Verwaltungen nicht über einen Personalrat verfügt, also von der Grundgesamtheit der Stichprobe abgezogen werden müsste, ist von einem noch etwas höheren Rücklauf auszugehen.

Allerdings ist einzuschränken, dass nicht immer alle Fragen beantwortet wurden. Aus diesem Grund fällt die tatsächliche Beteiligung (n) bei einzelnen Fragen niedriger aus, aber auch, weil wir es als sinnvoll erachteten, die Zahl der den Befragten zugemuteten Fragen durch den Einsatz etlicher im Fragebogen enthaltener Filter (»Weichen«) zu begrenzen. Viele Fragen wurden nur denjenigen gestellt, die sie tatsächlich betrafen; der Fragebogen war mit insgesamt 384 Variablen gleichwohl sehr umfangreich. In den folgenden Tabellen geben wir an, ob ein bereits im Fragebogen gesetzter »Fragebogenfilter« wirksam war oder eine spätere Fallselektion angewandt wurde, die wir dann nur als »Filter« kennzeichnen.

Eine deutliche Mehrheit der Befragten gab an, dass es nur einen Personalrat für die gesamte Verwaltung gibt (siehe Tabelle 3). Da pro Kommunalverwaltung nur ein Fragebogen ausgefüllt werden konnte, wurde der Zugang zur Befragung jedoch auch dort nur einem Personalrat eröffnet, wo mehrere sogenannte »örtliche Personalräte« bestehen. Diese repräsentieren jeweils nur einen Teil der Beschäftigten einer Kommunalverwaltung und in der Regel existiert dann auch ein Gesamtpersonalrat.

Tabelle 3: Angaben zur befragten Verwaltung

Art der Kommunalverwaltung [a]		
Stadt- oder Gemeindeverwaltung		77 %
Kreisverwaltung		16 %
Verwaltungsgemeinschaft (Gemeindeverband, Amt, Samtgemeinde etc.)		7 %
»Wie viele Einwohner hat Ihre Stadt oder Gemeinde?«		
Einwohner	Grundgesamtheit [b]	Teilnahme an Befragung [c]
10.000–20.000	56 %	56 %
20.001–50.000	32 %	32 %
50.001–100.000	7 %	8 %
100.001 und mehr	5 %	5 %
Anzahl der Beschäftigten in der Verwaltung insgesamt [d]		
1–100 Mitarbeiter/innen		15 %
101–200 Mitarbeiter/innen		22 %
201–500 Mitarbeiter/innen		33 %
501–1000 Mitarbeiter/innen		17 %
1001 und mehr Mitarbeiter/innen		13 %
»Gibt es nur einen Personalrat oder mehrere?« [e]		
Es gibt nur einen Personalrat für die ganze Verwaltung		88 %
Es gibt mehrere örtliche Personalräte und einen Gesamtpersonalrat		10 %
Es gibt mehrere örtliche Personalräte, aber keinen Gesamtpersonalrat		2 %

Anmerkungen: a) n = 634; c) n = 486 (Filter: nur Städte und Gemeinden); d) n = 619; e) n = 567
Quellen: eigene Erhebung; b) Destatis 2021b

Der Ausschluss eventuell bestehender weiterer Personalräte ist ein Umstand, der wegen des fehlenden Adressverzeichnisses für Personalräte nicht zu umgehen war. Allenfalls eine Vorabfrage nach ggf. benötigten zusätzlichen Fragebogen hätte hier eine gewisse Abhilfe schaffen können, dann wäre jedoch das Risiko unvollständiger Anforderung und nicht sachgerechter Verteilung und Teilnahme gewachsen.

Die Problematik der Existenz mehrerer Personalräte und eines Gesamtpersonalrats stellt sich zwar latent auch bei Personalratsbefragungen zu speziellen thematischen Fragestellungen, wird aber dann manifest, wenn es um die Personalräte selbst geht. Es gab deshalb aufgrund eines Fragebogenfilters sowohl Fragenkataloge, die auf den Zuständigkeitsbereich örtlicher Personalräte zugeschnitten sind, als auch solche, die aus der Perspektive eines Gesamtpersonalrats ausgefüllt werden können.

Falls Befragte angaben, sowohl einem örtlichen als auch dem Gesamtpersonalrat anzugehören, baten wir sie darum zu entscheiden, für welchen Zuständigkeitsbereich sie Angaben machen wollen. 89 Prozent dieser Gruppe entschieden sich für den Zuständigkeitsbereich ihres örtlichen Personalrats. Insgesamt kann gesagt werden, dass die große Mehrheit der Befragten ihre Angaben aus der Perspektive eines örtlichen oder des jeweils einzigen Personalrats gemacht hat.

Zu erwähnen ist noch, dass die Teilnahme an der Befragung hinsichtlich der Größe der beteiligten Städte und Gemeinden ziemlich genau der Verteilung auf die amtlich festgestellten Größenklassen entspricht (s. o. Tabelle 3). Auf eine Gewichtung des Datensatzes nach Gemeindegrößenklassen wurde deshalb verzichtet. Da auch die Beteiligung von Personalräten nach Bundesländern nur geringfügig von der Zahl der Städte und Gemeinden ab 10.000 Einwohnerinnen und Einwohnern abweicht (siehe Tabelle 4), war auch in dieser Hinsicht eine Gewichtung nicht nötig.

Festzuhalten bleibt, dass aufgrund der Gemeindegrößen Kommunalverwaltungen mit unterschiedlich vielen Mitarbeiterinnen und Mitarbeitern beteiligt sind (s. o. Tabelle 3), sodass sich unter den beteiligten Personalräten sowohl solche mit ständigen gesetzlichen Freistellungen für die Personalratsarbeit als auch solche ohne diese Möglichkeit finden. Dieser Umstand ermöglicht trotz der Beschränkung auf Städte und Gemeinden ab 10.000 Einwohnerinnen und Einwohnern, dass auch die Perspektive und die typischen Probleme kleiner Personalräte ohne Freistellung eine gewisse Berücksichtigung finden.

Da auch die Daten aus Fragebogen durch die Sichtweise derjenigen beeinflusst sind, die die Beantwortung der Fragen übernehmen, wollen wir abschließend noch die Ausfüllenden charakterisieren.

Exakt die Hälfte der Fragebogen wurde von männlichen Personalratsmitgliedern ausgefüllt (jeweils ca. 50 Prozent männlich und weiblich, 0,4 Prozent divers), allerdings machten nicht alle Befragten Angaben zum Geschlecht. Das durchschnittliche Alter der Ausfüllenden betrug 49 Jahre (Median 52 Jahre), im arithmetischen Mittel gehören sie dem Personalrat

Einleitung: Untersuchungsansatz, Fragestellung und Erhebung

seit etwas mehr als zehn Jahren an (die Hälfe gehört dem Gremium maximal acht Jahre an).

Tabelle 4: Beteiligte Verwaltungen nach Bundesländern

Bundesland	Anzahl der Gemeinden ab 10.000 Einwohnerinnen und Einwohnern a)	Teilnahme an Befragung, nur Städte und Gemeinden b)	Teilnahme an Befragung insgesamt c)
Baden-Württemberg	16 %	20 %	17 %
Bayern	15 %	16 %	17 %
Brandenburg	4 %	5 %	5 %
Hessen	11 %	9 %	8 %
Mecklenburg-Vorpommern	1 %	2 %	2 %
Niedersachsen	13 %	10 %	11 %
Nordrhein-Westfalen	22 %	16 %	14 %
Rheinland-Pfalz	3 %	7 %	9 %
Saarland	2 %	1 %	1 %
Sachsen	4 %	5 %	4 %
Sachsen-Anhalt	3 %	3 %	3 %
Schleswig-Holstein	4 %	4 %	6 %
Thüringen	2 %	3 %	2 %

Anmerkungen: b) n = 487 (Filter: nur Städte und Gemeinden); c) n = 634 (auch Landkreise und Verwaltungsgemeinschaften mit einbezogen)
Quellen: a) Destatis 2021b; b und c) eigene Erhebung

Zu mehr als 80 Prozent wurde der Fragebogen von den Personalratsvorsitzenden selbst ausgefüllt (siehe Tabelle 5). Sofern es ständige Freistellungen gibt, was ziemlich genau für die Hälfte der beteiligten Personalräte zutrifft, füllte den Fragebogen zu 97 Prozent ein freigestelltes Personalratsmitglied aus.

78 Prozent der Ausfüllenden sind Arbeitnehmerinnen und Arbeitnehmer, 22 Prozent zählen sich zu den Beamtinnen und Beamten. Sofern dem Personalrat Gewerkschaftsmitglieder angehören, was zu knapp 77 Prozent der Fall ist, gehört auch der größere Teil der Ausfüllenden einer Gewerkschaft an (siehe Tabelle 5). Insgesamt, d. h. inklusive Personalräten ohne Ge-

werkschaftsmitglieder, stellen die Gewerkschaftsmitglieder mit fast 60 Prozent die Mehrheit unter den Ausfüllenden und damit – zumindest in der Regel – die aktivsten Personalratsmitglieder. 41 Prozent *aller* Ausfüllenden, d. h. inklusive derjenigen aus gewerkschaftlich nicht organisierten Personalräten, sind Mitglieder der Gewerkschaft ver.di.

Tabelle 5: Angaben zur ausfüllenden Person

»Welche Funktion üben Sie im Personalrat aus?« a)	
(Gesamt-)Personalratsvorsitzende/r	81 %
stellvertretende/r Personalratsvorsitzende/r	12 %
sonstiges Mitglied im Personalratsvorstand	2 %
Personalratsmitglied	5 %
Mitarbeiter/in des Personalrats	0,2 %
»Soweit es Gewerkschaftsmitglieder im Personalrat gibt: Sind Sie selbst Mitglied in einer Gewerkschaft?« b)	
nein	25 %
ja, ver.di	54 %
ja, DBB/Komba	18 %
ja, andere DBB-Gewerkschaft	2 %
ja, andere DGB-Gewerkschaft	0,3 %
ja, sonstige Gewerkschaft	1 %

Anmerkungen: a) n = 532; b) n = 399 (Fragebogenfilter: falls Gewerkschaftsmitglieder im Personalrat)
Quelle: eigene Erhebung

Die Streuung der Beteiligung an der standardisierten Befragung im gesamten Bundesgebiet ist sicherlich hilfreich, um Vereinseitigungen zu vermeiden; auf eine systematische Auswertung der standardisierten Erhebung nach Bundesländern haben wir jedoch aufgrund der teilweise geringen Fallzahlen in kleineren Ländern verzichtet.

2 Institutionalisierung der Mitbestimmung im öffentlichen Dienst

2.1 Kurze Geschichte der Mitbestimmung im öffentlichen Dienst

Die betriebliche Beschäftigtenvertretung unterscheidet sich nach Privatwirtschaft und öffentlicher Verwaltung. Die Vertretung durch Betriebsräte und durch Personalräte basiert auf unterschiedlichen rechtlichen Grundlagen, dem Betriebsverfassungsrecht einerseits und dem Personalvertretungsrecht andererseits. Entscheidend dafür, welches von beiden Anwendung findet, ist genau genommen nicht die Frage, wer wirtschaftlich gesehen Eigentümer ist, sondern die formelle Rechtsform:

»Arbeitstechnische Organisationseinheiten mit privater Rechtsform unterliegen dem Betriebsverfassungsgesetz, selbst wenn sie der öffentlichen Hand ausschließlich oder überwiegend gehören.« (Edenfeld 2014, S. 227)

Es gibt nur ein Betriebsverfassungsgesetz (BetrVG), hingegen eine ganze Reihe von Personalvertretungsgesetzen. Für die Bundesverwaltung gilt das Bundespersonalvertretungsgesetz (BPersVG), das erstmals 1955 in Kraft trat, 1972 durch die sozialliberale Regierung reformiert und schließlich mit Inkrafttreten zum 15.6.2021 durch eine Neufassung ersetzt wurde.

Darüber hinaus hat jedes Bundesland ein eigenes Personalvertretungsgesetz (meist als PersVG o. ä. bezeichnet), das jeweils sowohl für die Landesverwaltung als auch für die Kommunalverwaltungen gilt. Die »16 Landespersonalvertretungsgesetze mit kaum noch überschaubaren Sonderregelungen« (Edenfeld 2014, S. 225) werden immer wieder geändert und entwickeln sich bis heute unterschiedlich.

Die Differenzierung zwischen einem Betriebsverfassungsrecht mit Betriebsräten für die private Wirtschaft, das im Zuständigkeitsbereich der

Arbeitsgerichte liegt, und einem Personalvertretungsrecht mit Personalräten für den öffentlichen Dienst – Tarifbeschäftigte, Beamtinnen und Beamte eingeschlossen – für das die Verwaltungsgerichte zuständig sind, stand jedoch nicht am Beginn der institutionalisierten betrieblichen Beschäftigtenvertretung in Deutschland und war historisch keineswegs zwingend so angelegt.

Zu Beginn der betrieblichen Beschäftigtenvertretung im 19. Jahrhundert stellten oft die gewählten Vorstandsmitglieder von Krankenkassen oder Konsumvereinen oder schon eigens gewählte Arbeiterausschüsse die betrieblichen Vertreter der Arbeiterschaft. Hierbei ging es zunächst nur um die Arbeiterschaft und weder die Angestellten der Privatwirtschaft noch die Beamten des öffentlichen Dienstes waren beteiligt. Meist ging es um eine ausgesprochen begrenzte Partizipation im Rahmen paternalistischer Betriebsführung (Teuteberg 1981, S. 15f.), also die Einbindung der Arbeiterbelegschaft in die Betriebsgemeinschaft. Sozialdemokratie und Gewerkschaften lehnten das »scheinkonstitutionelle Feigenblatt« – wie es August Bebel nannte – ab (Hopmann/Hachtmann 2020, S. 16).

Als Arbeiterausschüsse nach Reichstagsvorlagen zu Wahlkörpern für die Kammern und zudem bei der Anordnung von Überstunden und Sonntagsarbeit gehört werden sollten – wogegen Arbeitgeberverbände und Unternehmerkammern Sturm liefen – sprachen sich die Sozialdemokraten für Arbeiterausschüsse aus. Mit dem »Gesetz über den vaterländischen Hilfsdienst« von 1916 wurden Arbeiterausschüsse in Betrieben mit mindestens 50 Beschäftigten obligatorisch. Im November 1918 wurden dann mit dem sogenannten Stinnes-Legien-Abkommen neben der Anerkennung von Tarifverträgen und Achtstundentag auch Arbeiterausschüsse festgeschrieben (Däubler/Kittner 2020, S. 148).

Zu dieser Traditionslinie betrieblicher Beschäftigtenvertretung, der sich die sozialdemokratische Arbeiterbewegung erst allmählich angenommen hatte, trat am Ende des Ersten Weltkriegs mit den Arbeiter- und Soldatenräten der Novemberrevolution eine zweite Quelle, die zur Geschichte der betrieblichen Beschäftigtenvertretung in Deutschland gezählt werden darf. Das Betriebsrätegesetz von 1920 verpflichtete zur Einrichtung von Betriebsräten (Böhme 2001, S. 13) und wurde vom Allgemeinen Deutschen Gewerkschaftsbund (ADGB), dem Dachverband der freien Gewerkschaften, positiv bewertet.

Institutionalisierung der Mitbestimmung im öffentlichen Dienst

»[Es] steht für den politischen und rechtlichen Quantensprung von einem nur eben geduldeten, von niemandem so recht geschätzten Vehikel betrieblicher Partizipation im Obrigkeitsstaat zu einer – wenn auch erst zu entwickelnden – von zwei Säulen der Arbeitnehmerinteressenvertretung im ›dualen System‹ [...]« (Däubler/Kittner 2020, S. 176)

Damit war das Konzept der Vertretung von Arbeitnehmerinteressen im Grundzug entwickelt, wie es nach dem Zweiten Weltkrieg und der nationalsozialistischen Diktatur, in der Mitbestimmung de facto abgeschafft war (Teuteberg 1981, S. 43 ff.), wieder Anwendung finden sollte.

Von Personalräten, wie sie in der Nachkriegszeit eingerichtet wurden, war bis dahin nicht die Rede, allerdings entstanden auch in staatlichen Betrieben Arbeiterausschüsse und bereits vor der Jahrhundertwende kamen Forderungen nach Beamtenausschüssen auf. So wurden seit 1880 Arbeiterausschüsse in den Regiebetrieben des Preußischen Kriegsministeriums und 1891 in den kaiserlichen Werften eingerichtet (Däubler/Kittner 2020, S. 244).

Es dauerte jedoch noch mehrere Jahre, bis diese Forderungen im Reichstag aufgegriffen und diskutiert wurden. Am 26.3.1908 nahm dieser eine Resolution an, die sich dafür aussprach, in Reichsbetrieben sowohl Beamten als auch Handwerkern und Arbeitern die Vertretung durch eigene Ausschüsse zu gestatten; weitere Petitionen kamen hinzu (Potthoff 1965, S. 35 ff.). Allerdings wurden vor dem Ersten Weltkrieg nur in wenigen Städten Beamtenausschüsse eingerichtet.

Die Ausschüsse sollten zwar Anträge, Beschwerden und Wünsche an die Amtsleitungen übermitteln, wie in der *Deutschen Postzeitung* zu lesen war, aber eine tatsächliche Mitbestimmung wurde abgelehnt, denn – so die damalige Sicht – »für uns Beamte würde die Einrichtung eines solchen Rechtes gleichbedeutend mit einer Hinausdrängung aus dem Beamtenverhältnis sein« (zit. nach Potthoff 1965, S. 63). Der Wunsch, gehört zu werden, kollidierte mit der Befürchtung der Beamten, ihren privilegierten Status zu verlieren, falls sie Mitbestimmungsrechte einfordern.

Anders als für die Beschäftigten der Privatwirtschaft brachte auch das »Gesetz über den vaterländischen Hilfsdienst« von 1916 keine Vertretungsorgane für die Beamten. Während des weiteren Kriegsverlaufs wurden jedoch auch Beamten gewisse Mitspracherechte eingeräumt (Potthoff 1965). Der 1918 gegründete Deutsche Beamtenbund (DBB) und der Allgemeine

Deutsche Gewerkschaftsbund (ADGB) sowie weitere Akteure forderten – wenn auch mit unterschiedlicher Ausgestaltung – ein Beamtenrätegesetz. Die Reichsregierung legte dem Reichstag zunächst am 28.6.1921 und verändert erneut am 18.5.1925 den Entwurf eines Gesetzes über Beamtenvertretungen vor. Die Behandlung des Gesetzesentwurfes wurde jedoch verschleppt, sodass es bis zur »Machtergreifung« durch die Nationalsozialisten nicht zu einer Verabschiedung im Reichstag kam (Potthoff 1965, S. 100 ff.). Der Regierungsentwurf sah keine Schlichtungsausschüsse vor, denn die Regierung

»vertrat den Standpunkt, daß der Beamte, der durch einen einseitigen öffentlichrechtlichen Akt des Staates in sein Amt berufen worden sei, nicht wie der Arbeitnehmer dem Staat als gleichberechtigter Vertragsschließender gegenübertrete. Aus diesem Grunde könnte nicht zwischen ihm und der Regierung ein Schlichtungsausschuß stehen und Recht sprechen […]« (Potthoff 1965, S. 105 f.)

Dieses Argumentationsmuster wird uns auch in der Zeit nach dem Zweiten Weltkrieg wieder begegnen (Ossenbühl 1986) und spielt bis heute eine Rolle. Doch obwohl es auf Reichsebene zu keinem Gesetz über Beamtenvertretungen kam, wurden in den meisten Ländern Beamtenausschüsse auf dem Verordnungswege eingerichtet und damit Ansätze einer eigenständigen Interessenvertretung praxisrelevant.

Auch die heute im Personalvertretungsrecht vorherrschenden Zielvorstellungen – vertrauensvolle Zusammenarbeit der Personalräte mit der Dienststelle einerseits und Vertretung von Beschäftigteninteressen andererseits – kommen bei den damaligen Beamtenausschüssen bereits vor. Allerdings waren die eingeräumten Mitwirkungsrechte insgesamt schwach und von Mitbestimmung im heutigen Sinne konnte kaum die Rede sein.

Nach dem Zweiten Weltkrieg kamen rasch Bestrebungen auf, wieder Beschäftigtenvertretungen einzurichten. In etlichen Betrieben wurden Beschäftigte unmittelbar nach Kriegsende aktiv und bemühten sich eigenständig um die Wiederaufnahme der Produktion. Dabei entstanden mehr oder weniger spontan an die früheren Betriebsräte angelehnte Vertretungen, was auch für die öffentlichen Verwaltungen galt. Durch das Kontrollratsgesetz 22 vom 10.4.1946 wurden die bereits bestehenden Betriebsräte rechtlich legitimiert und die Möglichkeit geschaffen, Betriebsräte für die Arbeiterinnen, Arbeiter und Angestellten in ganz Deutschland einzuführen (Teuteberg 1981, S. 46).

Institutionalisierung der Mitbestimmung im öffentlichen Dienst

Da die Beamten im Kontrollratsgesetz nicht explizit erwähnt wurden, war umstritten, ob sie in die Vertretung durch Betriebsräte einbezogen werden sollten. Sowohl das Landesarbeitsgericht Frankfurt als auch die britische Militärverwaltung legten den Begriff »Angestellter« in der deutschen Fassung des Kontrollratsgesetzes Nr. 22 (»employee« in der englischen Fassung) weit aus und schlossen – wie auch die meisten Ländergesetze – die Beamten mit ein (Potthoff 1965, S. 216). Dennoch kam es später zu einer separaten Regelung für den öffentlichen Dienst.

Am 27.7.1950 befasste sich der Bundestag erstmalig mit einem Gesetzesentwurf der CDU/CSU zur betrieblichen Mitbestimmung, in dem definiert wurde, dass Arbeitnehmer im Sinne des Gesetzes Arbeiter, Angestellte und Beamte seien, wobei gültige Bestimmungen zur rechtlichen Stellung von Beamten nicht berührt werden sollten. In einem zeitgleich vorliegenden SPD-Entwurf zur Neuordnung der Wirtschaft war von Beamten nicht die Rede.

In einem Entwurf der Bundesregierung wurden Arbeitnehmer schließlich als »die in einem Arbeitsverhältnis beschäftigten Personen (Arbeiter, Angestellte, Lehrlinge)« bestimmt und eine Gültigkeit für Beschäftigte der öffentlichen Hand ausgeschlossen, da für diese ein besonderes Gesetz vorgesehen sei (Potthoff 1965, S. 239).

In der Debatte im Ausschuss plädierte dann die Opposition für eine einheitliche Regelung, die Regierungsparteien CDU/CSU, FDP und Deutsche Partei (DP) sowie die Mehrheit des Bundestags für eine Sonderregelung für Beamte. DP und FDP waren grundsätzlich für eine Sonderregelung, während die CDU gegenüber der SPD, die sich dem ursprünglichen CDU-Entwurf angeschlossen hatte, mit den praktisch-technischen Vorteilen einer Sonderregelung argumentierte. Am 14.11.1952 trat das Betriebsverfassungsgesetz dann in Kraft (Däubler/Kittner 2020, S. 352).

2.2 Die Entstehung des heutigen Personalvertretungsrechts

Am 7.3.1952 beschloss die Bundesregierung »entgegen den ursprünglichen Erwartungen« (Fabricius 1955, S. 255) einen Gesetzesentwurf für ein Personalvertretungsrecht. Der DGB vermutete die »Absicht, die gewerkschaftliche Einheit von Arbeitern, Angestellten und Beamten zu untergraben und durch ein Ausnahmerecht für den öffentlichen Dienst die verschiedenen

Gruppen gegeneinander auszuspielen« (Potthoff 1965, S. 243). Vielleicht ist auch nicht ganz von der Hand zu weisen, dass sich der Staat als Gesetzgeber hier eine Sonderregelung für seine Rolle als Arbeitgeber schaffen wollte.

Am 10.9.1952 fand die erste Lesung des Personalvertretungsgesetzes im Bundestag statt. Die FDP argumentierte für die Gruppenwahl, d.h. getrennte Wahlgänge für die Beamten und die beiden anderen Beschäftigtengruppen, da sich aus den hergebrachten Grundsätzen des Berufsbeamtentums im Sinne des Grundgesetzes ein Recht auf separate Beamtenvertretungen ableite. Die CDU sah Personalvertretungen insbesondere als Unterstützung für die Dienststellenleitungen. Die SPD kritisierte einen Mangel an Mitbestimmungsrechten.

Während der DGB die Sonderregelung für den öffentlichen Dienst ablehnte, forderte der DBB ein separates Personalvertretungsrecht für Beamte. Nachdem deutlich wurde, dass diese Forderung nicht durchzusetzen war, setzte sich der DBB für das Gruppenprinzip ein, bei dem jede Gruppe ihre eigenen Vertreterinnen und Vertreter wählt und für sich beraten und abstimmen kann, um der Dominanz einer möglichen Mehrheit der nicht verbeamteten Beschäftigten – wiederum unterschieden nach Arbeitern und Angestellten – vorzubeugen.

Außerdem sprach sich der DBB gegen eine starke Beteiligung von Gewerkschaften bei der Personalvertretung aus. Argumentiert wurde dabei unter anderem mit der Wahrung des Dienstgeheimnisses, aber auch damit, dass der Einfluss externer Kräfte auf die Personalvertretungen vermieden werden solle und Gewerkschaftskonkurrenz den Betriebsfrieden störe. Personalversammlungen sollten nur einmal im Jahr durchgeführt und die Einflussmöglichkeiten des Personalrats hinsichtlich der Beamten eingeschränkt werden. Zudem machte sich der DBB für die Zuständigkeit von Verwaltungsgerichten bei Konfliktfällen stark, um der Gefahr vorzubeugen, dass die Arbeitsgerichte Einfluss auf das Beamtenrecht bekommen, was der DGB anders sah (Potthoff 1965, S. 252 f.).

Nachdem die Differenzierung zwischen Privatwirtschaft und öffentlichem Dienst nicht mehr abzuwenden war, setzte sich der DGB dafür ein, den Beschäftigten des öffentlichen Dienstes dieselben Rechte wie den in der Privatwirtschaft Beschäftigten zuzubilligen. Er plädierte für eine gegenüber dem Regierungsentwurf gestärkte Mitbestimmung, die grundsätzliche Mitbestimmung in sozialen Angelegenheiten, wobei er für die personellen Angelegenheiten bei Beamten nur ein Mitwirkungsrecht forderte.

Institutionalisierung der Mitbestimmung im öffentlichen Dienst

Anders als der DBB wollte der DGB eine starke Beteiligung von Gewerkschaften. In einem Personalrat vertretene Gewerkschaften sollten an dessen Sitzungen und auch an Personalversammlungen teilnehmen dürfen. Der DGB stellte sich zudem gegen ein generelles Letztentscheidungsrecht der obersten Dienstbehörde im Konfliktfall. Stattdessen argumentierte er für eine paritätisch besetzte Schiedsstelle, wobei der obersten Dienststelle jedoch zugebilligt werden solle, Entscheidungen aufzuheben, falls der Schiedsspruch nachweislich die parlamentarische Verantwortung des Staates beeinträchtige (Potthoff 1965, S. 256).

Da die Verabschiedung des Gesetzesentwurfs nicht mehr in der Wahlperiode erfolgen konnte, wurde am 19.3.1954 ein überarbeiteter Entwurf in die erste Lesung im Bundestag eingebracht. Im Anschluss wurde der Entwurf in einem Ausschuss weiter debattiert, wobei einige Punkte des Regierungsentwurfs den DGB-Positionen angenähert wurden. So erhielt etwa die gruppenübergreifende Debatte im Personalrat größeres Gewicht, die Mitbestimmungstatbestände wurden ausgeweitet und die Arbeitsgerichte sollten zuständig sein. Am 17.3.1955 erfolgte dann die zweite Lesung, deren Resultat Potthoff so zusammenfasst:

»Nach harten und leidenschaftlichen Diskussionen, die vorwiegend zwischen den Vertretern des DBB in den CDU- und FDP-Fraktionen und den Vertretern des DGB in der SPD-, aber auch in der CDU-Fraktion stattfanden, wurden die Formulierungen des Regierungsentwurfs mit den Stimmen der Abgeordneten der FDP, der DP, des BHE und mit der Mehrheit der CDU-Stimmen weitgehend wiederhergestellt.« (Potthoff 1965, S. 269)

Die dritte Lesung schloss sich am 8.6.1955 an. Die Standpunkte konnten sich etwas annähern, allerdings blieb es bei der Gruppenentscheidung und der Zuständigkeit der Verwaltungsgerichte, aber die Mitbestimmungsrechte wurden erweitert und eine Einigungsstelle geschaffen. Das Gesetz wurde mit den Stimmen der CDU gegen die SPD einerseits sowie die FDP und Teile der DP andererseits angenommen. Nach Modifikationen durch den Bundesrat wurde das Bundespersonalvertretungsgesetz (BPersVG) am 5.8.1955 erlassen.

Wesentliche Elemente späterer Personalvertretungsgesetze waren bereits im ersten BPersVG von 1955 enthalten, etwa die Gruppenwahl, bei der die Gruppen in getrennter Abstimmung eine gemeinsame Wahl beschließen können, die Wahl von Vorsitzenden und die Bildung eines Vorstandes,

Kapitel 2

in dem die Gruppen vertreten sind. Laut BPersVG 1955 arbeiten Dienststelle und Personalrat

»im Rahmen der Gesetze und Tarifverträge vertrauensvoll und im Zusammenwirken mit den in der Dienststelle vertretenen Gewerkschaften und Arbeitgebervereinigungen zur Erfüllung der dienstlichen Aufgaben und zum Wohle der Bediensteten zusammen« (§ 55 Abs. 1 BPersVG 1955).

Der Personalrat kann beschließen, dass Gewerkschaftsvertreter zu Personalratssitzungen und Personalversammlungen hinzugezogen werden. Einmal im Monat sollen Dienststellenleitung und Personalrat zu einer Besprechung zusammenkommen. Personalratsmitglieder haben eine Schweigepflicht (Altvater et al. 2020, S. 94 ff.) auch über das Ausscheiden hinaus. Laut Paragraph 24 BPersVG 1955 beträgt die Amtszeit eines Personalrats zwei Jahre.

Bei Mitwirkung bzw. Mitbestimmung wird zwischen sozialen Angelegenheiten und Personalangelegenheiten unterschieden. Nach Paragraph 63 Absatz 1 BPersVG 1955 wird bei der obersten Dienstbehörde eine Einigungsstelle gebildet, die aus je drei Beisitzern besteht, die von der obersten Dienstbehörde und der dort bestehenden Personalvertretung ernannt werden. Gemeinsam soll ein unabhängiger Vorsitzender bestimmt werden. »Kommt eine Einigung über die Person des Vorsitzenden nicht zustande, so bestellt ihn der Präsident des Bundesverwaltungsgerichts« (§ 63 Abs. 1 BPersVG 1955).

Das BPersVG 1955 enthält auch Rahmenvorschriften für die Landesgesetzgebung und gibt damit die Regeln vor, die die Länder bei ihren Personalvertretungsgesetzen zu beachten haben. Gleich zu Beginn der Rahmenvorschriften legt Paragraph 83 fest, dass durch Landesgesetze Personalräte einzurichten sind:

»In den Verwaltungen und Betrieben der Länder, Gemeinden, Gemeindeverbände und der sonstigen nicht bundesunmittelbaren Körperschaften, Anstalten und Stiftungen des öffentlichen Rechts sowie in den Gerichten der Länder werden Personalvertretungen gebildet; für Polizeibeamte und Angehörige von Dienststellen, die bildenden, wissenschaftlichen und künstlerischen Zwecken dienen, können die Länder eine besondere Regelung vorsehen.« (§ 83 Abs. 1 BPersVG 1955)

Vorgegeben sind auch das Wahlverfahren, die erwähnte Gruppenwahl für Beamte, Angestellte und Arbeiter sowie Grundzüge der Personalratsarbeit.

Institutionalisierung der Mitbestimmung im öffentlichen Dienst

Zur Amtszeit heißt es in den Rahmenvorgaben für die Landesgesetzgebung jedoch lediglich: »Die Personalvertretungen sind in angemessenen Zeitabständen neu zu wählen« (§ 88 Abs. 1 BPersVG 1955). Konkrete Ausführungen zu Mitwirkung und Mitbestimmung fehlen, wodurch relevante Spielräume für die Ausgestaltung durch die Landesgesetze geschaffen wurden, allerdings bringt Paragraph 90 den Willen zum Ausdruck, dass sich die Landesgesetze diesbezüglich an den für den Bund gültigen Regeln orientieren sollen:

»Die Personalvertretungen sind in innerdienstlichen sozialen und personellen Angelegenheiten zu beteiligen; dabei soll eine Regelung angestrebt werden, wie sie für Personalvertretungen in Bundesbehörden in diesem Gesetz festgelegt ist.« (§ 90 BPersVG 1955)

Gleichwohl unterscheiden sich die in den Folgejahren verabschiedeten Personalvertretungsgesetze der Länder zum Teil deutlich und sind zudem nicht einfach zu vergleichen, etwa weil die Begriffe »Mitwirkung« und »Mitbestimmung« in unterschiedlicher Weise Verwendung finden (Böhme 2001, S. 39). Neben unterschiedlichen Katalogen der Mitbestimmungstatbestände finden sich auch Unterschiede bezüglich der Letztentscheidung bei Streitfällen. Bereits in der Debatte um das BPersVG 1955 wurde gegen das Letztentscheidungsrecht einer paritätisch besetzten Einigungsstelle eingewandt, dass damit demokratisch legitimierte Entscheidungen des Staates beeinflussbar würden.

In der Debatte zum Bremer Personalvertretungsrecht wurden die beiden zentralen Spannungslinien bei der rechtlichen Gestaltung der Personalvertretung im öffentlichen Dienst erneut deutlich: der Umfang der Mitbestimmungsrechte und die Frage des Letztentscheids. Gegen einen Änderungsantrag der SPD zur Einführung einer unabhängigen Einigungsstelle bei allen Maßnahmen in sozialen und personellen Angelegenheiten (Dannenberg et al. 2016) hatten CDU, FDP und DP verfassungsrechtliche Bedenken, die zur Anrufung des Bremer Staatsgerichtshofs führten, der jedoch keinen Verstoß gegen die Landesverfassung feststellte.

Verabschiedet wurde schließlich ein Personalvertretungsgesetz mit einer letztentscheidenden Einigungsstelle auch in Beamtenangelegenheiten. Zudem enthielt das Bremer Personalvertretungsgesetz keine schwachen Beteiligungs-, sondern ausschließlich Mitbestimmungsrechte (Böhme 2001, S. 20). Da das Gesetz nach Ansicht des Bremer Senats insbesondere wegen weitgehender Mitbestimmungsrechte (Allzuständigkeit und Initiativrecht) und der personellen Zusammensetzung der Einigungsstelle das Prinzip der Gewaltenteilung verletzte, beantragte er beim Bundesverfassungsgericht eine Prüfung der Regelungen zur unabhängigen Einigungsstelle (Böhme 2001, S. 25).

Das Bundesverfassungsgericht entschied am 27.4.1959, dass die Paragraphen 59 bis 61 des Bremer Personalvertretungsgesetzes nichtig sind, soweit in personellen Angelegenheiten der Beamten die Entscheidung einer unabhängigen Einigungsstelle vorgesehen ist (Potthoff 1965, S. 275 f.). Die Personalhoheit über die Beamten sei wesentlicher Teil der Regierungsgewalt und dürfe nicht auf andere Stellen übertragen werden, allerdings sei ein Letztentscheid der Einigungsstelle in sozialen Angelegenheiten zulässig (Böhme 2001, S. 30).

Zur Funktion von Einigungsstellen wird weiter dargelegt, dass diese zwar vom Parlament wie auch von der Regierung unabhängig seien, aber nicht »außerhalb der Verwaltung« stünden. Vielmehr seien sie Stellen der Staats- und Gemeindeverwaltung, die Aufgaben der Personalverwaltung wahrnehmen und somit zum Bereich der Exekutive gehören (Böhme 2001, S. 31).

In Berlin blieben Regelungen, die denen in Bremen ähnlich waren, noch zehn weitere Jahre gültig. Laut Dannenberg et al. hat das Bundesverfassungsgericht mit der Entscheidung zum Bremer Personalvertretungsgesetz

»einen pragmatischen Mittelweg gewählt, indem es nur die Letztentscheidung der Einigungsstelle über die *personellen Angelegenheiten der Beamten* für mit dem Grundgesetz unvereinbar erklärte« (Dannenberg et al. 2016, S. 56).

Dies werde zwar mit dem zwingenden Gebot der Funktionsfähigkeit und der Verantwortung der Regierung gegenüber Volk und Parlament begründet, doch daraus würden keine restriktiven Schlüsse für die Mitbestimmung gezogen:

»Ausdrücklich stellt das BVerfG die Verfassungsmäßigkeit der Mitbestimmung des Personalrats und der Entscheidung einer Einigungsstelle in personellen Angelegenheiten der Angestellten und Arbeiter sowie in sozialen Angelegenheiten aller öffentlichen Bediensteten fest [...] und weist darauf hin, dass der Landesgesetzgeber nicht gehindert sei, den Personalvertretungen und Einigungsstellen größere Befugnisse einzuräumen als der Bundesgesetzgeber (z. B. Allzuständigkeit, Initiativrecht), sofern er damit nicht – wie es bei der Mitbestimmung in personellen Angelegenheiten der Beamten der Fall sei – gegen Verfassungsrecht verstoße [...]« (Dannenberg et al. 2016, S. 56)

Am 1.4.1974 trat dann unter der sozialliberalen Regierung das neue und mitbestimmungsfreundlichere BPersVG in Kraft. Es enthielt erweiterte Beteiligungsrechte; die Prinzipien der Gruppenvertretung und die Einschränkungen der Mitbestimmung bei den Beamten blieben jedoch bestehen (Brehmer 2016, S. 39). Seither wurden immer wieder Veränderungen vorgenommen; Altvater et al. (2020, S. 35 ff.) konstatieren seit der Neufassung von 1974 33 Änderungen. Mit dem BPersVG vom 9.6.2021 wurde schließlich ein neues Gesetz geschaffen.

Als wesentliche Veränderungen des neuen BPersVG 2021 gelten eine Verbesserung von Gliederung und Lesbarkeit, geschlechtergerechte Sprache, ein digitales Zugangsrecht für Gewerkschaften in Dienststellen (Verlinkung), die Möglichkeit virtueller Personalratssitzungen bei Vorrang von Präsenzsitzungen, die Senkung des Mindestalters für das aktive Wahlrecht auf 16 und die Streichung des Höchstalters beim aktiven und passiven Wahlrecht von Auszubildenden für die Jugend- und Auszubildendenvertretung (JAV), teilweise Anwendung der uneingeschränkten bei bisher eingeschränkter Mitbestimmung und die Zulassung der Doppelmitgliedschaft in Personalrat und JAV.

Aus der Sicht von ver.di erfüllt das neue BPersVG 2021 allerdings nicht die gewerkschaftlichen Erwartungen, insbesondere hinsichtlich einer Ausweitung der Mitbestimmung und der Orientierung am Betriebsverfassungsgesetz. Die Personalvertretungsgesetze mancher Länder nahmen einzelne Elemente der Veränderung bereits vorweg oder gehen auch über die Regelungen des neuen BPersVG hinaus.

Auch wenn wir in diesem Rahmen auf die meisten der im Laufe der Zeit zahlreichen Änderungen der Landespersonalvertretungsgesetze nicht weiter eingehen können, verdient der Konflikt um das Mitbestimmungsgesetz Schleswig-Holstein in den 1990er Jahren dennoch eine Betrachtung, da dabei die grundlegenden Konfliktlinien erneut und modifiziert zutage traten, die bereits die Nachkriegsentwicklung gekennzeichnet hatten.

Im Mitbestimmungsgesetz Schleswig-Holstein, das nach dem Wahlsieg der SPD 1988 und nach Kritik des DGB an zunächst schwächeren

Entwürfen vom Landtag am 11.12.1990 beschlossen wurde, wurden alle personellen, sozialen, organisatorischen und sonstigen innerdienstlichen Maßnahmen der vollen Mitbestimmung unterworfen, womit das Mitbestimmungsgesetz Schleswig-Holstein die Mitbestimmung auch verglichen mit dem Bremer Personalvertretungsgesetz weiter ausgebaut hat. Die Paragraphen 2 und 51 des Mitbestimmungsgesetzes Schleswig-Holstein beinhalten mit der sogenannten Allzuständigkeit diese wesentliche Neuerung:

»Der Personalrat bestimmt mit bei allen Maßnahmen der Dienststelle 1. für die in der Dienststelle tätigen Beschäftigten, 2. für Personen, die der Dienststelle nicht als Beschäftigte angehören, jedoch für sie oder die ihr angehörenden Beschäftigten tätig sind und die innerhalb der Dienststelle beschäftigt werden.« (§ 2 Abs. 1 MBG Schl.-H.)

»Der Personalrat bestimmt mit bei allen personellen, sozialen, organisatorischen und sonstigen innerdienstlichen Maßnahmen, die die Beschäftigten der Dienststelle insgesamt, Gruppen von ihnen oder einzelne Beschäftigte betreffen oder sich auf sie auswirken. Das gleiche gilt, wenn die Dienststelle Maßnahmen für Personen trifft, die der Dienststelle nicht angehören, jedoch für sie oder die ihr angehörenden Beschäftigten tätig sind und die innerhalb der Dienststelle beschäftigt werden. Die Mitbestimmung findet nicht statt bei Weisungen an einzelne oder mehrere Beschäftigte, die die Erledigung dienstlicher Obliegenheiten oder zu leistender Arbeit regeln.« (§ 51 Abs. 1 MBG Schl.-H.)

Bemerkenswert ist auch, dass der Personalrat und die Dienststelle bei ihren Entscheidungen nach Paragraph 2 des Mitbestimmungsgesetzes Schleswig-Holstein das gesellschaftliche, wirtschaftliche und ökologische Umfeld zu berücksichtigen haben.

Gegen das Mitbestimmungsgesetz Schleswig-Holstein klagten 282 Abgeordnete der CDU/CSU-Bundestagsfraktion. Am 24.5.1995 entschied das Bundesverfassungsgericht, dass die Regelung nicht verfassungskonform ist (Däubler/Kittner 2020, S. 386). Dabei wurde gegenüber dem Verfassungsgerichtsurteil von 1959 verändert argumentiert. Während im damaligen Urteil zum Bremer Personalvertretungsrecht vornehmlich mit dem Rechtsstaatsprinzip argumentiert wurde, wurde jetzt primär auf Artikel 20 Absatz 2 des Grundgesetzes, d. h. auf die Volkssouveränität Bezug genommen (Böhme 2001, S. 2).

Institutionalisierung der Mitbestimmung im öffentlichen Dienst

Eine weitere bemerkenswerte Veränderung besteht darin, dass jetzt auch Arbeitnehmerinnen und Arbeitnehmer besonderen Einschränkungen der Mitbestimmung unterliegen:

»Ob der im öffentlichen Dienst Beschäftigte hoheitliche Aufgaben wahrnimmt, ist nach dem Beschluß zum MBG Schl.-H. nicht mehr entscheidend.« (Böhme 2001, S. 5)

Das Prinzip der demokratischen Legitimation (»Demokratieprinzip«), das die Legitimation staatlichen Handelns in einer ununterbrochenen Kette auf den Wählerwillen zurückführt, wird dabei zum zentralen Argument. Entwickelt hatte diese Vorstellung, die auch als »Legitimationskettentheorie« bekannt ist, der Verfassungsrichter Ernst-Wolfgang Böckenförde (Neumann 2019), der auch an der Entscheidung zum Mitbestimmungsgesetz Schleswig-Holstein beteiligt war.

»Maßstab bei der Entscheidung über das MBG Schl.-H. ist allein das Demokratieprinzip. Von Bedeutung ist dabei, daß aus diesem Staatsorganisationsprinzip die Forderung nach einer ununterbrochenen Legitimationskette herausgearbeitet wird.« (Böhme 2001, S. 5)

Bei dieser Betonung der Volkssouveränität entsteht der Eindruck einer eigentümlichen Verengung auf eine Befehlskette ohne tatsächliche Spielräume. Der Entscheidung liegt aus heutiger Sicht ein etatistisches, wenig partizipatives Staatsverständnis zugrunde, bei dem selbst dem im Mitbestimmungsgesetz Schleswig-Holstein genannten Mitbestimmungskriterium der »Innerdienstlichkeit« keine Bedeutung zukommt.

Mit diesem Urteil war allerdings der Höhepunkt der restriktiven Rechtsprechung zur Mitbestimmung im öffentlichen Dienst erreicht (Dannenberg et al. 2016, S. 58). Seither findet neben dem Prinzip der hierarchischen Legitimationskette auch »funktionale Selbstverwaltung als Ausprägung des Demokratieprinzips« zunehmend Anerkennung, d. h. mitbestimmende Personalräte werden nicht mehr als »systemwidrige Fremdkörper« definiert (Dannenberg et al. 2016, S. 61).

Zwar gibt es auch auf Länderebene Verfassungsgerichtsentscheidungen, die Mitbestimmung ähnlich restriktiv betrachten, etwa das Urteil des Hessischen Staatsgerichtshofs vom 30.4.1986, das nicht nur ein Letztentscheidungsrecht der Einigungsstelle bei personellen Angelegenheiten von

Angestellten für verfassungswidrig erklärt, sofern diese im hoheitlichen Bereich tätig und in die Vergütungsgruppen I bis Vb BAT eingruppiert sind, sondern auch bei der Einführung von technischen Rationalisierungsmaßnahmen, die den Wegfall von Planstellen zur Folge haben. Auch die Privatisierung von Arbeiten oder Aufgaben wurde als nicht der Mitbestimmung zugänglich befunden.

Allerdings erhielt Mitbestimmung in den Verfassungen von Sachsen, Thüringen und Brandenburg Grundrechtsstatus (Dannenberg et al. 2016, S. 57 ff.). Mitbestimmung im öffentlichen Dienst ist damit nicht mehr eine schwer zu rechtfertigende Abweichung vom Demokratieprinzip, sondern selbst verfassungsbegründet. Das Grundrecht auf Mitbestimmung ist, so der Sächsische Verfassungsgerichtshof, »Ausdruck des Sozialstaatsprinzips sowie Instrument zum Schutz und zur Verwirklichung der Grundrechte der Beschäftigten im Arbeitsleben« (Dannenberg et al. 2016, S. 63).

Mit der ersten Föderalismusreform von 2006 entfiel auch die Befugnis des Bundes, Rahmenvorschriften für das Personalvertretungsrecht der Länder zu erlassen. Allerdings ist die Frage, welche Gesetzgebungskompetenzen dem Bund hinsichtlich der Personalvertretung in den Ländern nach der Föderalismusreform noch zustehen, »weitgehend ungeklärt«; bisherige Untersuchungen sind zu unterschiedlichen Ergebnissen gelangt (Altvater et al. 2020, S. 753). Tatsächlich enthält das BPersVG 2021 in den Paragraphen 126 bis 128 nahezu keine für die Länder geltenden Vorschriften mehr.

Auch wenn in der Praxis von einer demokratiegefährdenden Wirkung der Mitbestimmung im öffentlichen Dienst keine Rede sein kann, unter anderem weil – wie bereits Kübler (1981) konstatierte – Personalräte meist in hoch kooperativer Weise mit der Dienststellenleitung zusammenarbeiten, sind die Auseinandersetzungen um das Maß an zulässiger Mitbestimmung und das Letztentscheidungsrecht von Einigungsstellen insofern aussagekräftig, als sie zeigen, dass den rechtlichen Voraussetzungen von Personalvertretung und Mitbestimmung im öffentlichen Dienst nicht nur hohe Bedeutung beigemessen wird, sondern dass diese Voraussetzungen auch hoch umstritten sind.

Zwar lassen sich einige der Veränderungen im Personalvertretungsrecht auch als Modernisierung verstehen, etwa das nach BPersVG 2021 jetzt auch digitale Zugangsrecht der Gewerkschaften, doch in der Regel geht es sowohl bei den zahlreichen gesetzlichen Änderungen als auch bei den verfassungsrechtlichen Verfahren um politische Auseinandersetzungen.

Institutionalisierung der Mitbestimmung im öffentlichen Dienst

»Diese Auseinandersetzung wird in unterschiedlichen Arenen ausgetragen: in den Arenen der Verfassunggebung, der parlamentarischen Gesetzgebung und der Verfassungsgerichtsbarkeit und nicht zuletzt in der Arena der die unterschiedlichen Diskurse vor- und nachbereitenden Staatsrechtswissenschaft. In all diesen verschiedenen Arenen stehen sich Vertreter gegensätzlicher politischer Positionen gegenüber. Das ist offensichtlich im politischen Prozeß, in dem konservative und stärker ›links‹ orientierte politische Kräfte, Parteien, Gewerkschaften und Wirtschaftsverbände um die parlamentarischen Mehrheiten […] ringen. Das ist nicht anders als in der ruhigeren Arena der Staatsrechtswissenschaft […] Das Normenkontrollverfahren zum MitBG Schl.-H. ist dafür ein Paradebeispiel.« (Rinken 1996, S. 302 f.)

Obwohl das Personalvertretungsrecht in seiner jeweils gültigen Fassung die Arbeitsweise der Personalräte in starkem Maße zu prägen verspricht und sich angesichts der starken Verrechtlichung des öffentlichen Dienstes politische Differenzen im Umgang mit den Regeln in Grenzen halten dürften, zeigt bereits die historische Skizze der Entwicklung des Personalvertretungsrechts, dass der politische Konflikt der rechtlichen Institutionalisierung nicht nur vorausgeht, sondern auch folgt und Revisionen hervorbringt.

Institutionelle Machtressourcen erweisen sich somit als politisch und gesellschaftlich bedingt. Allerdings spricht die Entwicklung betrieblicher Beschäftigtenvertretung ebenso dafür, dass sowohl das duale System der Interessenvertretung, in dem zwischen betrieblicher und tarifvertraglicher Arena unterschieden wird, als auch die Grundzüge der betrieblichen Mitbestimmung vorläufige Resultate eines historischen Pfades sind, der nicht ohne gravierende Auswirkungen und Konflikte verlassen werden kann.

Bei allen parteipolitischen und verfassungsbezogenen Auseinandersetzungen und länderspezifischen Regelungen hat sich doch ein in den Grundzügen ähnliches Modell betrieblicher Personalvertretung institutionalisiert. Von einer ausgeprägten Ähnlichkeit der Personalvertretungsrechte muss zumindest dann die Rede sein, wenn wir die Mikroperspektive des Vergleichs verschiedener Versionen von Personalvertretungsgesetzen verlassen und die Makroperspektive eines internationalen Ländervergleichs einnehmen, in dem bereits das duale System der Interessenvertretung als Besonderheit gelten darf.

Mit Blick auf die Machtressourcen lässt sich die Entstehungsgeschichte des Personalvertretungsrechts somit zunächst als politischer Kampf um dessen Institutionalisierung verstehen. Die grundlegende Voraussetzung dafür, dass betriebliche Beschäftigtenvertretung zum Gegenstand politischer Auseinandersetzungen wurde, ist jedoch die Existenz abhängiger Beschäftigung und die daran geknüpfte strukturelle Macht der Beschäftigten – Beamtinnen und Beamte im Grundsatz eingeschlossen – sowie die daran anschließende Chance, Organisationsmacht durch Gewerkschaften, aber auch durch die spontane Bildung betrieblicher Vertretungen aufzubauen.

Obwohl die Gestaltung des Betriebsverfassungs- wie auch des Personalvertretungsrechts nicht zuletzt die Intention verfolgte, den Betriebsfrieden zu fördern, wäre ohne strukturelle und organisationale Machtressourcen der Beschäftigten bzw. Gewerkschaften dennoch keine institutionalisierte Beschäftigtenvertretung zustande gekommen. Ohne politische Macht auch der Arbeitnehmerseite in den Parlamenten wäre die rechtlich verbürgte Mitbestimmung der Betriebs- und Personalräte zudem erheblich beschränkter ausgefallen.

Deshalb muss es im Interesse des Erhalts und der Stärkung der institutionellen Machtressourcen von Personalräten liegen, deren strukturelle und organisationale Voraussetzungen und somit Gewerkschaften und arbeitnehmerfreundliche Parteien zu stärken.

2.3 Aspekte des heutigen Personalvertretungsrechts

Da sich die Personalvertretungsgesetze für die Bundesverwaltung und die einzelnen Bundesländer in mancherlei Hinsicht unterscheiden und die Unterschiede seit der Föderalismusreform 2006 und dem am 9. Juni 2021 in Kraft getretenen neuen Bundespersonalvertretungsgesetz (BPersVG 2021) weiter zugenommen haben, ist es in diesem Rahmen nicht möglich, eine zufriedenstellende Gesamtdarstellung des deutschen Personalvertretungsrechts oder auch nur des Personalvertretungsrechts der Länder, das unter anderem für die Kommunen gültig ist, zu liefern.

Wenn wir im Folgenden gleichwohl einige wichtige Elemente und Grundbegriffe skizzieren, um das Verständnis der empirischen Befunde unserer Untersuchung zu erleichtern, möchten wir ausdrücklich darauf hinweisen, dass unsere Darstellung die Lektüre der Personalvertretungsgesetze und juristischer Kommentare weder ersetzen kann noch will.

2.3.1 Grundsätze der Zusammenarbeit

Allgemein gilt, dass das Personalvertretungsrecht stets in ähnlicher Weise die »vertrauensvolle Zusammenarbeit« zwischen Dienststellenleitung und Personalrat zum Grundsatz erhebt, die »zum Wohl der Beschäftigten und zur Erfüllung der der Dienststelle obliegenden Aufgaben« (so § 2 Abs. 1 BPersVG 2021) erfolgen soll. Arbeitskämpfe sind Personalräten untersagt, die parteipolitische Betätigung ebenso.

Mitunter wird konstatiert, dass der Gesetzgeber die mit dem Personalvertretungsrecht verfolgte Vertretungsabsicht nicht nenne und »die Frage, ob Personalvertretungen Interessenvertreter der Beschäftigten sind – also klar Vertreter einer von zwei Fraktionen im Betrieb – oder ob sie für den Interessenausgleich zwischen Arbeitnehmer und Arbeitgeber als ›unbeteiligte dritte Partei‹ sorgen sollen«, umstritten sei (Brehmer 2016, S. 32).

Zutreffend ist, dass im BPersVG 2021 und – mit Variationen – in den Landespersonalvertretungsgesetzen stets die vertrauensvolle und kooperative Zusammenarbeit hervorgehoben wird. Außerdem richtet sich ein großer Teil der im Personalvertretungsrecht gesetzlich genannten Aufgaben an den Personalrat wie die Dienststellenleitung gleichermaßen. So heißt es beispielsweise in Paragraph 2 BPersVG 2021, »Dienststelle und Personalvertretung« hätten darüber zu wachen,

»dass alle Angehörigen der Dienststelle nach Recht und Billigkeit behandelt werden. Dazu zählt insbesondere, dass jede Benachteiligung von Personen wegen ihrer ethnischen Herkunft, ihrer Abstammung oder sonstigen Herkunft, ihrer Nationalität, ihrer Religion oder Weltanschauung, ihrer Behinderung, ihres Alters, ihrer politischen oder gewerkschaftlichen Betätigung oder Einstellung oder wegen ihres Geschlechts oder ihrer sexuellen Identität unterbleibt. Dabei müssen Dienststelle und Personalvertretung sich so verhalten, dass das Vertrauen der Verwaltungsangehörigen in die Objektivität und Neutralität ihrer Amtsführung nicht beeinträchtigt wird.« (§ 2 Abs. 4 BPersVG 2021)

Darüber hinaus werden in Paragraph 62 BPersVG 2021 explizit als Aufgaben des Personalrats genannt:

- Maßnahmen zu beantragen, die der Dienststelle und ihren Angehörigen dienen,

- darüber zu wachen, dass die zugunsten der Beschäftigten geltenden Gesetze, Verordnungen, Tarifverträge, Dienstvereinbarungen und Verwaltungsanordnungen durchgeführt werden,
- Anregungen von Beschäftigten und Jugend- und Auszubildendenvertretung (JAV) entgegenzunehmen und, falls berechtigt, auf deren Erledigung durch die Dienststellenleitung hinzuwirken,
- der Benachteiligung von Behinderten und sonstigen Schutzbedürftigen entgegenzuwirken und auf deren Förderung hinzuwirken,
- die tatsächliche Gleichstellung von Frauen und Männern sowie von Menschen, die sich keinem dieser Geschlechter zuordnen, durchzusetzen,
- die Vereinbarkeit von Familie, Pflege und Beruf zu fördern,
- die Integration ausländischer Beschäftigter und das Verständnis zwischen diesen und deutschen Beschäftigten zu fördern und Maßnahmen gegen gruppenbezogene Menschenfeindlichkeit zu beantragen,
- mit der JAV zur Förderung von Jugendlichen und Auszubildenden zusammenzuarbeiten,
- Maßnahmen zum Arbeits- und Gesundheitsschutz zu fördern.

Auch bei diesen Aufgaben ist der Bezug auf die unmittelbare Interessenlage der Beschäftigten schwach; stattdessen wird entweder auf Anliegen abgehoben, die sowohl der Dienststelle als auch den Beschäftigten nutzen (§ 62, Abs. 1), oder es geht – soweit der Personalrat nur »zugunsten der Beschäftigten« tätig werden soll – darum zu kontrollieren, ob »Gesetze, Verordnungen, Tarifverträge, Dienstvereinbarungen und Verwaltungsanordnungen« in ihrem Interesse umgesetzt werden, oder darum, »berechtige Anliegen« zu vertreten.

Obwohl sich im Mitbestimmungsgesetz Schleswig-Holstein oder auch im Thüringer Personalvertretungsgesetz ein weit gefasster Mitbestimmungsbegriff findet, geht es nicht darum, materielle Interessen der Beschäftigten kollektiv zu vertreten. Es geht nicht um *free collective bargaining,* sondern darum, im Interesse der Dienststelle und der Beschäftigten insbesondere gesetzliche und tarifvertragliche Regeln durchzusetzen bzw. deren Anwendung zu kontrollieren.

Dabei wird unterstellt, dass es kein antagonistisches Verhältnis zwischen Personalratsaufgaben und Dienststelle gibt – ein Umstand, der auch daraus resultiert, dass im Personalvertretungsrecht zumindest partiell dieselben Vorgaben für den Personalrat wie für die Dienststelle Anwendung finden.

Die Aufgaben des Personalrats sind jedoch immer im Rahmen des dualen Systems der Interessenvertretung zu verstehen: Personalräte sollen nicht zuletzt kontrollieren, dass die im Rahmen der Tarifautonomie ausgehandelten Vereinbarungen auch wirklich umgesetzt werden. Sie sind deshalb einerseits allenfalls schwache Akteure im Rahmen des *collective bargaining*, haben aber andererseits als Kontrolleure der Umsetzung eine durchaus wichtige Funktion im dualen System der Interessenvertretung und damit auch für die praktische Wirksamkeit von Tarifkonflikten und daraus resultierenden tarifvertraglichen Vereinbarungen.

Die rechtliche und insbesondere die reale Funktion von Personalräten erschließt sich allerdings aus der alleinigen Deutung des Personalvertretungsrechts nur unzureichend. Mit Blick auf das duale Gesamtsystem der Interessenvertretung wird deutlich, dass die beiden Säulen – die betriebliche und die sektorale Säule – einander stützen.

Personalräten kommt sowohl die Funktion eines Kontrolleurs als auch eines Interessenvertreters der Beschäftigten zu – allerdings im Rahmen einer durch gesetzliche Vorgaben spezifizierten, arbeitsteilig eingebundenen Rolle. Selbst dort, wo Personalräte und Gewerkschaften keine unmittelbare Beziehung pflegen, sind beide Säulen der Arbeitsbeziehungen aufgrund der breiten Gültigkeit tarifvertraglicher Regelungen und der starken Verbreitung von Personalräten miteinander verwoben.

Sowohl vertrauensvolle Zusammenarbeit als auch Gewerkschaften haben einen Platz in den Personalvertretungsgesetzen, wobei sich bereits in den allgemeinen Zielbestimmungen Unterschiede zwischen einzelnen Gesetzen finden lassen. So werden im Mitbestimmungsgesetz Schleswig-Holstein und im Thüringer Personalvertretungsgesetz gleich zu Beginn Gleichberechtigung und Mitbestimmung betont, während dies in Nordrhein-Westfalen und auch in Brandenburg etwas anders klingt. Im Mitbestimmungsgesetz Schleswig-Holstein heißt es zur Bildung von Personalräten und zu den Grundsätzen der Zusammenarbeit:

»Dienststelle und Personalrat arbeiten eng und gleichberechtigt zusammen unter Beachtung der Gesetze und Tarifverträge, um den Grundrechten der in der Dienststelle tätigen Beschäftigten zu praktischer Wirksamkeit im Arbeitsleben zu verhelfen und um zugleich zur Erfüllung der der Dienststelle obliegenden Aufgaben beizutragen. Das Gleiche gilt für die Zusammenarbeit der Personalräte untereinander. Dienststelle und Personalrat wirken vertrauensvoll mit den im

Personalrat vertretenen Gewerkschaften und mit den Arbeitgebervereinigungen zusammen.« (§ 1 Abs. 2 MBG Schl.-H.)

Zudem wird klar formuliert, dass der Personalrat »Teil der Verwaltung« ist (§ 1 Abs. 3 MBG Schl.-H.), aber ebenfalls klargestellt, dass der Personalrat für die Beschäftigten mitbestimmt (§ 2 und § 51 oben MBG Schl.-H.). Die Thüringer Version lautet folgendermaßen:

»(1) Dienststelle und Personalvertretungen arbeiten unter Beachtung der Gesetze und Tarifverträge partnerschaftlich, vertrauensvoll, kooperationsorientiert, respektvoll, offen und im Zusammenwirken mit den in der Dienststelle vertretenen Gewerkschaften und Arbeitgebervereinigungen zum Wohle der Beschäftigten und zur Erfüllung der der Dienststelle obliegenden Aufgaben zusammen.
(2) Der Personalrat bestimmt nach Maßgabe der §§ 69 bis 78 mit bei allen personellen, sozialen, organisatorischen und innerdienstlichen Maßnahmen der Dienststelle für die im Sinne des § 4 in der Dienststelle Beschäftigten.« (§ 2, Abs. 1 und 2 ThürPersVG)

In Brandenburg lautet die entsprechende Regelung zu den »Grundsätzen der Zusammenarbeit«:

»Dienststelle und Personalrat arbeiten zur Erfüllung der dienstlichen Aufgaben und zum Wohl der Beschäftigten unter Beachtung der Gesetze und Tarifverträge eng und vertrauensvoll zusammen, um den Rechten der in der Dienststelle tätigen Beschäftigten zu Wirksamkeit im Arbeitsleben zu verhelfen und um zugleich die Erfüllung der der Dienststelle obliegenden Aufgaben zu gewährleisten.« (§ 2 Abs. 1 PersVG Brandenburg)

Im Personalvertretungsgesetz Brandenburg lassen sich, nebenbei bemerkt, bemerkenswerte Anklänge an das Mitbestimmungsgesetz Schleswig-Holstein finden:

»Dienststelle und Personalrat sollen bei ihren Entscheidungen das gesellschaftliche, wirtschaftliche, soziale und ökologische Umfeld berücksichtigen.« (§ 2 Abs. 2 PersVG Brandenburg)

Im Landespersonalvertretungsgesetz Nordrhein-Westfalen finden sich schließlich folgende Worte:[1]

---

1 | Wir beschränken uns hier exemplarisch auf die vier Untersuchungsländer Brandenburg, Nordrhein-Westfalen, Schleswig-Holstein und Thüringen, da unse-

Institutionalisierung der Mitbestimmung im öffentlichen Dienst

»(1) Dienststelle und Personalvertretung arbeiten zur Erfüllung der dienstlichen Aufgaben und zum Wohle der Beschäftigten im Rahmen der Gesetze und Tarifverträge vertrauensvoll zusammen; hierbei wirken sie mit den in der Dienststelle vertretenen Gewerkschaften und Arbeitgebervereinigungen zusammen.
(2) Dienststelle und Personalvertretung haben alles zu unterlassen, was geeignet ist, die Arbeit und den Frieden der Dienststelle zu beeinträchtigen. Insbesondere dürfen Dienststelle und Personalvertretung keine Maßnahmen des Arbeitskampfes gegeneinander durchführen. Arbeitskämpfe tariffähiger Parteien werden hierdurch nicht berührt.« (§ 2 Abs. 1 und 2 LPVG NRW)

Im Personalvertretungsrecht wird den Gewerkschaften – und den Arbeitgebervereinigungen – insofern ein Platz eingeräumt, als von den Personalräten – bzw. den Dienststellen im Falle der Arbeitgeberverbände – ein Zusammenwirken mit diesen erwartet wird. Im Brandenburger Personalvertretungsgesetz heißt es diesbezüglich:

»Dienststelle und Personalvertretung wirken bei der Erfüllung ihrer Aufgaben mit den in der Dienststelle vertretenen Gewerkschaften und Arbeitgebervereinigungen zum Wohle der Beschäftigten zusammen und können sich ihrer Unterstützung bedienen.« (§ 3 Abs. 1 PersVG Brandenburg)

Die angesprochene Einbindung der Personalvertretung in das duale System der Interessenvertretung ergibt sich somit nicht nur aus der mehr oder weniger elaborierten Praxis der Arbeitsbeziehungen, vielmehr ist ein Zusammenwirken mit den Akteuren der anderen Säule des dualen Systems auch in den Gesetzestexten explizit angesprochen und gewollt. Ein Verständnis des Personalrats als »unbeteiligte dritte Partei« ist deshalb allein schon der Gesetzeslage nach nicht angemessen. Nicht die Zusammenarbeit der Personalräte mit den Gewerkschaften ist demnach personalvertretungsrechtlich begründungspflichtig, sondern das Unterlassen dieser Zusammenarbeit.

2.3.2 Personenwahl, Listenwahl und Gruppenprinzip

Der Personalrat wird von den Beschäftigten in geheimer und unmittelbarer Wahl gewählt. Die Wahl wird nach den Prinzipien der Verhältniswahl

---

re qualitative Erhebung dort erfolgte und eine Darstellung des Personalvertretungsrechts aller Länder den Rahmen dieser Darstellung sprengen würde.

durchgeführt, d. h. es gibt mehrere Vorschläge von gewerkschaftlichen oder sonstigen Listen. Wird nur ein Wahlvorschlag eingereicht, findet eine Personenwahl statt. Bei einer Personenwahl entscheiden die Beschäftigten bzw. die jeweiligen Gruppenangehörigen nicht zwischen Listen, sondern zwischen einzelnen Personen.

Das Wahlprozedere für Personalräte ist in den einzelnen Bundesländern recht ähnlich, unterscheidet sich aber in einigen Fällen. In Baden-Württemberg können die Wählerinnen und Wähler im Falle einer Listenwahl einzelne Kandidatinnen und Kandidaten auswählen, indem sie einer oder einem von ihnen bis zu drei Stimmen verleihen (kumulieren) und/ oder einzelne Kandidatinnen und Kandidaten aus anderen Listen übertragen (panaschieren; §33 der Wahlordnung für das Personalvertretungsgesetz Baden-Württemberg).

Da Personalräte sowohl Beamtinnen und Beamte als auch Arbeitnehmerinnen und Arbeitnehmer (»Tarifbeschäftigte«) vertreten – also Beschäftigtengruppen, die sowohl zwei unterschiedlichen Beschäftigungssystemen als auch deutlich unterschiedlichen überbetrieblichen Säulen der Interessenvertretung angehören –, ergeben sich im Vergleich zu Betriebsräten auch besondere Anforderungen an die betriebliche Beschäftigtenvertretung im öffentlichen Dienst.

Personalräte müssen nicht nur mit zwei verschiedenen Beschäftigungs- und Arbeitsbeziehungen umgehen, sie werden auch mit unterschiedlichen Interessenlagen konfrontiert, wie sich bereits im Einsatz des Beamtenbundes DBB für ein separates Organ der Interessenvertretung für Beamtinnen und Beamte gezeigt hatte (siehe Kapitel 2.2). Zwar fiel die Entscheidung letztlich zugunsten von Personalräten als insgesamt einheitlichem Vertretungsorgan aus, doch wurden gleichwohl Unterschiede zwischen den Gruppen aufrechterhalten. Ursprünglich waren in den Personalräten der Kommunen sogar drei Gruppen vertreten: Beamtinnen und Beamte, Angestellte sowie Arbeiterinnen und Arbeiter.

Die rechtlichen Unterschiede in den Beschäftigungsverhältnissen und Arbeitsbeziehungen zwischen Arbeiterinnen und Arbeitern einerseits und Angestellten andererseits wurden inzwischen im Personalvertretungsrecht wie auch tarifvertraglich zusammengeführt. Sie waren allerdings geringer als die Unterschiede zwischen den Beschäftigungsverhältnissen dieser beiden Gruppen und den Dienstverhältnissen der Beamtinnen und Beamten.

Auch im Betriebsverfassungsgesetz gab es in der Vergangenheit Gruppenunterschiede zwischen Arbeiterinnen und Arbeitern einerseits und Angestellten andererseits, die jedoch weniger gravierend waren als die noch bestehenden zwischen Arbeitnehmerinnen und Arbeitnehmern sowie Beamtinnen und Beamten im öffentlichen Dienst.

Angestellte auf der einen und Beamtinnen und Beamte auf der anderen Seite wählen ihre Vertreterinnen und Vertreter in separaten Wahlprozessen. Allerdings können die Wahlberechtigten beider Gruppen in getrennten Abstimmungen jeweils mit Mehrheit eine gemeinsame Wahl beschließen. Dies ist in allen Personalvertretungsgesetzen ähnlich geregelt, da nach herrschender Rechtsauffassung Sonderregelungen für Beamtinnen und Beamte mit Hinweis auf das Grundgesetz als erforderlich gelten:

»Das Recht des öffentlichen Dienstes ist unter Berücksichtigung der hergebrachten Grundsätze des Berufsbeamtentums zu regeln und fortzuentwickeln.« (Art. 33 Abs. 5 GG)

Jede Gruppe muss ihrer Stärke entsprechend im Personalrat vertreten sein, sofern dieser mindestens drei Mitglieder hat und die Gruppe nicht auf ihr Vertretungsrecht verzichtet. Darüber hinaus hat der Personalrat einen Vorsitzenden bzw. eine Vorsitzende und eine oder mehrere Stellvertreterinnen bzw. Stellvertreter zu wählen sowie einen Vorstand zu bestimmen, in dem alle Gruppen repräsentiert sein müssen.

Ähnlich wie andere Personalvertretungsgesetze bestimmt auch das neue BPersVG 2021, dass der Personalrat über die gemeinsamen Angelegenheiten von Beamtinnen und Beamten sowie Arbeitnehmerinnen und Arbeitnehmern gemeinsam berät und beschließt, während bei Angelegenheiten, die nur die Angehörigen einer Gruppe betreffen, nach gemeinsamer Beratung im Personalrat lediglich die Vertreterinnen und Vertreter der betroffenen Gruppe den Beschluss fassen (§ 40 BPersVG).

2.3.3 Gesamtpersonalrat und örtlicher Personalrat

Im Personalvertretungsrecht ist vorgesehen, dass in allen Dienststellen Personalräte gebildet werden. In kleineren Kommunen wird in der Regel nur ein Personalrat gewählt; in größeren Städten mit mehreren getrennten Dienststellen werden häufig mehrere örtliche Personalräte und ein Gesamtpersonalrat gewählt, der für die den einzelnen Dienststellen übergeordneten Fragen zuständig ist. Exemplarisch hierfür die Formulierung des Mitbestimmungsgesetzes Schleswig-Holstein:

»Der Gesamtpersonalrat ist nur zuständig für die Behandlung von Angelegenheiten, die mehrere in ihm zusammengefasste Dienststellen betreffen und die nicht durch die einzelnen Personalräte und Stufenvertretungen innerhalb ihres Geschäftsbereiches geregelt werden können. Er ist den einzelnen Personalräten und Stufenvertretungen[2] nicht übergeordnet.« (§ 61 Abs. 1 MBG Schl.-H.)

Gesamtpersonalräte werden somit anders als ein Gesamtbetriebsrat nach Betriebsverfassungsgesetz nicht aus entsandten Vertreterinnen und Vertretern der einzelnen Betriebsräte gebildet, sondern von den Beschäftigten der Dienststellen unmittelbar gewählt.

2.3.4 Zahl der Personalratsmitglieder, Gruppenverteilung und Freistellungen

Die Höchstzahl der Gremienmitglieder ist bei den Personalräten deutlich geringer als nach den Regelungen des Betriebsverfassungsgesetzes (siehe Tabelle 6). Der DGB (2020) hatte hinsichtlich der Novellierung des Bundespersonalvertretungsrechts eine Angleichung an das Betriebsverfassungsgesetz gefordert, konnte dieses Ziel jedoch nicht erreichen. Mit Blick auf die Kommunen darf hinzugefügt werden, dass angesichts der unterschiedlichen Tätigkeitsfelder, die vom Ordnungs- und Bürgeramt über das Sozialamt bis hin zum Bau- und Grünflächenamt reichen und so unterschiedliche Tätigkeiten wie Parkraumbewirtschaftung oder vorschulische Erziehung umfassen, meist eine größere Vielfalt bewältigt werden muss, als dies in vielen Industriebetrieben der Fall ist.

Angesichts der Verrechtlichung des öffentlichen Sektors wird auch von den Personalräten ein kompetenter Umgang mit komplexen Regelungen verlangt. Allerdings sind bei kleineren Einheiten die Unterschiede zum Betriebsverfassungsgesetz hinsichtlich der Zahl der Gremienmitglieder weniger ausgeprägt. Somit kann sich die Relation gegenüber dem Betriebsverfassungsgesetz durch die Einrichtung mehrerer örtlicher Personalräte und eines Gesamtpersonalrats verbessern.

---

2 | Stufenvertretungen sind in den Kommunen nicht vorhanden.

Tabelle 6: Anzahl der Personalrats- bzw. Betriebsratsmitglieder und Freistellungen laut Personalvertretungsgesetzen bzw. Betriebsverfassungsgesetz

	Anzahl der Personalrats- bzw. Betriebsratsmitglieder		Anzahl der Freistellungen	
	nach Beschäftigtenzahl	ab 5001 Besch.	nach Beschäftigtenzahl	ab 5001 Besch.
PersVG BB, 1.12.2022	1 (5–20 Besch.) 3 (21–50 Besch.) 5 (51–150 Besch.) 7 (151–300 Besch.) 9 (301–600 Besch.) 11 (601–1000 Besch.) +2 je weitere angefangene 700 Besch. (ab 1001 Besch.) 21 Höchstzahl	21	1 (301–600 Besch.) 2 (601–1000 Besch.) 3 (1001–2000 Besch.) +1 je weitere angefangene 1000 Besch. (ab 2001 Besch.) +1 je weitere angefangene 2000 Besch. (ab 5001 Besch.)	7
LPVG NRW, 1.12.2022	1 (5–20 Besch.) 3 (21–50 Besch.) 5 (51–150 Besch.) 7 (151–300 Besch.) 9 (301–600 Besch.) 11 (601–1000 Besch.) +2 je angefangene 1000 Besch. (1001–5000 Besch.) +2 je weitere angefangene 2000 Besch. (ab 5001 Besch.) 25 Höchstzahl	21	12 Stunden pro Woche (100–199 Besch.) 1 (200–500 Besch.) 2 (501–900 Besch.) 3 (901–1500 Besch.) 4 (1501–2000 Besch.) 5 (2001–3000 Besch.) 6 (3001–4000 Besch.) 7 (4001–5000 Besch.) 8 (5001–6000 Besch.) 9 (6001–7000 Besch.) 10 (7001–8000 Besch.) 11 (8001–9000 Besch.) 12 (9001–10.000 Besch.) +1 je 2000 Besch. (ab 10.001 Besch.)	8
MBG Schl.-H., 1.12.2022	1 (5–20 Besch.) 3 (21–50 Besch.) 5 (51–150 Besch.) 7 (151–300 Besch.) 9 (301–600 Besch.) 11 (601–1200 Besch.) 13 (ab 1201 Besch.; Höchstzahl)	13	1 (200–500 Besch.) 2 (501–1000 Besch.) 3 (1001–2000 Besch.) +1 je weitere angefangene 1.000 Besch. (ab 2001 Besch.)	7

ThürPersVG, 1.12.2022	1 3 5 7 9 11 13 15	(5–15 Besch.) (16–50 Besch.) (51–150 Besch.) (151–300 Besch.) (301–600 Besch.) (601–1000 Besch.) (1001–2500 Besch.) (ab 2501 Besch.; Höchstzahl)	15	1 2 3 4 +1	(200–500 Besch.) (501–900 Besch.) (901–1500 Besch.) (1501–2000 Besch.) je weitere angefangene 1.000 Besch. (ab 2001 Besch.)	8
BPersVG 2021	1 3 5 7 9 11 +2 +2 31	(5–20 Besch.) (21–50 Besch.) (51–150 Besch.) (151–300 Besch.) (301–600 Besch.) (601–1000 Besch.) je angefangene 1000 Besch. (1001–5000 Besch.) je weitere angefangene 2000 Besch. (ab 5001 Besch.) Höchstzahl	21	1 2 3 4 5 6 7 8 9 10 11 +1	(300–600 Besch.) (601–1000 Besch.) (1001–2000 Besch.) (2001–3000 Besch.) (3001–4000 Besch.) (4001–5000 Besch.) (5001–6000 Besch.) (6001–7000 Besch.) (7001–8000 Besch.) (8001–9000 Besch.) (9001–10.000 Besch.) je weitere angefangene 2000 Besch. (ab 10.001 Besch.)	7
BetrVG, geändert 16.9.2022	1 3 5 7 9 11 13 15 17 19 21 23 25 27 29 31 33 35 +2	(5–20 Besch.) (21–50 Besch.) (51–100 Besch.) (101–200 Besch.) (201–400 Besch.) (401–700 Besch.) (701–1000 Besch.) (1001–1500 Besch.) (1501–2000 Besch.) (2001–2500 Besch.) (2501–3000 Besch.) (3001–3500 Besch.) (3501–4000 Besch.) (4001–4500 Besch.) (4501–5000 Besch.) (5001–6000 Besch.) (6001–7000 Besch.) (7001–9000 Besch.) je weitere angefangene 3000 Besch. (ab 9001 Besch.)	31	1 2 3 4 5 6 7 8 9 10 11 12 +1	(200–500 Besch.) (501–900 Besch.) (901–1500 Besch.) (1501–2000 Besch.) (2001–3000 Besch.) (3001–4000 Besch.) (4001–5000 Besch.) (5001–6000 Besch.) (6001–7000 Besch.) (7001–8000 Besch.) (8001–9000 Besch.) (9001–10.000 Besch.) je weitere angefangene 2000 Besch. (ab 10.001 Besch.)	8

Quelle: eigene Zusammenstellung nach den genannten Gesetzestexten

Institutionalisierung der Mitbestimmung im öffentlichen Dienst

In Abhängigkeit von der Größe der Dienststelle können sich Personalratsmitglieder auch von der Arbeit freistellen lassen und sich ganz der Personalratsarbeit widmen. Bemerkenswert ist, dass sich die Anzahl der vorgesehenen Freistellungen nach Beschäftigtenzahlen in den Personalvertretungsgesetzen weniger stark vom Betriebsverfassungsgesetz unterscheidet als die Anzahl der Personalrats- bzw. Betriebsratsmitglieder.

2.3.5 Beteiligungsrechte: Informations- und Anhörungsrechte, Mitwirkung und Mitbestimmung

Relevante Unterschiede zwischen den Bundesländern finden sich bei den Mitbestimmungsrechten. Während sich in Brandenburg und Nordrhein-Westfalen Auflistungen mitbestimmungspflichtiger Tatbestände finden, sieht das Mitbestimmungsgesetz Schleswig-Holstein und seit der Reform 2019 auch das Thüringer Personalvertretungsgesetz die Allzuständigkeit bei allen personellen, sozialen, organisatorischen und sonstigen innerdienstlichen Maßnahmen vor. Auch beim Initiativrecht der Personalräte finden sich gewisse Unterschiede, während die Differenzen beim Letztentscheid in Streitfällen und bei der Frage der Reichweite der Mitbestimmung eher gering sind.

Bei einem Streitfall zwischen Dienststelle und Personalrat kann es entscheidend sein, ob ein Vorgang rechtlich der Mitbestimmung unterliegt und wer bei fehlender Einigung letztlich zu entscheiden hat. Doch auch wenn umfangreiche Mitbestimmungsrechte grundsätzlich im Interesse von Personalvertretungen liegen, ist durch das Personalvertretungsrecht allein noch nicht entschieden, ob und wie die Rechte faktisch genutzt werden und wie sich die Praxis der Personalratsarbeit tatsächlich gestaltet (vgl. auch Kübler 1981).

Hinsichtlich des Letztentscheids finden sich eher geringfügige Unterschiede zwischen den vier exemplarisch betrachteten Landespersonalvertretungsgesetzen, da die oberste Dienstbehörde im Kontext des – im Sinne der Legitimationskettentheorie verstandenen – »Demokratieprinzips« (siehe Kapitel 2.2) stets Beschlüsse aufheben kann, wenn dadurch die »Regierungsverantwortung« berührt ist. Auch im neuen BPersVG 2021 findet sich eine vergleichbare Regelung:

»Die oberste Dienstbehörde kann einen Beschluss der Einigungsstelle in Angelegenheiten, die im Einzelfall wegen ihrer Auswirkungen auf das Gemeinwesen wesentlicher Bestandteil der Regierungsgewalt sind, innerhalb von vier Wochen nach dessen Zustellung ganz oder teilweise aufheben und in der Angelegenheit endgültig entscheiden. Die Aufhebung und deren Gründe sind der Vorsitzenden oder dem Vorsitzenden der Einigungsstelle sowie den beteiligten Dienststellen und Personalvertretungen unverzüglich schriftlich oder elektronisch mitzuteilen.« (§ 75 Abs. 2 BPersVG 2021)

2.3.6 Betriebsverfassung und Personalvertretung

Durch die Möglichkeit der Aufhebung von Einigungsstellenbeschlüssen wird die Mitbestimmung im öffentlichen Dienst unter Vorbehalt gestellt. Auch wird noch immer am Gruppenprinzip festgehalten, das im Betriebsverfassungsgesetz nicht mehr besteht, und auch die Nutzung von Initiativrechten und die Aushandlung von Dienstvereinbarungen unterliegt in den Personalvertretungsrechten Einschränkungen in unterschiedlichem Maße. Gleichwohl gibt es zahlreiche Übereinstimmungen zum Betriebsverfassungsgesetz, weshalb »wesentliche Grundzüge der Gesetze ähnlich« sind (Brehmer 2016, S. 41).

Die Hauptunterschiede zwischen Personal- und Betriebsräten ist aber trotz aller vertretungsrechtlichen Unterschiede in den rechtlichen und ökonomischen Rahmenbedingungen zu finden. Durch die Spezifika des Dienstverhältnisses im Beamtenbereich kann von einem einheitlichen dualen System der Interessenvertretung im öffentlichen Dienst nicht die Rede sein (Keller 2010 und 2020). Es scheint eher angemessen, im öffentlichen Dienst von zwei sich überlappenden »dualen Systemen« zu sprechen.

Da sich die Arbeitsbeziehungen von Beamtinnen und Beamten einerseits und Tarifbeschäftigten andererseits aber im Personalrat treffen – und zudem auch materiell auf sektoraler Ebene aufeinander bezogen sind –, halten wir es für den öffentlichen Dienst für zutreffender, von einem einzigen, jedoch dreigliedrigen System der Arbeitsbeziehungen zu sprechen (Müller/Schmidt 2023, S. 117 f.). Hierbei ist allerdings anzumerken, dass der spezifische Charakter der überbetrieblichen Arbeitsbeziehungen im Beamtenbereich aus der Sicht eines *industrial relations approach* noch weitgehend als Terra incognita betrachtet werden muss.

Zudem treten im Falle des vielfach gestaffelten demokratischen Staates einerseits und seinen Beschäftigten andererseits weniger antagonistische Interessenunterschiede auf als im Falle von Kapital und Arbeit, weshalb

Personalräte weniger den Charakter einer »Grenzinstitution« (Fürstenberg 1958) haben, als dies bei Betriebsräten der Fall ist. Personalräte sind sowohl Teil der Dienststelle als auch deren Korrektiv. Darüber hinaus gestalten sich die Arbeitsbeziehungen zwischen profitorientierter Privatwirtschaft und steuerlich finanziertem öffentlichen Dienst nicht nur infolge der unterschiedlichen Rechte, sondern vor allem aufgrund der unterschiedlichen Wirkungen von Arbeitskämpfen (Schmidt/Müller 2018 und 2022) sehr unterschiedlich.

Manche Personalräte sehen sich im Vergleich zu Betriebsräten auch rechtlich nicht in einer schlechteren Situation. Ein Personalratsmitglied aus Thüringen konstatierte im Interview:

»Aber ich würde doch auch öfters mal den Kollegen oder für die Kollegen in den Betrieben wünschen, dass sie doch auch teilweise so weitgehende Rechte hätten, wie wir das jetzt in Thüringen mit unserem doch sehr progressiven Personalvertretungsrecht haben.« (Stellv. PRV TH 1.1)

Nicht zuletzt unterscheiden sich Personalräte und Betriebsräte nach ihrer relativen Häufigkeit. Während 2021 in den betriebsratsfähigen Betrieben der Privatwirtschaft ab fünf Beschäftigten – in denen im Westen 39 Prozent und in Ostdeutschland 34 Prozent der Beschäftigten arbeiten (Ellguth/Kohaut 2022, S. 332) – lediglich in 8 Prozent der Fälle Betriebsräte existierten, sind im öffentlichen Dienst in der überwiegenden Mehrheit der Kommunen bzw. Dienststellen Personalräte vorhanden.

Vergleichen wir nicht allein die Mitbestimmungsrechte von Betriebsräten und Personalräten, sondern berücksichtigen auch, dass Personalräte faktisch deutlich häufiger existieren als Betriebsräte und dass Vertretungsrechte nur wahrgenommen werden, wenn sich zuvor eine Beschäftigtenvertretung als Akteur konstituiert hat, dann verschiebt sich das Gewicht der Mitbestimmungswirkung in der Fläche in Richtung öffentlicher Dienst. Auch wenn es in der Privatwirtschaft, insbesondere in den Großbetrieben der Industrie, Beispiele hochwirksamer Interessenvertretung gibt, so stehen diesen doch zahlreiche Betriebe gegenüber, in denen keine Betriebsräte existieren oder Betriebsräte in ihrer Arbeit erheblich behindert werden (Thünken et al. 2020; Artus et al. 2006).

3 Zusammensetzung der Personalräte und Personalratswahlen

3.1 Zusammensetzung

Im Durchschnitt gehören den von uns schriftlich befragten Personalräten 8,5 Personen an, wobei die Hälfte der Personalräte sieben oder weniger Mitglieder hat. Im Schnitt gehört etwas mehr als ein Personalratsmitglied zur Statusgruppe der Beamtinnen und Beamten; nur sehr wenige Personalräte berichten davon, ein Mitglied mit Migrationshintergrund in ihrer Mitte zu haben.

Im Mittel sind ziemlich genau die Hälfte der Personalratsmitglieder weiblich (4,3 Personen), wobei die Hälfte der Personalräte vier oder weniger Frauen zu ihren Mitgliedern zählt. Hier hat sich gegenüber der Studie von Kübler (1981), aber auch gegenüber Keller und Schnell (2003) einiges verbessert. Gleichwohl ist der Anteil der Frauen an den Personalratsmitgliedern noch immer geringer als an den Beschäftigten. Letzterer liegt laut amtlicher Statistik in den Kommunen bei 62 Prozent (Destatis 2021a, Tab. 2.1) und in unserer Erhebung bei knapp 60 Prozent.

Nicht alle Personalratsgremien sind immer komplett besetzt und über eine volle Amtsperiode hinweg stabil. 12 Prozent der Befragten geben an, dass es in ihrem Personalrat nicht besetzte Plätze gibt (ist dies der Fall, sind es im Mittel 1,4 Plätze). Darüber hinaus wird angegeben, dass – wiederum ein Mittelwert – seit der letzten Personalratswahl 1,5 Personen in das Gremium nachgerückt sind.

Mit diesen Daten kommt – ebenso wie im Phänomen inexistenter Personalräte in manchen Kommunen – bereits zum Ausdruck, dass Personalratsplätze keineswegs in allen Kommunen umkämpft sind, sondern dass es mitunter schwerfällt, genügend Kandidatinnen und Kandidaten und zudem Ersatzkandidatinnen und -kandidaten zu finden. Eine Personalrats-

Kapitel 3

vorsitzende stellt mit Blick auf die Mitglieder nach der letzten Personalratswahl fest:

»Die Alten werden die Neuen sein. Also so viel frisches Blut haben wir da nicht dazu bekommen. Und man muss auch eins sagen, es ist auch schwierig geworden, Kandidaten zu finden, die Bereitschaft, überhaupt in den Personalrat zu gehen … Denn der ein oder andere hat vielleicht auch für seine Karriere noch andere Ideen.« (PRV NRW 4.1)

Insbesondere unter den Beamtinnen und Beamten sei es schwierig, jemanden zu finden, der oder die zu einer Kandidatur für den Personalrat bereit sei. Ein Personalratsvorsitzender, der selbst Beamtenvertreter ist, führt aus:

»Aber es ist ein ganz großes Problem. Ich kenne es hier von den umliegenden Kommunen jetzt hier, die haben im Beamtenbereich ein ganz, ganz großes Problem, überhaupt da Kolleginnen und Kollegen zu bekommen. Da haben sie sogar Tarifbeschäftigte, die sich für die Gruppe der Beamtinnen und Beamten aufstellen lassen, ja.« (PRV NRW 3.1)

Nach möglichen Gründen für diese Zurückhaltung bei den Beamtinnen und Beamten gefragt, erläutert er:

»Ja, ganz einfach, [...] man bildet ja für den mittleren Dienst gar nicht mehr so aus. Das sind überwiegend Kolleginnen und Kollegen des gehobenen Dienstes. Die fangen dann hier an [...] und wollen dann natürlich auch schnell höher kommen. Und es ist nicht immer einfach, sie haben dann Personalratssitzungen, da [...] treffen sie auch schon mal Entscheidungen, die der Verwaltung nicht so gut gefallen. Und da haben sicherlich die Beamtinnen und Beamten, die ja nicht unbedingt immer einen Rechtsanspruch darauf haben, befördert zu werden, [...] die haben natürlich ein Problem damit. Da hat man einen Stempel auf der Stirn [...], der bleibt so lange wie der Bürgermeister da ist. [...] die Kollegen, die jetzt die Beamtenvertretung sind, sind überwiegend ältere Kolleginnen und Kollegen, ist so.« (PRV NRW 3.1)

Hierzu passen auch die Befunde der standardisierten Erhebung (siehe Abbildung 1), auch wenn es zwar mehrheitlich, jedoch keineswegs in allen Kommunen schwierig ist, Kandidatinnen und Kandidaten für die Personalratswahl zu gewinnen.

Abbildung 1: Einschätzung der Schwierigkeiten, Kandidatinnen und Kandidaten zu finden

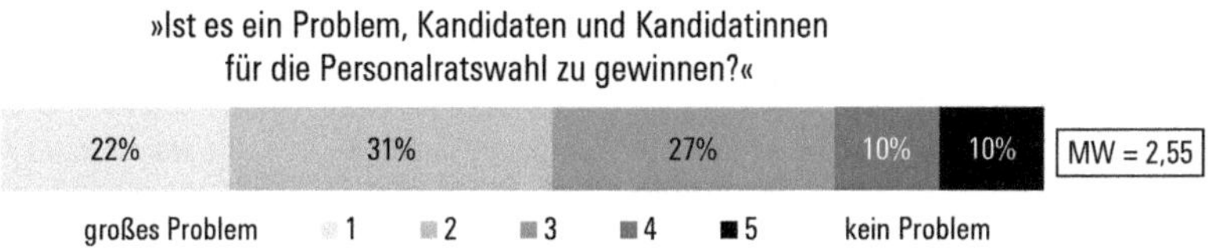

»Ist es ein Problem, Kandidaten und Kandidatinnen für die Personalratswahl zu gewinnen?«

| 22% | 31% | 27% | 10% | 10% | MW = 2,55 |

großes Problem   1   ■ 2   ■ 3   ■ 4   ■ 5   kein Problem

Anmerkungen: n = 590; Ausprägungen 2–4 nicht verbalisiert
Quelle: eigene Erhebung und Darstellung

Der größte Teil der Personalratsmitglieder kommt aus der Kernverwaltung, nämlich 5,7 Personen im Durchschnitt aller Personalräte; die Sozial- und Erziehungsdienste stellen mit 1,8 Personen die zweitgrößte und aus Bauhof und Grünbereichen stammt die mit 1,6 Personen drittgrößte Gruppe. Die Bereiche IT, Kultur und Feuerwehr spielen mit im Durchschnitt 0,3, 0,2 und 0,2 Mitgliedern zwar noch eine gewisse Rolle, vertreten aber in manchen Verwaltungen nur sehr wenige Beschäftigte oder fehlen ganz.

Obwohl die Personalräte, die aus der Kernverwaltung stammen, die mit Abstand größte Zahl der Personalratsmitglieder stellen, sind die Beschäftigten aus diesem Bereich nur geringfügig überrepräsentiert (siehe Tabelle 7). Die zweitgrößte Gruppe der Personalräte, die Sozial- und Erziehungsdienste, ist hingegen unterrepräsentiert. Die drittstärkste Gruppe unter den Personalräten, die in den klassischen Bereichen manueller Arbeit tätig ist, ist deutlich stärker im Personalrat vertreten, als es ihr Anteil an den Beschäftigten erwarten ließe. Ebenfalls deutlich überrepräsentiert sind Beschäftigte aus dem IT-Bereich. Besonders schlecht vertreten sind hingegen die Bereiche Feuerwehr und Rettungsdienste.

Die relativ geringe Repräsentanz der Sozial- und Erziehungsdienste kann angesichts der großen Bedeutung überraschen, die vor allem die Gruppe der Kita-Beschäftigten in der jüngeren Vergangenheit in Tarifauseinandersetzungen hatte, doch gewerkschaftliches Engagement gehört nicht zu den wichtigsten Punkten, die ein Engagement in der Personalratswahl begünstigen. Lediglich 24 Prozent der Befragten geben an, dass eine Gewerkschaftsmitgliedschaft bereits vor der Wahl das Engagement im Personalrat begünstige – was jedoch primär daran liegen dürfte, dass der

Organisationsgrad in manchen Kommunen sehr gering ist –, 31 Prozent halten dies manchmal für zutreffend (s. u. Tabelle 9).

Tabelle 7: Aufteilung der Personalratsmitglieder nach Beschäftigungsbereichen

	»Wie viele Beschäftigte aus welchen Bereichen vertritt Ihr Personalrat?« [a]	»Wie viele Mitglieder Ihres Personalrats kommen aus den folgenden Bereichen?« [b]	Relation von Antwort b zu Antwort a [c]
Kernverwaltung	50 %	54 %	1,1
Sozial- und Erziehungsdienste	23 %	17 %	0,7
Kulturbereich	4 %	2 %	0,6
Bauhof, Grünbereiche etc.	9 %	15 %	1,7
IT-Bereich (Informationstechnologie, EDV)	2 %	3 %	1,6
Feuerwehr, Rettungsdienst etc.	3 %	2 %	0,6
sonstige	9 %	7 %	0,8

Anmerkungen: a) n = 572; b) n = 593; c) berechnet auf Basis nicht gerundeter Zahlen
Quelle: eigene Erhebung

Die vergleichsweise starke Vertretung der IT-Bereiche dürfte dem Bemühen mancher Personalräte geschuldet sein, wichtige Kompetenzträgerinnen und -träger aus der Belegschaft in den Personalrat einzubinden. Da viele Personalräte mit der Thematik der Digitalisierung konfrontiert sind, wird IT-Kompetenz in den eigenen Reihen oft eine große Bedeutung beigemessen (Wissen als organisationale Machtressource).

Gelegentlich wurde berichtet, dass Beschäftigte aus den Bereichen Feuerwehr/Rettungsdienst und mitunter auch Kultur (in einer Fallkommune aus einem Orchester) – obwohl sie sich in vielerlei Hinsicht voneinander unterscheiden – oft in starkem Maße auf ihre eigene Berufsgruppe bezogen und nicht immer an einer Mitarbeit im Personalrat interessiert seien. Nicht selten stellen Feuerwehrangehörige allerdings den Beamtenvertreter bzw. die Beamtenvertreterin, da es in den Kommunen ansonsten nur wenige Beamtinnen und Beamte gibt und diese oft Führungspositionen innehaben.

Den Feuerwehrleuten gelingt es in der Regel auch ohne Vertretung im Personalrat, ihre Interessen zu artikulieren. In etlichen Interviews wurde die Beziehung der Feuerwehr zum Personalrat von den Gesprächspartnerinnen und -partnern angesprochen, während das Verhältnis der im Kulturbereich Beschäftigten zum Personalrat eher selten Thema war – Letztere werden auch weniger als einheitliche Berufsgruppe wahrgenommen.

Die relativ zur Beschäftigtenzahl starke Vertretung der klassischen Bereiche manueller Arbeit bringt zum Ausdruck, dass das Interesse an Personalratsarbeit aus diesen Bereichen noch immer stark ausgeprägt ist. Dabei spielen mitunter auch die im Bereich der manuellen Tätigkeiten begrenzten Aufstiegsmöglichkeiten eine Rolle, doch eine »Alternativkarriere« im engeren Sinne, die sich auch im Verdienst oder einem beruflichen Aufstieg nach dem Ende der Personalratstätigkeit niederschlagen würde, scheint nicht die zentrale Motivation zu sein.

Nun ist die Sicht auf die eigene Motivlage stets mit Vorsicht zu genießen, zumal wenn es sich um ein Motiv handelt, das bei manchen Personalräten als moralisch zweifelhaft gilt, was bei der Alternativkarriere via Personalrat der Fall ist. Außerdem ist eine Karriere, die unmittelbar aus der Mitarbeit im Personalrat resultiert oder im Anschluss daran erfolgt, in der öffentlichen Verwaltung eher unwahrscheinlich. Der jeweilige Verdienst darf sich selbst im Falle einer Freistellung für Personalratsarbeit nicht verändern, selbst dann nicht, wenn die komplexe Personalratsarbeit nach den ansonsten üblichen Kriterien der Entgeltordnung des TVöD-VKA[1] ein höheres Entgelt ergeben würde.

Eine Ausnahme sind allerdings die zulässigen »fiktiven Bewerbungen« und Nachzeichnungen des fiktiven beruflichen Werdegangs, wenn Personalratsmitglieder ihre ursprüngliche berufliche Tätigkeit weiterhin ausgeübt hätten. Bisweilen gibt es auch bei verwaltungsinternen Bewerbungen nach Ende der Personalratstätigkeit durchaus die Chance auf eine höhere Stelle, wie wir aus den Interviews wissen, doch häufiger wird darüber geklagt, dass freigestellte Personalratstätigkeit ein Karrierehindernis darstelle.

Kurz: Personalratsarbeit als Alternativkarriere im positionalen und beruflichen Raum des öffentlichen Dienstes spielt gelegentlich eine Rol-

---

1 | VKA – Vereinigung der kommunalen Arbeitgeberverbände.

le, aber die Bedeutung als Motiv für die Mitarbeit im Personalrat ist eher marginal. Begreifen wir »Karriere« hingegen auch als einen Zugewinn an Wahrnehmung und sozialer Anerkennung – primär durch die Kolleginnen und Kollegen sowie sekundär auch durch die Arbeitgeberseite –, gewinnt dieses eher selbstbezügliche Motiv tatsächlich an Bedeutung (siehe Tabelle 8).

Tabelle 8: Beweggründe, sich im Personalrat zu engagieren

»Was sind Ihrer Einschätzung nach die Beweggründe von Personalratsmitgliedern, sich im Personalrat zu engagieren?«	trifft zu	trifft manchmal zu	trifft nicht zu
etwas bewirken wollen	91 %	8 %	0,4 %
sich für die Kolleginnen und Kollegen einsetzen	86 %	13 %	1 %
Spaß an der Teamarbeit	36 %	55 %	9 %
Freude daran, sich in ein neues Aufgabenfeld einzuarbeiten	25 %	61 %	14 %
soziale Anerkennung durch Kolleginnen und Kollegen	22 %	58 %	20 %
soziale Anerkennung von Arbeitgeberseite	7 %	36 %	57 %
Alternativkarriere, Aufstiegsmöglichkeit	5 %	24 %	71 %
Personalratsarbeit dient als Karrieresprungbrett für den eigentlichen Beruf	3 %	16 %	81 %

Anmerkungen: n = 561; sortiert nach Häufigkeit von »trifft zu«
Quelle: eigene Erhebung

Wichtiger noch sind andere Motive: die Freude, sich in ein neues Arbeitsfeld einzuarbeiten, und der Spaß an Teamarbeit. Außerdem nennen nahezu alle Befragten Selbstwirksamkeit (»etwas bewirken wollen«) als Beweggrund, sich im Personalrat zu engagieren – ein Motiv, das das ebenfalls häufig genannte, eher altruistischen Motiv, sich für die Kolleginnen und Kollegen einzusetzen, in der Bedeutung noch übertrifft.

Da die genannten Motive einander nicht ausschließen, lässt sich konstatieren, dass viele Personalratsmitglieder nicht primär an persönlichen materiellen Vorteilen interessiert sind – und sein können. Vielmehr verbinden sie die Freude am Zugewinn von Anerkennung, Wissen und persönlichem Handlungsspielraum mit dem Anliegen, die Interessen ihrer Kolleginnen und Kollegen zu vertreten.

Wir fragten auch, ob es aus Sicht der Personalräte bestimmte Punkte gibt, die ein Engagement in der Personalratsarbeit begünstigen; die einzelnen Items dafür wurden auf der Basis unserer Feldeindrücke gebildet. Bemerkenswert ist, dass eine deutliche Mehrheit der Befragten annimmt, dass die Vermittlung von solidarischen Werten und Gerechtigkeitssinn bereits im Elternhaus eine begünstigende Voraussetzung darstellt (siehe Tabelle 9). Etwas weniger häufig werden die politische und soziale Grundüberzeugung oder auch das Engagement außerhalb der Arbeitswelt genannt. Als ein Schritt in Richtung Personalratstätigkeit wird zudem die Mitarbeit in der Jugend- und Auszubildendenvertretung genannt.

Tabelle 9: Faktoren, die ein Engagement im Personalrat begünstigen

»Begünstigen folgende Punkte ein Engagement im Personalrat?«	trifft zu	trifft manchmal zu	trifft nicht zu
Vermittlung von solidarischen Werten und Gerechtigkeitssinn bereits im Elternhaus	56 %	34 %	10 %
Mitarbeit in der Jugend- und Auszubildendenvertretung (JAV)	32 %	33 %	35 %
politische und soziale Grundüberzeugung	31 %	41 %	28 %
Engagement außerhalb der Arbeitswelt (Jugend, Kirche, AWO etc.)	26 %	47 %	28 %
Gewerkschaftsmitgliedschaft bereits vor der Wahl	24 %	31 %	46 %
Tätigkeit als gewerkschaftliche Vertrauensperson	17 %	32 %	52 %
parteipolitische Orientierung	3 %	23 %	74 %

Anmerkungen: n = 552; sortiert nach Häufigkeit von »trifft zu«
Quelle: eigene Erhebung

Die Mitgliedschaft in einer Gewerkschaft bereits vor der Wahl spielt nach Einschätzung der Personalräte eine geringere Rolle, was angesichts zahlreicher Personalräte ohne gewerkschaftliche Bindung und nicht überall vorhandener Gewerkschaftsmitglieder wenig überraschend ist. Ähnliches gilt für die Tätigkeit als gewerkschaftliche Vertrauensperson als begünstigende Voraussetzung, der immerhin ein Teil der Befragten zustimmen. Gewerkschaftliches Engagement wird von manchen Befragten auch dann als günstige Voraussetzung für Personalratsarbeit betrachtet, wenn es in der eigenen Verwaltung weder Vertrauensleute noch eine gewerkschaftliche Betriebsgruppe gibt, denn diese existieren selbst in Verwaltungen, in denen es Gewerkschaftsmitglieder gibt, nur zu gut einem Viertel.

Kaum Bedeutung wird hingegen der parteipolitischen Orientierung beigemessen, wobei die Irrelevanz dieses Faktors in den ostdeutschen Bundesländern etwas ausgeprägter ist als in den westdeutschen. Obwohl uns in den Interviews mitunter eine gewisse Nähe mancher Personalräte zur SPD begegnete – vor allem in Westdeutschland –, beschreiben auch etliche westdeutsche Personalratsmitglieder die Parteimitgliedschaft explizit als nicht gut mit der Personalratstätigkeit vereinbar, da parteipolitische Neutralität im Interesse der Sache besser sei, weil man »ja mit jedem sprechen« müsse (PRV SH 3.1).

Obwohl sich das Eigeninteresse von Personalratsmitgliedern und die allgemeinen Interessen der Beschäftigten mitunter decken, findet sich hier doch ein gewisses Paradox: Während die Interessen der Kolleginnen und Kollegen ein zentrales Motiv für das Engagement von Personalrätinnen und -räten darstellen, dient dieses nur am Rande eigenen materiellen Interessen.

In einer eindimensionalen Perspektive auf materielle Interessen kann als Motiv der Personalräte nur Altruismus infrage kommen. Dieser spielt durchaus eine Rolle, doch gänzlich altruistisch ist das Engagement der Personalrätinnen und -räte nicht. Man kann vielmehr sagen, dass Personalratsarbeit zumindest zu einem gewissen Maß auf dem Tausch von Engagement für die Kolleginnen und Kollegen und für das rechtskonforme Funktionieren der Verwaltung einerseits gegen soziale Anerkennung und die Erfahrung eigener Handlungswirksamkeit andererseits beruht (Schmidt 2005; Voswinkel 2001).

Ein Personalrat nahm im Gespräch die Befunde der standardisierten Erhebung weitgehend vorweg, wenn er folgendermaßen über das Gremium und sein eigenes Engagement spricht:

»Es ist ein tolles Team. So, und einfach den Einfluss geltend zu machen ... den Einfluss geltend zu machen, als, ich sag mal, kleiner Angestellter einfach etwas bewirken zu können. So, und das ist auch so die Haupttriebfeder, und natürlich das Kollektiv. Wir verstehen uns an sich ganz gut. Ganz ehrlich, diese Arbeit an

Zusammensetzung der Personalräte und Personalratswahlen

sich macht einfach Spaß. So, dass man das zusammen einfach hinkriegt, ja, das ist so das, was am meisten Spaß bringt.« (PR SH 2.3)

Hinzu kommt bei ihm, dass er vor dem Hintergrund seiner früheren beruflichen Erfahrung in einem kleineren Betrieb die dortigen Möglichkeiten persönlicher Einflussnahme vermisste:

»Ja, aber manchmal fühlt man sich tatsächlich ausgeliefert. Das sage ich ganz ehrlich. Ich komme ja von außerhalb, wo man merkt, man hat viel mehr Einfluss und der war hier sofort weg. [...] muss man doch irgendwie Einfluss nehmen können und das ist halt der einzige Weg, darüber, ne.« (PR SH 2.3)

Während in der gemeinschaftlich geprägten Sozialordnung mancher Kleinbetriebe die Chance besteht, unmittelbar und persönlich mit den Entscheiderinnen und Entscheidern in Kontakt zu treten und auf diesem Weg Einfluss zu nehmen, sieht er in der öffentlichen Verwaltung den institutionalisierten Kanal der Personalvertretung als einzige Möglichkeit, die eigenen Interessen zu artikulieren und den Prozessen nicht ohnmächtig ausgeliefert zu sein.

Doch während er im Vergleich mit seiner Kleinbetriebserfahrung eine eher regelkritische Position einnimmt und Wert auf kritische Distanz zur Dienststellenleitung legt, gibt es nicht wenige Personalräte, die sich trotz ansonsten ähnlicher Motivlage eher als Advokat der strikten Regelbefolgung sehen.

Differenzieren wir nach Beschäftigungs- bzw. Dienstgruppen, dominieren der mittlere und der gehobene Dienst bzw. die Entgeltbereiche EG 5–8 und EG 9–12, während der einfache Dienst bzw. der Entgeltbereich EG 1–4 und der höhere Dienst bzw. der Entgeltbereich EG 13–15 nur eine marginale Rolle spielen (siehe Tabelle 10). Vor allem der mittlere, aber auch der gehobene Dienst sind dabei überrepräsentiert.

Zwar gibt es durchaus Personalräte, denen auch beispielsweise Reinigungskräfte angehören, doch der hoch regulierte Kontext und die nicht selten stark regelorientierte Arbeitsweise vieler Personalräte tragen dazu bei, dass sich geringer qualifizierte Beschäftigte eine Mitarbeit oft nicht zutrauen. Dass gerade aus einem Personalrat positiv über die Mitarbeit einer Reinigungskraft berichtet wird, der sich deutlich als Vertretung der Beschäftigten sieht und weniger als Instanz zur Kontrolle der Regelbefolgung, ist kein Zufall:

»Also, ich sag mal, im Ernstfall ist unsere Kollegin aus dem Reinigungsteam [...] viel klarer und viel kampfbereiter, als [...] wenn ich also einen Sozialpädagogen aus der Jugendarbeit habe. [...] der hat also zum Beispiel das Talent, sich immer unglaublich gut in den Aggressor reinzudenken.« (PRV SH 2.1)

Dieser Aussage liegt ein Verständnis von Personalratsarbeit zugrunde, nach dem es nicht allein und nicht einmal primär um die Kenntnis von Gesetzen und Tarifverträgen geht, sondern darum, Haltung und Standvermögen zu entwickeln, was nicht alle können: »[...] da musste immer gucken: Ist die Wirbelsäule noch vorhanden?« (PRV SH 2.1). Doch es fanden sich Interviewpartnerinnen und -partner sowohl aus dem (ehemaligen) Arbeiterbereich als auch aus dem Sozial- und Erziehungsdienst, die sich in einem beachtlichen Lernprozess und sicherlich auch dank ihrer im Job nicht abgerufenen Talente zu ausgesprochen versierten und durchsetzungsstarken Personalratsmitgliedern entwickelt haben.

Tabelle 10: Personalratsmitglieder nach Beschäftigungs- bzw. Dienstgruppen

»Wie viele Mitglieder Ihres Personalrats gehören folgenden Beschäftigungs- bzw. Dienstgruppen an? (ohne Ersatzmitglieder)«	Anteil im Personalrat [a]	Anteil an Beschäftigten [b]
einfacher Dienst (1. Einstiegsamt der 1. Laufbahngruppe, Qualifikationsebene 1, 1. Einstiegsamt), EG 1–4	2 %	12 %
mittlerer Dienst (2. Einstiegsamt der 1. Laufbahngruppe, Qualifikationsebene 2, 2. Einstiegsamt), EG 5–8	46 %	38 %
gehobener Dienst (1. Einstiegsamt der 2. Laufbahngruppe, Qualifikationsebene 3, 3. Einstiegsamt), EG 9–12	50 %	45 %
höherer Dienst (2. Einstiegsamt der 2. Laufbahngruppe, Qualifikationsebene 4, 4. Einstiegsamt), EG 13–15	2 %	5 %

Anmerkung: a) n = 580
Quellen: a) eigene Erhebung; b) Destatis 2020, Tab. 2.2.1

3.2 Freistellungen

Ab einer bestimmten Beschäftigtenzahl besteht die Möglichkeit, ein oder bei größeren Verwaltungen auch mehrere Personalratsmitglieder ständig für die Personalratsarbeit freistellen zu lassen (siehe Kapitel 2.3.4). Die Hälfte der befragten Personalräte gibt an, über eine oder mehrere Freistellungen zu verfügen; im Mittel gibt es 1,5 Freistellungen.

Zusammensetzung der Personalräte und Personalratswahlen

Bemerkenswert ist, dass keineswegs alle im Personalvertretungsrecht vorgesehenen Freistellungen auch tatsächlich genutzt werden. Von den Personalräten, die nach eigenen Angaben über einen gesetzlichen Anspruch verfügen, gibt weniger als die Hälfte an, diesen vollständig auszuschöpfen (48 Prozent). Nehmen wir diejenigen hinzu, die angeben, dass ständige Freistellungen über den gesetzlichen Anspruch hinaus existieren (6 Prozent), dann nutzt immerhin eine knappe Mehrheit der Personalräte die ihnen rechtlich zustehenden Möglichkeiten komplett (54 Prozent).

Die anderen Personalräte hingegen schöpfen ihre Freistellungen nur teilweise aus (33 Prozent) oder nutzen sogar mögliche Freistellungen überhaupt nicht (14 Prozent). Brehmer (2016) berichtet auf Basis der WSI-Erhebung 2007 für die Kommunen, dass in 5 Prozent der Fälle Freistellungsregelungen ausgeweitet, jedoch bei einem Drittel unterschritten werden.

Warum tritt dieses auf den ersten Blick irritierend anmutende Phänomen auf? Nur in einem kleineren Teil der Fälle geht es darum, dass Freistellungsanträge seitens des Arbeitgebers abgelehnt werden (6 Prozent); etwas häufiger kommt es vor, dass wegen des Drucks von Vorgesetzten auf eine Freistellung verzichtet wird (11 Prozent; siehe Tabelle 11). Diese Ablehnungen sind personalvertretungsrechtlich nicht abgesichert, doch gleichwohl wirksam. In solchen Fällen könnte eine Freistellung zwar eingeklagt werden, aber oft verzichten Personalräte im Interesse einer guten Beziehung zur Arbeitgeberseite oder zu Vorgesetzten darauf.

Tabelle 11: Gründe für die Nichtinanspruchnahme von Freistellungen

»Warum werden die gesetzlich möglichen Freistellungen nicht ausgeschöpft?«	
Freistellungsanträge werden nicht bewilligt	6 %
Personalratsmitglieder wollen ihre dienstlichen Tätigkeiten fortführen	70 %
Angst vor Qualifikationsverlust durch Abwesenheit vom Beruf	18 %
weil man die Kolleg/innen nicht bei der Arbeit im Stich lassen will	35 %
wegen Druck von Vorgesetzten	11 %
anfallende Personalratsarbeit rechtfertigt keine Ausschöpfung der Freistellung(en)	20 %
Sonstiges	22 %

Anmerkungen: n = 205 (Fragebogenfilter: falls Personalräte Freistellungen nicht ausschöpfen); Mehrfachantworten möglich
Quelle: eigene Erhebung

Gewichtiger sind zudem andere Gründe: 20 Prozent der Personalräte, bei denen eine rechtliche Freistellung nicht genutzt wird, geben an, dass die anfallende Personalratsarbeit keine Ausschöpfung der Freistellung(en) rechtfertige – eine Einschätzung, die selbstverständlich auch vom jeweiligen Verständnis von Personalratsarbeit abhängig ist. Von unseren Gesprächspartnerinnen und -partnern kamen durchaus auch Klagen darüber, dass die Zahl der Freistellungen nicht genüge, um die anstehenden Aufgaben bewältigen oder der Arbeitgeberseite bei Bedarf hinreichend Paroli bieten zu können.

Neben dem eigenen Selbstverständnis als Personalrat spielt hier auch die jeweilige Ausgestaltung des Personalvertretungsrechts eine Rolle – so fällt bei Allzuständigkeit, wenn diese ernst genommen wird, auch mehr Arbeit an. Der entscheidende Unterschied liegt jedoch beim Personalrat selbst, wie die erheblich variierenden Praktiken zeigen, die in der qualitativen Erhebung auch innerhalb von Bundesländern auftraten.

Wichtiger als Behinderungen durch Arbeitgeber oder Vorgesetzte oder eine eher zurückhaltende Bestimmung der Personalratsaufgaben ist das fehlende Interesse vieler Personalratsmitglieder, sich ständig von der Arbeit freistellen zu lassen:

- Mehr als zwei Drittel der Personalräte, bei denen Freistellungen nicht ausgeschöpft werden, geben als Grund an, dass Personalratsmitglieder ihre dienstlichen Tätigkeiten fortführen wollen.
- Ein Drittel gibt an, dass man die Kolleginnen und Kollegen bei der Arbeit nicht im Stich lassen will. Dies gilt insbesondere bei hoher Arbeitsbelastung und wirkt sich laut Brehmer (2016, S. 90) »besonders bei teilweisen Freistellungen« aus. Diese hatten wir nicht separat erfragt, sondern um Umrechnung auf Vollzeitfreistellungen gebeten (s. u.).
- Immerhin ein knappes Fünftel gibt an, dass die Befürchtung besteht, während der Abwesenheit vom Beruf einen Qualifikationsverlust zu erleiden.

Es ist nicht immer einfach, genügend Beschäftigte für eine Kandidatur (siehe Kapitel 3.1) und eine anschließende Freistellung zu gewinnen. Auch in den Interviews wird immer wieder dargelegt, dass die Bereitschaft, sich freistellen zu lassen oder den Personalratsvorsitz zu übernehmen, als Nachteil für die berufliche Entwicklung gesehen wird:

Zusammensetzung der Personalräte und Personalratswahlen

»[...] wenn man mittendrin in seiner beruflichen Karriere in eine Freistellung geht, ist ein Bruch drinnen. Und dann haben Arbeitnehmer auch immer Angst ... Wenn dann jemand zurückkommt vom Personalrat, [...] das ist für ihn wie ein Neustart, obwohl er eigentlich nicht benachteiligt werden darf. Trotzdem ist das ein Neustart. Solche Brüche kann man sich eigentlich in seinem Arbeitsfeld nicht leisten.« (PRV BB 3.3)

In einer Kommune, in der sich niemand fand, der oder die eine volle Freistellung wahrnehmen wollte, wurde dies damit erklärt, dass alle Personalratsmitglieder ihre eigentliche Arbeit zu gerne machten, um sie für die Personalratsarbeit ganz aufzugeben. Argumentiert wird mitunter auch, dass man wegen des Personalmangels aus »Verantwortungsbewusstsein« bei seiner Arbeit bleibe.

Zwar solle für die Zeit, die jemand im Personalrat arbeitet, dessen oder deren Stelle befristet nachbesetzt werden, aber dies sei oftmals nicht der Fall. Eine stellvertretende Personalratsvorsitzende berichtet etwa, dass sie bereits seit mehreren Jahren im Personalrat sei, doch erst vor Kurzem ein neuer Kollege eingestellt worden sei, der sie vertreten könne (PR-Grp BB 2.2). Unter dem Vorzeichen der Personalknappheit führt mitunter eine Mischung aus Arbeitsethos und dem Wunsch, Kolleginnen und Kollegen nicht zusätzlich zu belasten, zu einer nur begrenzten Bereitschaft, sich für die Personalratsarbeit freistellen zu lassen.

»Es wäre viel gewonnen, wenn die Entlastung von der beruflichen Tätigkeit besser geregelt würde. Daran krankt es bei uns am meisten: Dass die Führungskräfte nicht bereit sind, G/PR-Mitgliedern durch Entlastung die Möglichkeit zu geben, sich auf das G/PR-Sein zu konzentrieren. Es müssen immer die einzelnen Mitglieder schauen, wie sie mit der Doppelbelastung, der inneren Zerrissenheit und der Kritik der Kolleginnen und Kollegen (›jetzt bist Du schon wieder weg!‹) zurechtkommen. Freistellungen helfen da ärgerlicherweise nicht, die meisten bei uns wollen nicht freigestellt werden.« (Antwort auf offene Frage im Online-Survey)

Keller und Schnell (2003) und die WSI-Erhebung 2007 (Infas 2007) zeigen, dass es viele Teilfreistellungen gibt. Bei den Kommunen kommen die WSI-Daten von 2007 auf 22 Prozent der Personalräte, denen teilweise freigestellte Mitglieder angehören.

In unserer Erhebung haben wir nicht standardisiert und explizit nach Teilfreistellungen gefragt, doch immerhin 23 Prozent aller Personalräte mit Freistellungen gaben als Anzahl der Freistellungen eine Kommazahl an –

etwa die Hälfte davon verfügt über weniger als eine Freistellung. Diese Angabe ist jeweils als Mindestwert zu verstehen, da jede angegebene Freistellung die Summe mehrerer Teilfreistellungen sein kann, sich also hinter jeder Freistellung noch weitere Teilfreistellungen verbergen können. Wahrscheinlich ist, dass es sich bei den Kommazahlen überwiegend um eine Nichtausschöpfung von Freistellungen handelt. Teilfreistellungen können Einzelnen helfen, den Kontakt zum eigenen Beruf nicht zu verlieren, jedoch das Problem der unvollständigen Ausschöpfung möglicher Freistellungen bestenfalls partiell lösen.

3.3 Altersstruktur und Amtsdauer der Vorsitzenden

Obwohl es nicht immer leichtfällt, Kandidatinnen und Kandidaten für die Personalratswahl zu gewinnen, wäre der Schluss, die Personalräte seien aufgrund von Nachwuchsmangel überaltert, gleichwohl übertrieben. Das Durchschnittsalter der Personalratsmitglieder liegt bei 44 Jahren, die oder der Vorsitzende ist im Schnitt 50 Jahre alt. Immerhin ein Zehntel der Vorsitzenden ist jünger als 36 Jahre und ein Fünftel liegt im Alter zwischen 36 und 45 Jahren, ein Drittel ist zwischen 46 und 55 Jahren alt und ein gutes Drittel älter als 55 Jahre. Den Vorsitz haben Männer und Frauen nahezu gleich häufig inne (männlich 52 Prozent, weiblich 48 Prozent, divers 0,2 Prozent).

Da die Vorsitzenden ihr Amt zum Zeitpunkt der Befragung im Durchschnitt 5,6 Jahre innehatten (siehe Tabelle 12), kann auch nicht die Rede davon sein, dass Vorsitzende das Amt häufig über viele Jahre hinweg blockieren würden, zumal die Hälfte der Vorsitzenden seit maximal 3,5 Jahren im Amt ist. Allerdings trafen wir in manchen Kommunen auch auf Personalratsvorsitzende, die bereits seit vielen Jahren, mitunter auch Jahrzehnten, und meist noch immer sehr erfolgreich in diesem Amt agieren. Bisweilen kommt es in solchen Fällen allerdings beim und nach dem Wechsel zu Übergangsproblemen (siehe Kapitel 10.2.2).

Im Vergleich zum fehlenden Wechsel ist der häufige Wechsel im Vorsitz vieler Personalräte das größere Problem. Immerhin 40 Prozent der Personalratsvorsitzenden sind weniger als zwei Jahre und weitere 19 Prozent zwei bis vier Jahre im Amt. Es ist also nur eine Minderheit, die den Vorsitz wirklich über lange Zeit hält.

Tabelle 12: Amtsdauer der Personalratsvorsitzenden

»Wie lange hat die/der Vorsitzende bereits den Vorsitz inne?«	alle Personalräte [a]	Personalräte mit Freistellungen [b]	Personalräte ohne Freistellung [c]
bis 2 Jahre	40 %	35 %	46 %
mehr als 2, bis 4 Jahre	18 %	18 %	18 %
mehr als 4, bis 8 Jahre	20 %	21 %	20 %
mehr als 8, bis 16 Jahre	15 %	19 %	11 %
länger als 16 Jahre	6 %	7 %	5 %
Mittelwert	5,6 Jahre	6,3 Jahre	4,8 Jahre

Anmerkungen: a) n = 584; b) n = 289 (Filter: nur mit Freistellungen); c) n = 291 (Filter: nur ohne Freistellung)
Quelle: eigene Erhebung

Setzen wir diese Befunde aus der standardisierten Erhebung in Beziehung zu den diesbezüglichen Erkenntnissen aus den Interviews, dann gibt es eine größere Gruppe von Personalräten, in der der Vorsitz häufig wechselt, und eine kleinere Gruppe, in der der Vorsitz lange Jahre stabil in einer Hand bleibt. Dabei ist ein häufiger Wechsel im Personalratsvorsitz in der Regel kein Ausdruck ausgeprägt kollektiv-partizipativer Arbeitsweise, sondern eher einer vergleichsweise wenig gefestigten, instabilen Personalvertretung.

Nicht überraschen sollte der Befund, dass die durchschnittliche Amtszeit der Vorsitzenden von Personalräten mit Freistellungen mit 6,3 Jahren um etwa ein Drittel länger ist als bei Personalräten ohne Freistellung mit 4,8 Jahren. In Personalräten ohne Freistellung sind mit 46 Prozent fast die Hälfte aller Vorsitzenden seit maximal zwei Jahren im Amt, während dies bei Personalräten mit Freistellungen 35 Prozent sind – deutlich weniger, aber immer noch ein bemerkenswerter Anteil.

Von einer Dominanz männlicher oder weiblicher »alter Hasen« beim Personalratsvorsitz kann somit in der Regel nicht die Rede sein. In Personalräten mit Freistellungen ist zwar immerhin ein gutes Viertel der Vorsitzenden länger als acht Jahre, davon 7 Prozent länger als sechzehn Jahre im Amt; ohne Freistellung haben lediglich 16 Prozent der Vorsitzenden ihr Amt länger als acht und nur 5 Prozent bereits länger als sechzehn Jahre inne.

Personalräte mit einer oder mehreren Freistellungen verfügen somit nicht nur über mehr Zeit als Personalräte ohne Freistellung, um sich der

Vertretungsarbeit zu widmen, sie haben auch größere Chancen, Erfahrungen zu kumulieren – angesichts der Komplexität der Personalratsaufgaben ein durchaus relevanter Vorteil.

3.4 Personalratswahlen

Obwohl die Wahlen von Betriebs- und Personalräten zu den wichtigsten Partizipationschancen der arbeitenden Bevölkerung in Deutschland gehören und auf der Basis und im Rahmen gesetzlicher Regelungen erfolgen, werden sie von der amtlichen Statistik ignoriert. Gerade mit Blick auf die Personalräte im öffentlichen Dienst ist dies überraschend. Angesichts der Relevanz für die Tarifbeschäftigten und Beamtinnen und Beamten im öffentlichen Dienst und im Sinne des bürgerschaftlichen Wissens um die Funktionsweise der öffentlichen Verwaltung im demokratischen Staat wäre eine kontinuierliche, staatlich organisierte oder öffentlich finanzierte Datenerhebung zu Personalratswahlen zu begrüßen.

Weder ist genau bekannt, wie viele und wo Personalräte existieren, noch wird öffentlich dokumentiert, in welcher Form gewählt wird (Gruppen- versus Gemeinschaftswahl, Personen- versus Listenwahl). Unbekannt ist damit auch, welche Listen kandidierten und gewählt wurden. Lediglich dank der bereits erwähnten und schon etwas älteren standardisierten WSI-Erhebung (Infas 2007) liegen Daten zu Personalratswahlen vor.

Allerdings wird diese Erhebung nicht regelmäßig durchgeführt und ist auch nur begrenzt mit unserer standardisierten Erhebung vergleichbar, da wir nur Kommunen ab 10.000 Einwohnerinnen und Einwohnern einbezogen haben. Die Grundgesamtheit der WSI-Erhebung berücksichtigte dagegen »Dienststellen ab 20 sozialversicherungspflichtig Beschäftigten« (Brehmer 2016, S. 9) und unterschied sich auch in der Art und Weise der Datenerhebung (Online-Totalerhebung unsererseits versus Telefoninterviews einer Stichprobe durch Infas; zu Details vgl. Brehmer 2016, S. 45 ff.).

Wenn wir uns hier auf die WSI-Erhebung beziehen, dann stets auf die WSI-Daten speziell für die Kommunen. Eine neuere, 2021 durchgeführte Befragung des WSI, in der neben Betriebsräten auch Personalräte befragt wurden, befasst sich schwerpunktmäßig mit den Themen Mitbestimmung in der Coronakrise, ältere Beschäftigte sowie Qualifizierung und Weiterbildung (Behrens/Brehmer 2022; Ahlers/Villalobos 2022).

Zusammensetzung der Personalräte und Personalratswahlen

Eine grundlegende Entscheidung bei Personalratswahlen ist, ob die Angestellten einerseits und die Beamtinnen und Beamten andererseits den Personalrat getrennt oder gemeinsam wählen. Wenn beide Gruppen zustimmen, kann gemeinsam gewählt werden. In unserer Befragung gaben 85 Prozent der Personalräte an, dass bei ihnen die getrennte Wahl (Gruppenwahl) Anwendung findet, die den Ausgangsstandard darstellt; in 15 Prozent der Fälle gab es eine Gemeinschaftswahl. Sofern getrennte Wahlen erfolgten, gehören den Personalräten im Durchschnitt 1,6 Beamtenvertreterinnen und -vertreter an, wobei es sich bei über der Hälfte der Fälle um nur eine Vertreterin oder einen Vertreter handelt.

Eine weitere basale Unterscheidung für Personalratswahlen ist die zwischen Personen- oder Listenwahl (siehe Kapitel 2.3.2). Die Personenwahl ist bei den Beschäftigten beliebter, da sie einzelne Kandidatinnen und Kandidaten auswählen können, denen sie vertrauen oder die aus ihrem Arbeitsumfeld stammen. Allerdings kann die Entscheidung zwischen Personen- und Listenwahl nicht frei getroffen werden, denn sobald konkurrierende Gruppierungen auftreten – das können ebenso Gewerkschaftslisten wie freie Zusammenschlüsse einzelner Personen sein, die sich nicht auf eine gemeinsame Liste einigen können – ist eine Listenwahl zwingend. In den Kommunen dominiert die Personenwahl.

Im Falle einer Gemeinschaftswahl gaben 71 Prozent der befragten Personalräte an, dass bei ihnen eine Personenwahl stattfindet, und lediglich 27 Prozent berichten von einer Listenwahl. Diese deutliche Mehrheit überrascht nicht, da die Gemeinschaftswahl und die Personenwahl eher in kleineren Kommunen zu finden sind.

Doch auch im Falle getrennter Wahlen finden überwiegend Personenwahlen statt. Listenwahlen sowohl bei Angestellten als auch bei Beamtinnen und Beamten gibt es in 23 Prozent der Kommunen, bei 13 Prozent nur bei den Angestellten und in sehr wenigen Fällen nur bei den Beamtinnen und Beamten.

Personenwahlen sind nicht nur dort verbreitet, wo Gewerkschaften nicht präsent sind, sondern auch dort, wo eine Gewerkschaft klar dominiert. Um Listenkonkurrenz zu vermeiden, werden dann gewerkschaftlich nicht organisierte Kandidatinnen und Kandidaten häufig mit einbezogen. Zumindest unter DGB-Gewerkschaften gelingt es mitunter auch, dass die Mitglieder verschiedener Gewerkschaften gemeinsam antreten, um eine Listenwahl zu vermeiden. Unter den DGB-Gewerkschaften ist in den Kommunen neben ver.di vor allem die GEW aktiv, die insbesondere im Bereich der Sozial- und Erziehungsdienste mit ver.di konkurriert.

Ein langjähriger Personalratsvorsitzender, selbst ver.di-Mitglied, erläutert, dass er und die anderen Personalratsmitglieder »nicht so die Freunde der Listenwahl« seien. Wenn möglich würden sie versuchen, eine Personenwahl durchzuführen, da die Einflussmöglichkeiten der Beschäftigten bei einer Listenwahl gering seien (»also, wenn sich jemand querstellt, dann ist es klar, dann haben wir sie«). Bei einer Personenwahl könne man

»am besten Einfluss nehmen [...] als Mitarbeiter, wen ich da reinwähl, wen oder wen nicht, was ja bei einer Listenwahl nicht so ist. Man wählt die Liste und hat dann nicht so Einfluss auf die Personen, die dann drin sind. Aber wir haben das als gemeinsame Liste gemacht und damit sind wir eigentlich nicht schlecht gefahren in der Richtung.« (PRV TH 6.1)

Wenn es zu Listenwahlen kommt, bleibt es in vielen Fällen bei zwei Listen. Gab es nur bei den Beamtinnen und Beamten eine Listenwahl, standen im Durchschnitt 2,2 Listen dieser Gruppe zur Wahl. Gab es nur bei den Tarifbeschäftigten eine Listenwahl, lag die Zahl der Listen mit 2,4 nur wenig darüber. Falls eine Listenwahl bei beiden Gruppen stattfand, nahm die durchschnittliche Zahl der Listen mit 2,9 wenig überraschend etwas zu.

Die Personenwahl ist bei den Beschäftigten nicht nur beliebter, sie wirkt sich auch positiv auf die Wahlbeteiligung aus. Diese fällt meist respektabel aus, auch wenn sie im Schnitt etwas hinter der relativ hohen Beteiligung bei der Bundestagswahl 2021 zurückbleibt, mit der Wahlbeteiligung bei Landtagswahlen nahezu gleichauf liegt und die Wahlbeteiligung bei Europawahlen übertrifft – ein Umstand, der erneut für die Relevanz von Personalräten spricht. Bei Gemeinschaftswahlen betrug die Wahlbeteiligung bei der letzten Personalratswahl 66 Prozent, im Falle einer Gruppenwahl 69 Prozent bei den Beamtinnen und Beamten und 59 Prozent bei den Angestellten.

In Thüringen und Nordrhein-Westfalen, wo die jüngste Personalratswahl 2022 stattfand, war in den Interviews gelegentlich zu hören, dass sich die Corona-Pandemie negativ auf das Interesse an Personalratsarbeit und die Wahlbeteiligung ausgewirkt habe, während andere Befragte einen Negativeffekt auf die Wahlbeteiligung vehement verneinten. Unsere Online-Erhebung spricht im Durchschnitt für allenfalls geringfügige Veränderungen. Auf die Frage, ob sich die Wahlbeteiligung gegenüber früher verändert habe, antworteten 40 Prozent der Befragten mit Nein, 23 Prozent berichteten von einer Zunahme und 20 Prozent von einer Abnahme; 18 Prozent antworteten mit »weiß nicht«.

3.5 Gewerkschaftsmitglieder in Personalräten

Mit Blick auf das »duale« oder auch »dreigliedrige System« der Interessenvertretung (siehe Kapitel 2.3.6) ist es von großem Interesse, ob den Personalräten auch Gewerkschaftsmitglieder angehören. 77 Prozent der befragten Personalräte gaben an, dass dies der Fall sei, 16 Prozent verneinten dies. 8 Prozent konnten diese Frage nicht beantworten (»weiß nicht«), was zum Ausdruck bringt, dass es keine Gewerkschaftsmitglieder im Personalrat gibt oder zumindest keine, deren Mitgliedschaft eine Rolle für die Arbeit im Personalrat spielt.

Fragt man diejenigen, die angeben, dass es Gewerkschaftsmitglieder im Personalrat gibt, nach den Gewerkschaften, denen sie angehören, so nimmt ver.di mit 3,1 Personalratsmitgliedern deutlich den ersten Platz vor Komba mit 0,9 Personalratsmitgliedern ein (siehe Tabelle 13). Die GEW oder andere DGB-, DBB- oder sonstige Gewerkschaften spielen jeweils nur eine marginale Rolle.

Vergleichen wir die Anzahl aller anderen Gewerkschaftsmitglieder mit der Anzahl der ver.di-Mitglieder in den Personalräten, zeigt sich, dass Letztere zwar eine klare Mehrheit unter den gewerkschaftlich organisierten Personalratsmitgliedern stellen, dass diese aber mit 71 Prozent keineswegs überwältigend ausfällt. Berücksichtigen wir zudem, dass in einem relevanten Teil der Personalräte keine Gewerkschaftsmitglieder vertreten sind, fällt der Organisationsgrad von ver.di und anderen Gewerkschaften im Personalrat weiter ab.

Im Falle einer Listenwahl ist von Interesse, welche Listen in den Personalräten vertreten sind. Bemerkenswert ist zunächst, dass 68 Prozent der Personalräte mit Listen- und Gruppenwahl angeben, dass es im Personalrat freie, gewerkschaftlich ungebundene Listen gibt. Ver.di-Listen werden nur von 58 Prozent und Komba-Listen von 39 Prozent genannt, die GEW ist mit 4 Prozent und Listen anderer Gewerkschaften sind mit 8 Prozent vertreten. Da nur in 37 Prozent aller Personalräte mit Gruppenwahl eine Listenwahl stattfand, kommen die genannten Listen bezogen auf alle Personalräte erheblich seltener vor.

Tabelle 13: Anzahl der Gewerkschaftsmitglieder im Personalrat

»Wie viele Personalratsmitglieder gehören Gewerkschaften an?«	Personalräte mit Gewerkschaftsmitgliedern [a]			Personalräte mit und ohne Gewerkschaftsmitglieder [b]	
	gewerkschaftlich organisierte Personalratsmitglieder	Anteil	Organisationsgrad im Personalrat	gewerkschaftlich organisierte Personalratsmitglieder	Organisationsgrad im Personalrat
ver.di	3,05	71 %	33 %	2,51	29 %
Komba	0,92	22 %	10 %	0,76	9 %
GEW	0,10	2 %	1 %	0,09	1 %
andere DGB-Gewerkschaft	0,03	1 %	0,3 %	0,02	0,2 %
andere DBB-Gewerkschaft	0,08	2 %	1 %	0,07	1 %
sonstige Gewerkschaft	0,09	2 %	1 %	0,07	1 %
Zwischensumme	4,27	100 %	46 %	3,52	41 %
Differenz (= unorganisiert)	4,95	—	54 %	5,19	59 %
Mittelwert aller Personalratsmitglieder	9,22	—	100 %	8,71	100 %

Anmerkungen: a) n = 451 (Fragebogenfilter: falls Personalräte mit Gewerkschaftsmitgliedern); b) n = 547 (Filter: ohne Personalräte, die nicht wissen, ob dem Gremium Gewerkschaftsmitglieder angehören)
Quelle: eigene Erhebung

Hierbei ist anzumerken, dass Gewerkschaftsmitglieder nicht nur in Personalräten vertreten sind, in denen es gewerkschaftliche Listen gibt. Ver.di-Mitglieder gibt es beispielsweis auch jenseits der 22 Prozent aller Personalräte mit ver.di-Listen, mehr noch: Es wäre vorschnell, aus dem Fehlen einer ver.di-Liste auf eine schlechtere Verankerung von ver.di im Personalrat zu schließen, da eine Personenwahl nicht nur Ausdruck fehlender gewerkschaftlicher Präsenz sein kann, sondern auch einer unangefochtenen gewerkschaftlichen Vertretungshegemonie. Dies gilt im Grundsatz auch für Komba, wenn auch in schwächerem Maße, weil deren geringere Stärke seltener Hegemonie erlaubt.

Da die Existenz von Listen immer auch voraussetzt, dass Konkurrenz mit anderen Listen besteht, ist hierin aus gewerkschaftlicher Perspektive nicht der anzustrebende Idealzustand zu sehen. Selbst wenn es gelingt, innerhalb des Personalrats produktiv zusammenzuarbeiten, muss doch zumindest vor Personalratswahlen dargelegt werden, worin die Unterschiede zwischen den Listen bestehen – mit der Folge einer expliziten oder impliziten wechselseitigen Abwertung. Kritik an der Arbeit der jeweils anderen Listen ist in vielen Fällen legitim und begründet, fördert aber gewöhnlich nicht das Vertrauen der Belegschaft in die Personalvertretung.

In Fällen ausgeprägter Listenkonkurrenz – hier sprechen wir vom Typus des »parlamentarisierten Personalrats« (siehe Kapitel 10.1.4) – kann sich deshalb trotz der für die Beschäftigten vordergründig attraktiven Möglichkeit, zwischen verschiedenen Angeboten zu wählen, Distanz zum Personalrat insgesamt und eine Art »Politikverdrossenheit« herausbilden. In einem ausgeprägten Fall von »parlamentarisiertem Personalrat« (s. u. Tabelle 31) lag die Wahlbeteiligung bei der letzten Personalratswahl deutlich unter dem durchschnittlichen Niveau, nämlich nach mündlicher Auskunft des Personalratsvorsitzenden bei »circa 28 Prozent«.

3.6 Zwischenfazit

Fassen wir die wichtigsten Befunde zur Zusammensetzung der Personalräte und zu den Personalratswahlen zusammen, so ist zu konstatieren:

- Die Bestimmungen der Personalvertretungsgesetze, d.h. die gesetzlich institutionalisierten Regeln, prägen durch die Vorgaben zu Personal- und Listenwahlen die Wahlbeteiligung bei Personalratswahlen – und damit die Partizipation der Beschäftigten an der Personalratsarbeit – in grundlegender, aber unterschiedlicher Weise.
- Die Personalräte repräsentieren die Beschäftigten verschiedener Tätigkeitsbereiche in den Kommunalverwaltungen relativ gut, aber mit einem leichten Bias zugunsten der manuellen und technischen Bereiche und einer Dominanz der mittleren Entgelt- und Besoldungsgruppen.

Kapitel 3

- Es ist nicht immer einfach, Kandidatinnen und Kandidaten für die Personalratswahl zu gewinnen, und ein großer Teil der möglichen Freistellungen wird nicht in Anspruch genommen. Personalratstätigkeit und Freistellung werden in der Regel nicht als Chance auf eine »alternative Karriere« betrachtet.
- Gewerkschaftsmitglieder finden sich in etwa drei Viertel aller Personalräte, doch der gewerkschaftliche Organisationsgrad liegt mit 41 Prozent, der von ver.di mit 29 Prozent deutlich darunter.

4 Inhalte der Personalratsarbeit

4.1 Themen und Ziele

Personalräte agieren heute in einem anderen Umfeld als zu Zeiten der Verwaltungsreformen und der bis zur Finanzmarktkrise praktizierten rigiden Sparpolitik. Die Stichworte der jüngsten Vergangenheit sind demografischer Wandel, Fach- und Arbeitskräftemangel, Digitalisierung und natürlich auch – zumindest während unserer Erhebung – Corona. Größere Prozesse der organisationalen Restrukturierung, die den Widerspruch von Personalräten auslösen könnten, wie etwa Privatisierung und Outsourcing sind in den Kommunen derzeit selten. Nur neun Prozent der Personalräte geben an, dass »in den letzten fünf Jahren relevante Privatisierungen, Ausgründungen oder Auslagerungen« stattgefunden haben. Daraus auf eine grundlegende Trendwende zu schließen wäre allerdings übertrieben, denn lediglich fünf Prozent der Befragten teilen mit, dass im selben Zeitraum relevante Rekommunalisierungen erfolgt seien.

Aus Sicht der Personalräte ist die Verwaltungsmodernisierung auf die hinteren Ränge der wichtigen Themen und Ziele gerückt. Zwar wird gelegentlich von früheren Auseinandersetzungen berichtet, bei denen es gelungen ist, Privatisierungen zu verhindern (Beispiel Reinigungsdienst) oder in parteipolitischer Zusammenarbeit bereits privatisierte Aufgaben zu rekommunalisieren (Beispiel Schwimmbad), doch solche Ereignisse waren in den letzten fünf Jahren, nach denen wir gefragt hatten, selten.

In der Regel haben Personalräte auf solche Vorgänge nach eigener Einschätzung nur geringen Einfluss (siehe Abbildung 2), wobei die Chance, Privatisierungsmaßnahmen zu verhindern, besser eingeschätzt wird als die Chance, Rekommunalisierungen herbeizuführen. Die (genutzten) Machtressourcen der Personalräte sind bei grundlegenden Organisationsveränderungen eher begrenzt.

Abbildung 2: Einfluss des Personalrats bei Privatisierung, Ausgründung, Auslagerung und Rekommunalisierung

»Wie viel Einfluss hat der Personalrat, …

… um Privatisierungen, Ausgründungen oder Auslagerungen wirksam zu verhindern oder abzumildern?« a)

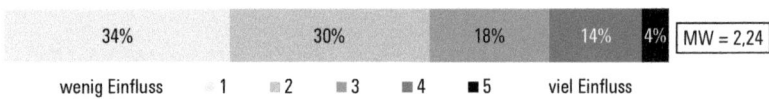

… wenn es darum geht, Re-Kommunalisierungen herbeizuführen?« b)

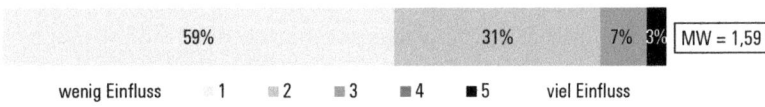

Zum Vergleich: »Wie viel Einfluss hat der Personalrat im Großen und Ganzen auf die Entscheidungen des Arbeitgebers?« c)

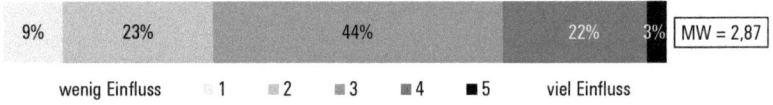

Anmerkungen: a) n = 50 (Fragebogenfilter: falls es in den letzten fünf Jahren Privatisierungen etc. gab); b) n = 29 (Fragebogenfilter: falls es in den letzten fünf Jahren relevante Rekommunalisierungen gab); c) n = 555; Ausprägungen 2–4 nicht verbalisiert
Quelle: eigene Erhebung und Darstellung

Das aktuelle Modernisierungsthema der Verwaltungen lautet Digitalisierung, auch wenn die Personalräte oftmals beklagen, dass der Prozess nur langsam vorankomme. Eine Personalratsvorsitzende, beim Thema IT selbst berufsfachlich vorgebildet, beschreibt den Umgang der Kommune damit folgendermaßen:

»Und wir haben bei der Stadt vor vier Jahren beschlossen: Wir machen jetzt Digitalisierung. Und dann gab es eine Arbeitsgruppe. Da fragte dann ein [Bürgermeister] in der ersten Sitzung: ›Ja, was ist eigentlich Digitalisierung?‹ Und dann

Inhalte der Personalratsarbeit

sagte der Oberbürgermeister – das ist echt Slapstick: ›Ich googel das mal bis zum nächsten Mal.‹« (PRV SH 1.1)

Dieser Personalrat versuchte, wie gelegentlich auch andere, sich dafür einzusetzen, den Prozess der Digitalisierung hinreichend professionell anzugehen; doch noch immer ist die Vorstellung, die erfolgreiche Leitung einer öffentlichen Verwaltung beweise sich primär darin, sparsam zu sein, nicht überwunden. Die Personalratsvorsitzende fährt fort:

»Halleluja, das ist ja super! Und ich saß eigentlich in dieser Arbeitsgruppe, weil ich vertreten wollte: Wenn wir da vorankommen wollen, müssen wir das auch richtig mit Personal hinterlegen. So, und wir haben dann zwei Jahre später einen Digitalisierungsmanager eingestellt, befristet für zwei Jahre.« (PRV SH 1.1)

Anzumerken bleibt, dass es sich in diesem Fall keineswegs um eine außergewöhnlich hoch verschuldete Kommune handelt.

Nun ist der in der öffentlichen Verwaltung schleppende Prozess der Digitalisierung, der landläufig oft einem Mangel an Kompetenz oder Initiative zugeschrieben wird, in aller Munde und insofern nicht neu, allerdings wurde in den Interviews ein weiterer Grund deutlich: Zwar hält sich auch die Kompetenz mitunter in Grenzen, aber es zeigt sich, dass das eigentliche Problem im Fehlen einschlägiger personeller Kapazitäten besteht. Personalräten kann somit im Prozess der Digitalisierung auch dann eine wichtige Rolle zukommen, wenn sie selbst keine besonderen fachlichen Kompetenzen mitbringen, nämlich indem sie sich für eine ausreichende Personalausstattung einsetzen.

In der jüngeren Vergangenheit hat das Bemühen um weitergehende Digitalisierung in vielen Kommunen – anderen Bereichen nicht unähnlich – insofern einen Schub erhalten, als sich digitale Hilfsmittel in einem Regime von Abstandsregeln und Homeoffice als vorteilhaft erwiesen haben. Auch Personalräte, die sich bisher nicht um das Thema gekümmert hatten, mussten sich jetzt damit auseinandersetzen. Diese Erfahrung und die erfolgten Digitalisierungsschritte können nicht rückgängig gemacht werden.

Die Thematik der Digitalisierung droht jedoch etliche Personalräte zu überfordern, insbesondere wenn nicht auch IT-Fachleute im Personalrat vertreten sind. Außerdem werden die Chancen, Einfluss auf Digitalisierungsprozesse zu nehmen, als gering erachtet, wenn einzelne Kommunen weitgehend fertige Software übernehmen, etwa weil diese in Einrichtungen der interkommunalen Zusammenarbeit entwickelt und IT-Dienstleistungen dort konzentriert wurden. Organisational hat die Digitalisierung aus der Sicht vieler Personalräte bisher eher zu graduellen Veränderungen geführt und wird von manchen, soweit die Personalratsarbeit am Beschäftigtenschutz orientiert ist, primär als Problem des Datenschutzes behandelt. Mitgestaltung bei der Digitalisierung gilt für 25 Prozent der Personalräte als »besonders wichtig« und rangiert damit unter den Themen, die sie als Ziele angeben, nur knapp vor dem Datenschutz (siehe Tabelle 14).

Tabelle 14: Ziele der Personalratsarbeit

»Wie wichtig sind für den Personalrat folgende Ziele?«	besonders wichtig	wichtig	weniger wichtig
besseres Führungsverhalten	78 %	21 %	1 %
gute Arbeitsbedingungen und Arbeitsschutz	75 %	24 %	1 %
Leistungsgerechtigkeit bei der Bezahlung	67 %	27 %	6 %
familienfreundliche Arbeitszeitregelungen	64 %	35 %	2 %
Begrenzung des Leistungsdrucks und Abbau von Überlastung	64 %	29 %	2 %
strategische Personalplanung, Personalaufbau, Qualifizierung	63 %	35 %	3 %
Gesundheitsförderung	48 %	50 %	3 %
Beteiligung der Beschäftigten an möglichst vielen Entscheidungen	35 %	57 %	8 %
Mitgestaltung bei Digitalisierung	25 %	55 %	20 %
verbesserte Aufgaben- und Prozesssteuerung, neue Arbeitsmethoden	22 %	61 %	17 %
Datenschutz	22 %	56 %	23 %
Verwaltungsmodernisierung	21 %	63 %	16 %
Frauenförderung, Gleichstellung	20 %	63 %	17 %
gute Dienstleistungsqualität, Kunden- und Bürgerorientierung	12 %	62 %	25 %

Anmerkungen: n = 577; sortiert nach Häufigkeit von »besonders wichtig«
Quelle: eigene Erhebung

Inhalte der Personalratsarbeit

Personalräte halten andere Ziele für wichtiger. An der Spitze befinden sich »besseres Führungsverhalten« sowie »gute Arbeitsbedingungen und Arbeitsschutz«, die jeweils rund drei Viertel der Personalräte als besonders wichtig ansehen, also geradezu »zeitlose« Themen für Beschäftigtenvertretungen. Gute Arbeitsbedingungen und Arbeitsschutz sind aber auch Themen, die in der Pandemiezeit angesichts von Hygieneregeln und Homeoffice zusätzliche Bedeutung erhielten. In gewisser Weise dürften Homeoffice und die Zunahme von »Remote Work« auch die Schwachstellen mancher Führungskräfte aufgedeckt haben, als es darum ging, ihre Aufgaben unter diesen neuen Bedingungen wahrzunehmen.

Jeweils rund zwei Drittel der Personalräte halten »Leistungsgerechtigkeit bei der Bezahlung«, »familienfreundliche Arbeitszeitregelungen«, »Begrenzung des Leistungsdrucks und Abbau von Überlastung« sowie »strategische Personalplanung, Personalaufbau, Qualifizierung« für besonders wichtig.

In den Interviews wurde deutlich, dass es bei den Stichworten »Arbeitsbedingungen und Arbeitsschutz«, »Begrenzung von Leistungsdruck« und »strategische Personalplanung« im Kern zu einem erheblichen Maß um dieselbe Thematik geht, nämlich um den Schutz vor den belastenden Folgen von demografischem Wandel und Personalmangel.

Strategische Personalplanung wird in den Augen vieler Personalräte primär als Instrument verstanden, um Personalaufbau zu betreiben und die Lücken aufzufüllen, die die Austeritätspolitik der Vergangenheit gerissen hat. Diese Lücken führen jetzt im Kontext der demografischen Entwicklung dazu, dass die Belastungen und Leistungsanforderungen, die schon seit Jahren zunehmen, weiter ansteigen – auch wenn bei der Zunahme der Leistungsanforderungen keine Eskalation im Vergleich zu Daten erkennbar ist, die 2011 erhoben wurden (Schmidt/Müller 2013, Tab. 3.3; siehe Abbildung 3). Die nach der Finanzmarktkrise zumindest vorsichtige Abkehr von Austerität und Personalabbau dürfte hier mildernd wirken.

Irgendwann stoßen zusätzliche Leistungsanforderungen allerdings an Grenzen – immerhin hatten die Anforderungen bereits 2011 stark zugenommen. Von abnehmenden Anforderungen ist noch immer nur in Ausnahmefällen die Rede. Zumindest bis zu einem gewissen Maße setzen demografischer Wandel und Personalmangel die Effekte der Sparpolitik auf die Leistungsanforderungen fort. Im Hinblick auf die Durchsetzungschancen von Personalräten unterscheiden sich die beiden Einflusskonstellationen jedoch.

Abbildung 3: Veränderung der Leistungsanforderungen

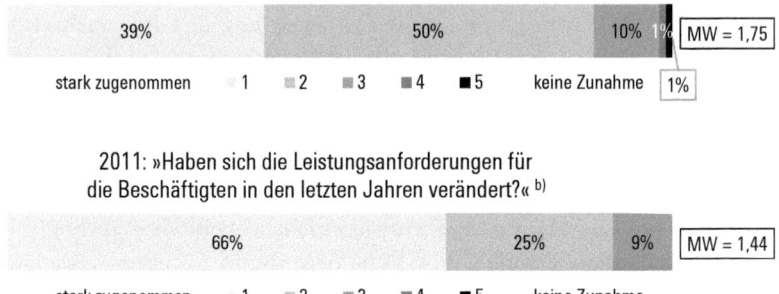

Anmerkungen: a) n = 620; b) n = 585 (auch hier nur Kommunen ab 10.000 Einwohnerinnen und Einwohnern); Ausprägungen 2–4 nicht verbalisiert
Quelle: eigene Erhebungen und eigene Darstellung

Allerdings ist der Umgang der Personalräte mit der Thematik von Belastungen und steigenden Leistungsanforderungen durchaus unterschiedlich. Zwar beklagen viele der interviewten Personalratsmitglieder, dass es nicht zuletzt im Kontext des Personalmangels zu starken Belastungen komme, und fordern Verbesserungen, die Vorgehensweise bleibt aber gleichwohl oftmals eher defensiv. In manchen Fällen wird dagegen anzugehen versucht, etwa indem der Personalrat Beschäftigten empfiehlt, das Problem mittels Überlastungsanzeigen deutlich zu machen:

»Und man muss der Politik die Konsequenzen aufzeigen, wenn man eben bestimmte Sachen nicht macht. Also das ist auch unsere Herangehensweise jetzt zum Umgang mit Überlastungsanzeigen. Also Mitarbeiter zeigen ja nur an, dass sie bestimmte gesetzliche Aufgaben nicht erfüllen können. Das ist ja eigentlich so die Grundlage für eine Überlastungsanzeige. Und dann muss entweder der Verwaltungsvorstand entscheiden: ›Wir machen bestimmte Sachen nicht‹, oder der Verwaltungsvorstand sagt: ›Ja, das können wir nicht verantworten‹, und gibt es in die Politik. Und dann muss die Politik entscheiden und die Konsequenzen dann auch mit verantworten.« (PRV SH 1.1)

Inhalte der Personalratsarbeit

Wenn die Verwaltung nicht adäquat reagiert, sind manche Personalräte auch bereit, sich unmittelbar an die politischen Entscheidungsträgerinnen und -träger zu wenden. Insbesondere wenn es um gesetzliche Vorgaben geht, etwa um den Brandschutz, lässt sich auf diesem Wege durchaus einiges erreichen. Viele der interviewten Personalratsmitglieder halten eine solche Vorgehensweise allerdings für zu konfliktorientiert und erhoffen sich von einer kooperativen Herangehensweise und überzeugenden Argumenten größere Effekte – die gleichwohl oftmals ausbleiben.

Beim vielfach konstatierten Fach- und Arbeitskräftemangel wäre es arbeitsmarkttheoretisch naheliegend, höhere Verdienste anzubieten, um neues Personal zu rekrutieren. Als Arbeitgeber tun sich viele Kommunen aus Gründen der Sparsamkeit damit schwer, außerdem sind Eingruppierungsregeln im öffentlichen Dienst verpflichtend und markieren neben einer Untergrenze auch eine Obergrenze der Verdienste, die ebenfalls einzuhalten ist.

Offiziell gibt es nach dem Grundsatz der Tarifautomatik keinen Spielraum bei der Eingruppierung. Allerdings konnte gezeigt werden, dass in der Vergangenheit – das Einvernehmen der Beteiligten vor Ort vorausgesetzt – durchaus merkliche, durch variierende Stellenbeschreibungen legitimierte Abweichungen vorkamen (Schmidt/Müller/Trittel 2011, S. 208 ff.). Bei der Einstufung von Beschäftigten dagegen bestehen auch offiziell Spielräume bei der Anerkennung von Erfahrungszeiten, allerdings geht es dabei um eher geringere Beträge und temporäre Vorteile.

In Interviews weisen Personalratsmitglieder mitunter darauf hin, dass die Bereitschaft zur großzügigen Eingruppierung auf Arbeitgeberseite insbesondere bei der Besetzung höherer Positionen ausgeprägt sei. Nicht selten sind es die Personalräte, die sich Strategien der Personalrekrutierung mittels erhöhter Eingruppierung verweigern, da sie sich der Gerechtigkeit gegenüber den bereits Beschäftigten und den tarifvertraglichen Regeln verpflichtet sehen.

Wenn Arbeitgeber zu Großzügigkeit bei der Einstufung oder bei Stellenbeschreibung und Eingruppierung neigen, geraten solche Personalräte in Konflikt mit ihren Prinzipien und lehnen Verbesserungen für einzelne Beschäftigte, Bewerberinnen oder Bewerber ab.

Nur wenige Personalräte sehen im Personalmangel Ansatzpunkte für eine Höhergruppierungsstrategie. Wie Tabelle 15 zeigt, steht für 41 Prozent der Personalräte die Gerechtigkeit gegenüber Kolleginnen und Kollegen

Kapitel 4

im Zentrum ihrer Eingruppierungspolitik *(Gerechtigkeitsprinzip)*. 26 Prozent lehnen Verstöße gegen tarifvertragliche Eingruppierungsbestimmungen generell ab, unabhängig davon, wem die Abweichung zugutekommen würde *(Regelloyalität)*. 18 Prozent der Personalräte versuchen nach eigenen Angaben immer, möglichst hohe Eingruppierungen und/oder Einstufungen zu erreichen, um später auch die anderen Kolleginnen und Kollegen nach oben anzugleichen *(Strategie sukzessiver Aufwertung)*.

Tabelle 15: Umgang von Personalräten mit Fragen der Eingruppierung und Einstufung

»Wie stehen Sie als Personalrat bei Eingruppierungen und Einstufungen zu folgenden Punkten?«	
Wichtig ist die Gerechtigkeit gegenüber den anderen Kolleginnen und Kollegen, deshalb versuchen wir nicht immer, möglichst hohe Eingruppierungen und/oder Einstufungen vorzunehmen	41 %
Eingruppierungen und Einstufungen sind ohne jede Abweichung exakt nach Tarifvertrag vorzunehmen	26 %
Wir versuchen immer, möglichst hohe Eingruppierungen und/oder Einstufungen zu erreichen, später können dann auch die anderen Kolleginnen und Kollegen nach oben angeglichen werden	18 %
Keine der Aussagen ist zutreffend	15 %

Anmerkungen: n = 569; sortiert nach Häufigkeit der Nennung
Quelle: eigene Erhebung

Die Umgangsweise mit Fragen der Eingruppierung und Einstufung, mit denen viele Personalräte regelmäßig betraut sind, gibt einen Hinweis darauf, dass die drei Aspekte Gleichbehandlung, Regelloyalität und Vertretung kollektiver materieller Interessen von zentraler Relevanz für die Arbeit von Personalräten sind. Gerechtigkeit und Regelloyalität lassen sich partiell vereinbaren, doch letztlich können alle drei Punkte in Widerspruch zueinander geraten. Manche Personalräte fokussieren deshalb nur auf einen dieser Punkte.

Die Kritik an der Qualität des Führungsverhaltens, die dem prioritären Ziel der Personalräte nach besserem Führungsverhalten zugrunde liegt (s. o. Tabelle 14), ist im öffentlichen Dienst nicht neu und war eines der Motive der kommunalen Arbeitgeberverbände, sich für die Einführung leistungsorientierter Bezahlung (LOB) im öffentlichen Dienst einzusetzen.

Führung sollte als wichtige Aufgabe verstanden und durchgesetzt werden (Litschen 2007, S. 87), unter anderem durch die stärkere Etablierung des Mitarbeitergesprächs, das bis dahin nur äußerst selten stattfand. Die Häufigkeit der Mitarbeitergespräche hat mit der LOB-Einführung deutlich zugenommen (Schmidt/Müller 2013, Tab. 3.10); die ansonsten erhofften oder befürchteten Effekte blieben hingegen weitgehend aus.

Die Tatsache, dass nahezu vier Fünftel der befragten Personalräte auch noch im Jahr 2022 die Verbesserung des Führungsverhaltens als besonders wichtiges Ziel betrachten, spricht allerdings dafür, dass zumindest aus deren Sicht die Qualität des Führungsverhaltens noch immer alles andere als zufriedenstellend ist. Dies ist zum Teil auch darauf zurückzuführen, dass LOB nur selten mit dem Instrument der Zielvereinbarung verknüpft und oft als willküranfällige persönliche Beurteilung oder lediglich pro forma umgesetzt wurde (Schmidt/Müller 2013).

In den Interviews, die im Rahmen des aktuellen Projektes geführt wurden, bestätigten sich die vor über einem Jahrzehnt systematisch erhobenen Schwächen der LOB (Schmidt/Müller 2013) zumindest gelegentlich in Form anekdotischer Evidenz, auch wenn die einstmalige Empörung vieler Personalräte nachgelassen hat. Ein Grund dafür dürfte mancherorts sein, dass der neue Paragraph 18a des Tarifvertrags für den öffentlichen Dienst (TVöD-VKA) seit September 2020 auch »alternative Entgeltanreiz-Systeme« etwa zur Verbesserung der Arbeitsplatzattraktivität, der Gesundheitsförderung oder der Nachhaltigkeit zulässt, z. B. Zuschüsse für Fahrtkosten, Kita oder Fitnessstudios.

Allerdings muss bedacht werden, dass die Auseinandersetzung der Personalräte mit der Thematik des Führungsverhaltens insofern selektiv ist, als sie meist dann mit Führungsfragen konfrontiert werden, wenn Beschäftigte unzufrieden mit ihren Vorgesetzten sind und sich an den Personalrat wenden. Die Folge sind jedoch oft nicht Konflikte mit der Dienststelle, sondern mehr oder weniger erfolgreiche Vermittlungsversuche zwischen Vorgesetzten auf der einen und Mitarbeiterinnen bzw. Mitarbeitern auf der anderen Seite.

Mitunter wird in Interviews – sowie im offenen Kommentarfeld des Fragebogens – auch betont, dass Beschäftigten bisweilen auch erklärt werden müsse, dass lediglich subjektiv wahrgenommene Ungerechtigkeit nicht zum Maßstab des Handelns der Personalvertretung werden könne.

4.2 Dienstvereinbarungen

Einen zweiten Zugang, um Themen der Personalratsarbeit zu erfassen, suchten wir über die Frage nach den Dienstvereinbarungen, die in der Kommune bestehen. Um Vergleichbarkeit herzustellen, lehnten wir unsere Liste der Themen an die Liste der WSI-Personalrätebefragung 2007 an (Infas 2007).

Mit 93 Prozent gaben nahezu alle Personalräte an, dass Dienstvereinbarungen zu Arbeitszeitthemen bestehen; diese sind demnach etwas häufiger, als es die WSI-Erhebung ermittelt hatte (siehe Tabelle 16). Da in vielen Kommunen Vereinbarungen zur Umsetzung des »Covid-19-Tarifvertrags« zur Kurzarbeit getroffen wurden, darf diese Zunahme nicht überraschen.

Tabelle 16: Themen bestehender Dienstvereinbarungen

»Gibt es bei Ihnen zu nachfolgenden Themen Dienstvereinbarungen?«	2022 [a]	WSI 2007 [b]
Arbeitszeit (Einteilung Wochenarbeitszeit, Zeitkonten, Mehrarbeit)	93 %	88 %
leistungsbezogene Entgeltbestandteile, etwa LOB (§ 18 TVöD)	82 %	
zu Leistungsregelungen wie z. B. Zielvereinbarungen		23 %
Homeoffice, Telearbeit	73 %	—
betriebliches Eingliederungsmanagement (BEM)	55 %	—
Telefon- und Internetnutzung	53 %	62 %
Alkohol- und Suchtgefahren	40 %	37 %
Arbeitsschutz, Gesundheitsförderung	35 %	46 %
Mitarbeitergespräche	26 %	
zu Mitarbeiter-Vorgesetzten-Gesprächen u. Ä.		30 %
Altersteilzeit, Vorruhestandsregelungen	21 %	41 %
Digitalisierung	19 %	—
Beurteilung	17 %	35 %
Frauenförderung, Gleichstellung	16 %	37 %
Fort- und Weiterbildung, etwa nach § 5 TVöD	15 %	
Fort- und Weiterbildung		30 %
Mobbing	15 %	17 %
Arbeitsorganisation	14 %	48 %

»Gibt es bei Ihnen zu nachfolgenden Themen Dienstvereinbarungen?«	2022 [a]	WSI 2007 [b]
Familienfreundlichkeit, Vereinbarkeit Familie–Beruf	12 %	12 %
Ausbildung	11 %	24 %
strategische Personalplanung (Stellenplan, langfristige Bedarfsplanung)	10 %	17 %
sonstige Personalfragen (Einstellungen, Umsetzungen, Entlassungen)	10 %	28 %
Inklusion	8 %	—
Chancengleichheit, Antidiskriminierung	7 %	13 %
Einführung neuer Arbeitsmethoden	7 %	15 %
Eingruppierung, sonstige Entlohnungsfragen	6 %	22 %
Verwaltungsmodernisierung	5 %	21 %
Beschäftigungssicherung	4 %	18 %
Privatisierungen, Ausgründungen, Auslagerungen	2 %	
zu Privatisierungen, Ausgründungen und Auslagerungen von Dienststellen(teilen)		7 %
sonstige	27 %	—

Anmerkungen: a) n = 566; b) n = 589 (WSI-Erhebung 2007, nur Daten zu den Gemeinden); sortiert nach Häufigkeit der Nennung bei a)
Quellen: a) eigene Erhebung; b) Infas 2007, Tab. 148.1.1B–148.23.1B

Angesichts der Tatsache, dass die leistungsorientierte Bezahlung (LOB) erst zum 1. Januar 2007 eingeführt wurde, ist auch das häufige Vorkommen von Dienstvereinbarungen zu leistungsorientierten Entgeltbestandteilen und die deutliche Zunahme gegenüber den Ergebnissen der älteren WSI-Erhebung nicht überraschend. Die im April 2007 abgeschlossene WSI-Erhebung ergab, dass bis dahin 23 Prozent der Kommunen Dienstvereinbarungen zu leistungsbezogenen Entgeltbestandteilen abgeschlossen hatten (Brehmer 2016, S. 54). Retrospektiv wurde jedoch in unserer im Juli 2011 abgeschlossenen schriftlichen Befragung angegeben, dass im Jahr 2007 insgesamt in 66 Prozent der Kommunen erstmalig eine Dienstvereinbarung zur LOB abgeschlossen worden sei (Schmidt/Müller 2013, Tab. 2.5).

Unserer aktuellen Befragung zufolge gibt es Dienstvereinbarungen zu Homeoffice und Telearbeit in 73 Prozent der Kommunen, was zweifellos zu einem erheblichen Maß eine Folge der Corona-Pandemie ist. Einen ebenfalls hohen Stellenwert haben Dienstvereinbarungen zum betrieblichen Eingliederungsmanagement (BEM) und zur Telefon- und Internetnutzung. In den Interviews mit Personalratsmitgliedern wurde deutlich, dass aus deren Sicht der Umgang mit Corona – also flexible Arbeitseinsatz- und Arbeitszeitmodelle inklusive Homeoffice, Kurzarbeit, Hygienekonzepten etc. – der Digitalisierung vorübergehend den Rang im Ranking der drängenden Themen abgelaufen hat, obwohl gerade Digitalisierung durch die Pandemie an Bedeutung gewonnen hat.

Allerdings wurden manche Personalräte vor allem in der Frühphase der Pandemie nicht oder nur unzureichend über Maßnahmen im Rahmen der Pandemiebekämpfung informiert bzw. erst zu spät oder lediglich auf Nachfrage. Zeitdruck und die pandemiebedingte Notwendigkeit zum raschen Handeln hätten manche Führungskräfte dazu verführt, sich nicht an die ansonsten üblichen Regeln und Praktiken der Mitbestimmung und Mitwirkung zu halten.

Obwohl Personalräte oftmals keine bewusste Strategie zur Umgehung von Mitbestimmungsrechten unterstellen, vermittelte diese Praxis doch mitunter das Gefühl, dass ihre Beteiligung gerade dann nicht als relevant erachtet wird, wenn rasch und pragmatisch gehandelt werden muss und es um wichtige Entscheidungen geht. Personalräte nehmen dann so etwas wie Haarrisse ihrer sozialen Anerkennung durch die Arbeitgeberseite wahr.

Mit hinreichend Erfahrung und Selbstbewusstsein ausgestattete Personalräte waren jedoch mitunter nicht unzufrieden, wenn sie sich nicht mit allem beschäftigen mussten, denn sie befanden sich während der Pandemie nicht selten – den Führungskräften nicht unähnlich – in einer Situation der Überlastung, insbesondere wenn das Prinzip der Allzuständigkeit galt:

»Ich möchte auch nicht beteiligt werden bei achtzig Hygienekonzepten [...] jeder Fachdienst hat sein Hygienekonzept. Wir wollen beteiligt werden bei den Grundsätzen. Das muss man erst lernen, beide Seiten.« (PRV TH 2.1)

Weitere wichtige Themen von Dienstvereinbarungen sind Alkohol- und Suchtgefahren, die in unserer Erhebung von 2022 unwesentlich häufiger genannt wurden als in der WSI-Erhebung von 2007. Dienstvereinbarungen zu Arbeitsschutz und Gesundheitsförderung wurden hingegen in unserer Erhebung etwas weniger häufig genannt, was damit zusammenhängen

Inhalte der Personalratsarbeit

dürfte, dass 2022 zusätzlich noch nach dem betrieblichem Eingliederungsmanagement gefragt wurde.

Zu Mitarbeitergesprächen gibt es etwas weniger Dienstvereinbarungen als zur Zeit der WSI-Erhebung 2007 und zu Altersteilzeit und Vorruhestandsregelungen deutlich weniger – angesichts des demografischen Wandels wenig überraschend. Dienstvereinbarungen zur Digitalisierung werden von 19 Prozent der Personalräte genannt.

Jeweils zwischen 10 und 20 Prozent der Personalräte nennen Dienstvereinbarungen zu den Themen Beurteilung, Frauenförderung und Gleichstellung, Fort- und Weiterbildung, Mobbing, Arbeitsorganisation, Familienfreundlichkeit und Vereinbarkeit von Familie und Beruf, Ausbildung sowie strategische Personalplanung – wobei Dienstvereinbarungen zu all diesen Themen in der WSI-Erhebung geringfügig bis deutlich häufiger genannt wurden.

Insbesondere Dienstvereinbarungen zur Arbeitsorganisation haben deutlich abgenommen, was darauf hindeuten könnte, dass diese Thematik in erster Linie im Kontext der Verwaltungsreformen relevant war. Allerdings ist diese Entwicklung auch als Hinweis auf eine nicht gerade gestaltungsorientierte Arbeitspolitik der Personalräte zu deuten. Der Rückgang bei Dienstvereinbarungen zu Frauenförderung und Gleichstellung mag darin begründet sein, dass die Thematik primär zum Thema von Gleichstellungsbeauftragten geworden ist und grundlegende Fragen ansonsten bereits geregelt sind.

Die anderen Rückgänge sind auf Anhieb weniger plausibel. Überraschend ist auch, dass Dienstvereinbarungen zur strategischen Personalplanung trotz Personalmangels abgenommen haben. Definitiv überraschend und kontraintuitiv sind die geringe Bedeutung und der Rückgang von Dienstvereinbarungen zum Thema Chancengleichheit und Antidiskriminierung.

Nur eine geringe quantitative Bedeutung haben heute – wie zu erwarten war – Dienstvereinbarungen zur Verwaltungsmodernisierung, zur Beschäftigungssicherung und zu Privatisierungen, Ausgründungen und Auslagerungen (jeweils weniger als 5 Prozent).

Ein merklicher Rückgang ist bei Eingruppierungs- und Personalfragen im Sinne von Einstellungen, Umsetzungen und Entlassungen zu konstatieren. In puncto Eingruppierung könnten Dienstvereinbarungen zur Umsetzung der früheren Entgeltbestimmungen nach dem Inkrafttreten der neuen Entgeltordnung ebenso hinfällig geworden sein wie hausgemachte Hilfsregelungen zur Überbrückung überholter Regelungen.

4.3 Zeitbedarf und Beteiligung

Wofür verwenden die Personalräte ihre Zeit? Etwas mehr als ein Drittel der Zeit wird für die Personalratssitzungen selbst und sonstige interne Besprechungen verwendet (siehe Tabelle 17). Hier liegt der zeitliche Anteil bei Personalräten mit Freistellungen etwas niedriger, bei Personalräten ohne Freistellung etwas höher. Auf dem zweiten Platz folgt das Lesen und Prüfen von Unterlagen, wobei sicherlich die Vorbereitung auf die Sitzungen und die Besprechungen mit der Arbeitgeberseite einen zentralen Stellenwert einnehmen. Sowohl in den Sitzungen als auch bei der Vorbereitung darauf nimmt die Begleitung von Einstellungen, Umsetzungen, Einstufungen und dergleichen viel Zeit der Personalräte in Anspruch.

Tabelle 17: Tätigkeiten der Personalratsarbeit nach Zeitbedarf

»Mit Blick auf die komplette Arbeit des Personalrats: Wofür benötigt der Personalrat wie viel Zeit?«	alle Personalräte [a]	Personalräte mit Freistellungen [b]	Personalräte ohne Freistellung [c]
Personalratssitzungen und sonstige interne Besprechungen	35 %	31 %	39 %
Lesen und Prüfen von Unterlagen (z. B. für Einstellungen etc.)	20 %	21 %	20 %
Kümmern um die persönlichen Anliegen einzelner Beschäftigter	15 %	18 %	13 %
Besprechungen mit dem Arbeitgeber (Dienststellenleitung etc.)	15 %	15 %	15 %
Konflikte mit Vorgesetzten und unter Kolleg/innen schlichten	10 %	10 %	10 %
Besprechungen mit der Gewerkschaft	3 %	3 %	2 %

Anmerkungen: Es wurde um die Schätzung des zeitlichen Anteils gebeten; a) n = 560; b) n = 275 (Filter: nur mit Freistellungen); c) n = 279 (Filter: nur ohne Freistellung); sortiert nach Häufigkeit der Nennung bei a)
Quelle: eigene Erhebung

Inhalte der Personalratsarbeit

Besprechungen mit der Arbeitgeberseite liegen mit circa 15 Prozent beim Zeitaufwand gleichauf mit dem Sich-Kümmern um die persönlichen Anliegen einzelner Beschäftigter – das zwar einen nicht unerheblichen Zeitaufwand erfordert, aber bei vielen Personalräten weniger zentral ist, als wir erwartet hatten. Etwas weniger Zeit wird der Schlichtung von Konflikten mit Vorgesetzten und unter den Beschäftigten gewidmet (10 Prozent), allerdings darf hier eine inhaltliche Überschneidung mit dem Kümmern um einzelne Beschäftigte vermutet werden.

Primäre Ansprechpartner für die Beschäftigen sind im Falle von Konflikten mit den Vorgesetzten bzw. der Dienststellenleitung in Kommunen etwa in gleicher Häufigkeit der Personalrat (17 Prozent) oder die Vorgesetzten bzw. die Dienststellenleitung selbst (15 Prozent). Die meisten Personalräte geben jedoch an, dass sowohl Personalrat als auch Vorgesetzte bzw. Dienststellenleitung als Ansprechpartner für die Beschäftigten fungieren.

Manche Personalräte bedauern im Gespräch, dass es Beschäftigte gebe, die zwar dem Personalrat ihr Leid klagen, dann aber trotz Unterstützung durch den Personalrat nicht bereit seien, das Problem gegenüber Vorgesetzten anzusprechen. Ein Grund, warum nicht alle Klagen über das Verhalten von Vorgesetzten zu Lösungsaktivitäten führen, liegt jedoch auch darin, dass Personalräte Beschäftigte mitunter davon abhalten, sich zu beschweren und weiter aktiv zu werden, weil sie der Auffassung sind, dass die Kolleginnen und Kollegen im Unrecht sind oder keine Chance haben, mit ihrem Anliegen durchzudringen.

Bemerkenswert ist schließlich, dass Besprechungen mit der Gewerkschaft nur einen geringen Anteil am Zeitbedarf haben, wobei zu beachten ist, dass sich in diesem Durchschnittswert auch jene 41 Prozent der Personalräte finden, die angeben, gar keine Zeit für Gespräche mit der Gewerkschaft zu benötigen.

Der Zeitbedarf von Personalräten liegt nicht nur in ihrer eigenen Entscheidung begründet, sondern hängt auch davon ab, wo sie nach Personalvertretungsrecht beteiligt werden müssen oder sollen und wo sie real beteiligt werden. Tabelle 18 zeigt, dass die Mehrheit der Personalräte bei der Einstellung, aber auch der Entlassung von Arbeitnehmerinnen und -nehmern sowie Beamtinnen und Beamten und bei der Eingruppierung von Arbeitnehmerinnen und -nehmern immer mitentscheidet, bei deren Einstufung knapp die Hälfte.

Kapitel 4

Tabelle 18: Beteiligung des Personalrats an Entscheidungen

»Inwiefern ist der Personalrat bei nachfolgend genannten Entscheidungen beteiligt?«	Personalrat wird ...			Personalrat entscheidet ...		unzutreffend, gibt es nicht
	nicht beteiligt	lediglich informiert	beratend tätig	oftmals mit	immer mit	
Einstellungen von Arbeitnehmer/innen	0,2 %	2 %	10 %	12 %	77 %	0,2 %
Fort- und Weiterbildung für einzelne Mitarbeiter/innen	54 %	17 %	8 %	11 %	9 %	2 %
Vorbereitung von Verwaltungsanordnungen für innerdienstliche soziale und persönliche Angelegenheiten der Beschäftigten	11 %	16 %	19 %	23 %	30 %	1 %
Umgang mit Beschwerden von Beschäftigten	19 %	11 %	31 %	24 %	13 %	3 %
Einstellungen von Beamt/innen	3 %	4 %	8 %	10 %	66 %	9 %
Entlassungen von Arbeitnehmer/innen	1 %	9 %	9 %	11 %	68 %	2 %
Eingruppierung von Arbeitnehmer/innen	2 %	14 %	7 %	13 %	63 %	1 %
Einstufung von Arbeitnehmer/innen	8 %	18 %	10 %	16 %	47 %	1 %
Leistungsbewertungen bei einzelnen Mitarbeiter/innen (LOB)	40 %	20 %	13 %	4 %	9 %	14 %
Beurteilung einzelner Beamt/innen	54 %	16 %	6 %	2 %	3 %	19 %
Erlass von Disziplinarverfügungen	19 %	20 %	8 %	7 %	21 %	24 %
Gestaltung der Arbeitsplätze	23 %	14 %	25 %	21 %	15 %	2 %
Beförderung, Übertragung anderer Tätigkeiten von Beamt/innen	10 %	15 %	3 %	13 %	45 %	13 %
Einführung grundlegend neuer Arbeitsmethoden	11 %	15 %	11 %	22 %	36 %	6 %
Maßnahmen der Digitalisierung	16 %	20 %	15 %	23 %	24 %	2 %

Inhalte der Personalratsarbeit

Regeln über Arbeitszeit, Urlaub und Mehrarbeit	5%	6%	10%	18%	50%	1%
Einzelentscheidungen über Mehrarbeit	32%	15%	4%	16%	26%	7%
Durchführung der Berufsausbildung bei Arbeitnehmer/innen	24%	21%	11%	11%	29%	4%
Arbeitsschutzmaßnahmen	4%	12%	24%	26%	34%	0,2%
Einführung und Anwendung von technischen Einrichtungen zur Überwachung von Verhalten und Leistung	9%	7%	3%	13%	50%	18%

Anmerkungen: Items in Anlehnung an die WSI-Erhebung (Infas 2007, 152.1.1); n = 578
Quelle: eigene Erhebung

Allerdings – darauf haben wir bereits hingewiesen – ist der Eingruppierungsprozess im öffentlichen Dienst in hohem Maße tarifvertraglich determiniert, weshalb es zumindest offiziell ausschließlich um die korrekte Einordnung in die vorgegebenen Entgeltgruppen gehen darf. Eingruppierung in diesem Sinne sollte also nicht mit *free collective bargaining* verwechselt werden.

Entlassungen fallen im öffentlichen Dienst generell und insbesondere vor dem Hintergrund der derzeitigen Personalsituation weniger ins Gewicht als Einstellungen und Eingruppierungsfragen. Immerhin die Hälfte der Personalräte entscheidet auch über Regeln zu Arbeitszeit, Urlaub und Mehrarbeit immer mit. Auch hinsichtlich der Beförderung und Übertragung anderer Tätigkeiten bei Beamtinnen und Beamten sowie der Einführung und Anwendung von technischen Einrichtungen zur Verhaltens- und Leistungsüberwachung entscheidet knapp die Hälfte der Personalräte immer mit.

Eine vollständige Verwirklichung aller Mitbestimmungsrechte zeigt sich in diesen Angaben jedoch nicht, was nicht immer nur am Arbeitgeber liegen muss. Manche Personalräte wollen sich auf wesentliche Punkte konzentrieren und verzichten deshalb faktisch – immer oder gelegentlich – auf Mitbestimmungsmöglichkeiten, etwa indem Fristen ignoriert werden. Andere setzen – bei manchen Fragen oder generell – primär auf Vertrauen und hoffen, dadurch ihre Ziele ebenfalls oder letztlich besser zu erreichen.

Verzichten Personalräte allerdings regelmäßig auf die Wahrnehmung ihnen zustehender Mitwirkungs- und Mitbestimmungsrechte, dann riskieren sie nicht nur einen Verlust an Anerkennung und eine negative Reaktion der Beschäftigten bei der nächsten Personalratswahl, z. B. das Aufkommen oppositioneller Listen; auch Kritik bei einer Prüfung durch den Rechnungshof ist möglich, wie aus einer Stadtverwaltung berichtet wurde:

»Aber ich habe das tatsächlich erlebt, [...] im ersten oder zweiten Jahr, als ich Personalratsvorsitzende war, kam der Landesrechnungshof und hat unsere Organisations- und Personalabteilung überprüft. [...] die eine Kollegin aus dem Landesrechnungshof hatte dann auch ein Gespräch mit mir: ›Wie geht das bei euch und wie wird der Personalrat hier eingebunden?‹ Und die hat da tatsächlich gesessen und hat gesagt: ›Wie können Sie als Personalrat zulassen, dass die Dienstvereinbarungen auf einem so schäbigen Stand hier sind?‹ Also es gibt dann durchaus auch Kontrollgremien, die tatsächlich Personalräte ansprechen. Deshalb kann man sich da eigentlich nicht drauf ausruhen, wenn es nicht als Vorschrift drinsteht, sondern sagen: Auch wir sind dadurch mitverantwortlich, dass in der Dienststelle etwas passiert. Das hat mich sehr überrascht, dass die das tatsächlich so klar und deutlich formuliert haben.« (PRV SH 4.1)

Nun mag es sich hier um eine Ausnahme handeln, gleichwohl wird daran zweierlei deutlich:

- Ein Personalrat wird zumindest bis zu einem gewissen Grad als verantwortliche Stelle innerhalb der Verwaltung verstanden, die nicht nur über mehr oder weniger umfangreiche Rechte verfügt, sondern auch über Pflichten, um zur Funktionsfähigkeit der Verwaltung beizutragen. Die gesetzlich institutionalisierten Regeln der Personalratsarbeit tragen somit sowohl einen ermöglichenden als auch einen verpflichtenden Charakter, sie sind zugleich institutionelle Machtressource und Kanalisierung der potenziell nutzbaren Macht.
- Ein Personalrat steht der Verwaltung weniger antagonistisch gegenüber, als dies bei Betriebsräten – bei allen auch dort geltenden Einschränkungen – der Fall ist. Dies schließt nicht aus, dass es Dienststellenleitungen gibt, die sich wenig um den Personalrat scheren – gelegentliche, manchmal auch ausgeprägte Konflikte kommen durchaus vor –, doch die verwaltungsimmanente Funktion muss als ein grundsätzliches Charakteristikum von Personalräten verstanden werden. Potenzielle Machtressourcen, etwa Personalengpässe, werden von manchen Personalräten nicht genutzt, da ihnen die Prinzipien der Gleichbehandlung und der Regeltreue als wichtiger gelten.

5 Arbeitsweise und Interaktion im Personalrat

5.1 Zusammenarbeit und Teambildung

Im Mittelpunkt der internen Interaktion eines Personalrats steht in der Regel die Personalratssitzung. Alle Personalratsmitglieder, mit denen wir gesprochen haben, halten regelmäßig Gremiensitzungen ab. Teilweise nehmen auch die Ersatzmitglieder daran teil, zumal wenn sie für reguläre Personalräte einspringen und etwa an Einstellungsgesprächen teilnehmen, was zumindest gelegentlich, mitunter auch öfter vorkommt.

Die standardisierte Befragung bestätigt den Eindruck aus den Interviews. Viele Personalräte treffen sich vierzehntäglich (48 Prozent) oder sogar wöchentlich (15 Prozent), 33 Prozent der Personalräte tagen einmal im Monat und weniger als 5 Prozent seltener.[1] Die Dauer der meisten Personalratssitzungen beträgt gewöhnlich ein bis zwei Stunden (63 Prozent), nur bei wenigen sind die Sitzungen in der Regel kürzer (8 Prozent). Immerhin 30 Prozent geben an, dass die Sitzungen gewöhnlich drei oder mehr Stunden in Anspruch nehmen.

Die teilnehmende Beobachtung des Projektteams bei einer Online-Personalratssitzung für »Gäste« – aus Gründen der Schweigepflicht wurden dabei keine Namen genannt – zeigte erstens, dass manche Personalräte eine ausgesprochen lange Liste an Tagesordnungspunkten abzuarbeiten haben, etwa zu Einstellungs- und Eingruppierungsfragen, aber auch zu anderen Themen.

Zweitens wurde bei dieser Sitzung auch eine hochprofessionelle Bearbeitung sichtbar, die trotz einiger kritischer Nachfragen aus den Reihen

---

[1] | Laut WSI-Erhebung 2007 (inkl. Kommunen mit weniger als 10.000 Einwohnerinnen und Einwohnern) tagen die Personalräte der Gemeinden seltener (32 Prozent zweiwöchentlich, 11 Prozent dreimal oder häufiger im Monat, 48 Prozent monatlich und 10 Prozent seltener; Infas 2007, Tab. 58.1 B).

der Personalratsmitglieder eine zügige Behandlung der anstehenden Punkte erlaubte. Zwar nehmen wir vor dem Hintergrund unserer Interviews an, dass dieser gewerkschaftlich gut organisierte Personalrat einer Kreisverwaltung keineswegs der einzige ist, der durch hohe Professionalität besticht, aber verallgemeinerungsfähig ist dieser Fall kaum.

Danach gefragt, ob es im Personalrat eine feste Arbeitsteilung gibt, geben immerhin 42 Prozent der befragten Personalräte an, dass eine solche nicht besteht. In Personalräten mit Freistellungen ist dieser Anteil nur wenig geringer als in Personalräten ohne Freistellung. Sofern eine Arbeitsteilung existiert, erfolgt sie vorwiegend thematisch (47 Prozent). Nur in etwa einem Fünftel der Personalräte gibt es eine Arbeitsteilung nach Tätigkeitsbereichen, Ämtern oder dergleichen und nur ein Zehntel der Personalräte teilt die Arbeit nach Beamten- und Arbeitnehmerangelegenheiten auf.

Bei der zuletzt genannten Form der Arbeitsteilung unterscheiden sich die Angaben aus Personalräten mit und ohne Freistellung allerdings deutlicher als bei den anderen. Immerhin 16 Prozent der Personalräte mit und nur 3 Prozent der Personalräte ohne Freistellung geben an, dass eine solche Arbeitsteilung existiert. Dieser Unterschied ist jedoch nicht allein auf die Freistellungen zurückzuführen, sondern auch auf die Dienststellengröße. Während lediglich 4 Prozent der Personalräte in Kommunen mit 10.000 bis 20.000 Einwohnerinnen und Einwohnern angeben, dass im Personalrat eine Arbeitsteilung nach Beamten- und Angestelltenangelegenheiten erfolgt, sind dies in Kommunen mit mehr als 50.000 Einwohnerinnen und Einwohnern 27 Prozent.

Gibt es in einer Verwaltung nur wenige Beamtinnen und Beamte und auch nur eine geringe Zahl an Personalratsmitgliedern, ist eine solche Arbeitsteilung schlicht wenig sinnvoll. Doch selbst in großen Kommunalverwaltungen ist diese Variante der Arbeitsteilung vergleichsweise selten. Manche Personalräte verzichten auch ganz bewusst darauf, um entsprechende Fraktionierungen gar nicht erst aufkommen zu lassen.

Mitunter wird auch generell auf eine feste Arbeitsteilung verzichtet, um der Entstehung von Spezialinteressen vorzubeugen, oder die Arbeitsteilung wird so organisiert, dass Personalratsmitglieder gerade nicht für die Bereiche zuständig sind, in denen sie selbst beruflich tätig sind. Diese Vorgehensweise wird in aller Regel zwar für die Teambildung förderlich, aber mitunter der Beziehung zu den Beschäftigten abträglich sein, da sie deren Erwartungshaltung widerspricht und möglicherweise auch weniger effizient ist, als wenn der Zuständigkeitsbereich der Personalratsmitglieder ihrem beruflichen Tätigkeitsbereich entspricht.

Als gewähltes Gremium ist ein Personalrat zunächst nicht zwingend eine homogene Gruppe. Er setzt sich aus Mitgliedern zusammen, die in verschiedenen Tätigkeitsfeldern und Berufen arbeiten und mit ihrem Engagement durchaus unterschiedliche Interessen und Anliegen verbinden können, etwa weil sie den unterschiedlichen Statusgruppen der Angestellten bzw. Tarifbeschäftigten[2] einerseits und der Beamtinnen und Beamten andererseits angehören. Zudem sind Personalratsmitglieder Mitglied in nur einer oder in verschiedenen Gewerkschaften oder sie sind es gerade nicht.

Obwohl ein geschlossenes Auftreten gegenüber dem Arbeitgeber die Chancen zur Durchsetzung eigener Anliegen verbessert und insofern im gemeinsamen Interesse liegt, kann ein solches nicht vorausgesetzt werden. Gerade in einem gewählten Gremium mit Entscheidungskompetenz für alle Mitglieder kann die Effizienz der Arbeit durch Partikularinteressen, innere Konflikte, Spannungen und persönliche Animositäten, aber auch durch die Konkurrenz verschiedener Listen beeinträchtigt sein.

Zwar strukturieren die Personalvertretungsgesetze die Arbeit von Personalräten, indem sie bestimmte Strukturen, Entscheidungsverfahren und die Wahl eines Vorstandes und eines bzw. einer Vorsitzenden vorgeben, die einen Personalrat auch dann handlungs- und entscheidungsfähig machen, wenn es zu internen Differenzen kommt. Gleichwohl darf eine fruchtbare und kooperative Zusammenarbeit nicht immer und überall erwartet werden.

Getrennte Wahlgänge für Beamtinnen und Beamten einerseits und Angestellte andererseits – auf die nur nach Beschluss der Wahlberechtigten beider Gruppen verzichtet werden kann, was in 15 Prozent der Fall ist (siehe Kapitel 3.4) – sowie die damit verbundene Gruppenrepräsentanz im Personalrat und in dessen Vorstand gewährleisten, dass Personalräte die Besonderheiten keiner der beiden Gruppen völlig ignorieren können.

Die Arbeitsbeziehungen auf sektoraler Ebene unterscheiden sich für Beamtinnen und Beamte und Tarifbeschäftigte erheblich. Während die

---

2 | Die Differenzierung zwischen Arbeiterinnen und Arbeitern einerseits und Angestellten andererseits wurde 2005 mit dem Abschluss des Tarifvertrags für den öffentlichen Dienst aufgehoben (Schmidt/Müller/Trittel 2011).

Arbeitsbeziehung von Beamtinnen und Beamten in der Tendenz unilateral sind – kein Streikrecht, keine Tarifverhandlungen, allerdings Anhörungsrechte etc. –, gibt es für die Tarifbeschäftigten ein vollständiges, relativ hoch institutionalisiertes System der Arbeitsbeziehungen mit Streikrecht und Tarifverträgen. Unterschiede zwischen dem Dienstrecht der Beamten und dem Tarifrecht der Beschäftigten, etwa unterschiedliche Bestimmungen zur Arbeitszeit und zu Leistungs- und Beurteilungsverfahren, verlangen von den Personalräten eine jeweils spezifische Beschäftigung mit beiden Gruppen.

Allerdings kann konstatiert werden, dass die Vertretung beider Belegschaftsgruppen in der gemeinsamen Institution Personalrat deren Interessenunterschiede trotz meist getrennter Wahl in der Regel nicht perpetuiert oder gar verstärkt, sondern dass diese Unterschiede meist in kooperativer Weise bearbeitet werden. Auch wenn Personalräte also aufgrund der beiden Beschäftigtengruppen und des gespaltenen dualen Systems der Interessenvertretung mit zusätzlichen Integrations- und Komplexitätsanforderungen konfrontiert sind, kann doch gesagt werden, dass das gemeinsame Gremium dazu beiträgt, Beamtinnen und Beamte sowie Tarifbeschäftigte zu integrieren.

Da der Beamtenanteil auf kommunaler Ebene relativ gering ist (s. o. Tabelle 1), dominiert in der Regel die Gruppe der Angestellten bzw. Tarifbeschäftigten. Allerdings ist die Gruppe der Beamtinnen und Beamten keineswegs immer durch klassische Verwaltungsberufe geprägt, weil ihr oft auch ein relevanter Teil der Berufsfeuerwehr angehört, sodass sich hier Status- und berufsfachliche Interessen überlagern können.

Die Rede von der »Dualität der Interessenvertretung« scheint uns im öffentlichen Dienst wegen der näherungsweisen Unilateralität der überbetrieblichen Arbeitsbeziehungen im Beamtenbereich, aber auch wegen der stärker nach Gruppen ausdifferenzierten Vertretungskonstellation weniger passend als in der Privatwirtschaft.

Hierbei ist anzumerken, dass es falsche Konnotationen hervorrufen könnte, von »unilateralen Arbeitsbeziehungen im Beamtenbereich« zu sprechen, da es hier trotz Arbeitskampfverbot nicht um Rechte von Eigentümerinnen und Eigentümern oder Managerinnen und Managern geht, die im Kern willkürlich wären, sondern um ein stark reguliertes Verhältnis, das den Beamtinnen und Beamten auch garantierte materielle Rechte und Konsultationsrechte einräumt. Allerdings ist der Staat hier nicht nur

Arbeitsweise und Interaktion im Personalrat

Gesetzgeber, er vertritt auch – anders als im Falle der Privatwirtschaft – unmittelbar seine Interessen als Arbeitgeber.

Häufig sind es weniger die unmittelbaren Unterschiede zwischen Beamtinnen und Beamten sowie Tarifbeschäftigten, die eine Integrationsherausforderung für Personalräte darstellen, sondern die getrennte gewerkschaftliche Organisationsbildung, die sich an die gespaltenen Beschäftigungssysteme anschließt. Anders als in der Industrie besteht im öffentlichen Dienst mit dem DBB eine vom DGB unabhängige separate Organisation, die sich traditionell an Beamtinnen und Beamte richtet und durch ihre Mitgliedsgewerkschaft Komba auch in manchen Personalräten auf kommunaler Ebene präsent ist.

Im Bereich der Tarifbeschäftigen dominiert hingegen ver.di, ergänzt um die GEW und Komba (s. o. Tabelle 13). Auf der sektoralen Ebene vertritt aufseiten der DGB-Gewerkschaften primär der DGB als Dachverband unmittelbar die Beamteninteressen, tritt jedoch im Beschäftigungssystem der Tarifbeschäftigten nicht als Bargaining-Akteur auf. Dort agieren die Mitgliedsgewerkschaften des DGB, bei den Kommunen in erster Linie ver.di.

In den Personalräten geraten Mitglieder verschiedener Gewerkschaften und nicht organisierte Personalratsmitglieder – sowohl als einzelne Personalratsmitglieder wie auch als Vertreterinnen und Vertreter organisierter Listen – häufiger miteinander in Konflikt als die Vertreterinnen und Vertreter der beiden Statusgruppen.

Listenkonkurrenz und die Konflikte, die latent oder manifest damit verbunden sind, bedürfen dabei nicht zwingend gewerkschaftlicher Konkurrenz; nicht selten sind es auch gewerkschaftlich ungebundene Listen, die sich zusammenfinden, etwa weil sie die Anliegen bestimmter Berufsgruppen oder der jüngeren Generation nicht ausreichend repräsentiert sehen. Oft sind verschiedene Listen – gerade wenn es um gewerkschaftlich nicht gebundene Listen geht – nicht die Ursache für Konflikte in Personalräten, sondern die Folge bereits vorausgegangener Konflikte.

In den befragten Personalräten, in denen sowohl Beamtinnen und Beamte als auch Tarifbeschäftigte vertreten sind, wird die Zusammenarbeit zwischen beiden Statusgruppen als nahezu problemlos erachtet (78 Prozent »sehr gut«, 18 Prozent gut; siehe Abbildung 4). Nicht ganz so gut, aber immer noch ausgesprochen positiv wird die Zusammenarbeit zwischen Personalratsmitgliedern aus verschiedenen Tätigkeitsbereichen bewertet (53 Prozent »sehr gut«, 38 Prozent gut).

Kapitel 5

Abbildung 4: Zusammenarbeit innerhalb des Personalrats

»Wie gut funktioniert die Zusammenarbeit …

… innerhalb des Personalrats im Großen und Ganzen?«ª⁾

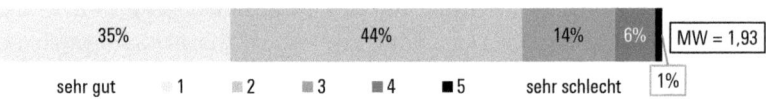

… zwischen den Vertreter/innen von Beamten und Arbeitnehmern?«ᵇ⁾

… zwischen Personalratsmitgliedern aus verschiedenen Tätigkeitsbereichen (z. B. Kernverwaltung etc.)?«ᶜ⁾

… zwischen den Mitgliedern verschiedener Listen?«ᵈ⁾

… zwischen einzelnen Mitgliedern verschiedener Gewerkschaften?«ᵉ⁾

… zwischen Freigestellten und anderen Personalratsmitgliedern?«ᶠ⁾

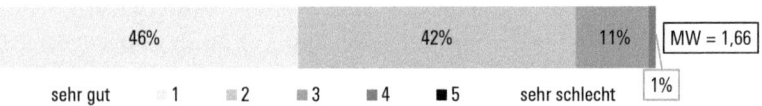

... zwischen den verschiedenen Personalratsgremien?« [9]

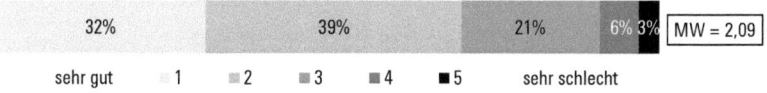

sehr gut   1   2   3   4   5   sehr schlecht

Anmerkungen: a) n = 561; b) n = 303 (Fragebogenfilter: falls Beamtinnen und Beamte im Personalrat); c) n = 556; d) n = 111 (Fragebogenfilter: falls Listenwahl); e) n = 254 (Fragebogenfilter: falls Gewerkschaftsmitglieder im Personalrat); f) n = 277 (Fragebogenfilter: nur bei Personalräten mit Freistellungen); g) n = 68 (Fragebogenfilter: nur falls mehrere Personalräte in einer Kommune); Ausprägungen 2–4 nicht verbalisiert
Quelle: eigene Erhebung und Darstellung

Auch die Zusammenarbeit zwischen Mitgliedern verschiedener Listen – freie Listen eingeschlossen – wird mit 51 Prozent »sehr gut« und 33 Prozent gut deutlich positiv bewertet, ebenso die Zusammenarbeit zwischen den Mitgliedern verschiedener Gewerkschaften (ebenfalls 51 Prozent »sehr gut«, 33 Prozent gut). Ebenfalls positiv fällt die Bewertung der Zusammenarbeit zwischen Freigestellten und anderen Personalratsmitgliedern aus (46 Prozent »sehr gut«, 42 Prozent gut) sowie innerhalb des Personalrats insgesamt (35 Prozent »sehr gut«, 44 Prozent gut).

Insgesamt kann konstatiert werden, dass es weniger strategische und gewerkschaftspolitische Fragen sind, die Personalräte entzweien, als alltägliche Unzulänglichkeiten, persönliche Schwächen und Spannungen, die aus unterschiedlichen Funktionen innerhalb des Personalrats resultieren. Freigestellte Personalratsmitglieder entwickeln mitunter andere Vorstellungen davon, wie Vertretungsarbeit zu leisten ist, als Personalräte, deren Alltag überwiegend durch ihre berufliche Tätigkeit geprägt ist. Letztere müssen Vorgesetzten nicht nur in der Rolle eines Personalratsmitglieds, sondern auch eines Mitarbeiters bzw. einer Mitarbeiterin gegenübertreten.

Latente Spannungen im Vertretungsverständnis sind auch zwischen der Rolle des bzw. der Vorsitzenden – und partiell des Vorstandes – und anderen Personalratsmitgliedern angelegt. Während insbesondere der bzw. die Vorsitzende Personalratsbeschlüsse in Gesprächen mit der Dienststellenleitung auch persönlich vertreten muss und dem Erwartungsdruck vonseiten des Arbeitgebers unmittelbar ausgesetzt ist, können Personalratsmitglieder, die das Verhalten des Personalrats vornehmlich vor ihren

Arbeitskolleginnen und -kollegen rechtfertigen müssen, stärker auf Distanz agieren. Gewisse Spannungen sind deshalb strukturell angelegt, jedoch in den meisten Personalräten nicht sehr ausgeprägt.

Bemerkenswert ist, dass die Zusammenarbeit zwischen verschiedenen Personalratsgremien – sofern solche existieren – etwas schlechter bewertet wird als die Zusammenarbeit im eigenen Gremium. Dieser Unterschied mag darin begründet liegen, dass die Zusammenarbeit zwischen verschiedenen Gremien weniger eng ist als innerhalb eines einzigen Personalrats und daher auch als weniger intensiv und gut erlebt wird. Denkbar ist allerdings auch, dass die Überzeugung, man selbst bzw. die eigene Gruppe mache es besser als andere, eine gewisse Rolle spielt – zumal die große Mehrheit der Ausfüllenden Personalratsvorsitzende sind, die sich in der Verantwortung für das eigene Gremium sehen.

Es scheint uns deshalb wenig angemessen, die unterschiedliche Beurteilung der Zusammenarbeit innerhalb des eigenen Personalrats und der Zusammenarbeit zwischen den Gremien zu betonen; vielmehr bleibt festzuhalten, dass auch Letztere positiv gesehen wird (32 Prozent »sehr gut«, 39 Prozent gut). Gleichwohl sollte nicht übersehen werden, dass die Zusammenarbeit zwischen den Personalräten keineswegs immer gut funktioniert. Mehrere mehr oder weniger kooperierende örtliche Personalräte, meist verbunden durch einen Gesamtpersonalrat, sind zwar begrenzt integrierbar, aber letztlich nicht steuer- und kontrollierbar, wenn es an einer freiwilligen Bereitschaft zur Kooperation fehlt.

Die Strategie einer ostdeutschen Kommune, nur *einen* großen örtlichen Personalrat zu bilden, bietet gewisse Vorteile, um die Beschäftigten – einschließlich Tarifbeschäftigter, Beamtinnen und Beamten und diverser Berufsgruppen – als Belegschaft zu repräsentieren und zumindest partiell als Kollektiv zu konstituieren. Im konkreten Fall des genannten Personalrats sind damit auch langjährige Erfahrung und die Herausbildung ausgeprägter Kompetenzen insbesondere der Vorsitzenden verbunden, sodass diese eine hohe Einheitlichkeit und Konzentration der Personalvertretung erfolgreich bewältigen kann.

Da auch in dieser Kommune eine differenzierte Organisationsstruktur besteht, verhandelt der umfassende Personalrat hier sogar mit mehr als einer Personalleitung. Eine solche Konstellation stellt hohe Anforderungen auch im Falle eines Generationswechsels. Die anspruchsvolle Gestaltung einer solchen Interessenvertretung eröffnet zwar ein gutes und mitunter auch attraktives Lernfeld für nachkommende Personalratsmitglieder, doch selbst bei hohem Kompetenzniveau ist das Risiko der Überforderung erheblich.

In einer der untersuchten westdeutschen Kommunen führten Prozesse der Ausgliederung und Privatisierung dazu, dass neben örtlichen Personalräten und einem Gesamtpersonalrat auch ein »Konzernpersonalbetriebsrat« geschaffen wurde, der an die Konzern-Arbeitnehmervertretung erinnert, die Killian und Schneider (1998; vgl. auch Schneider 2002a und 2002b) im »Konzern Stadt« beobachten. Diesem Gremium fehlt zwar die rechtliche Absicherung und es finden auch keine Wahlen statt, vielmehr entsenden die einzelnen Personal- bzw. Betriebsräte Vertreterinnen und Vertreter, gleichwohl stellt es einen Ort dar, an dem auch nach der Phase der Dezentralisierung und Ausgliederung noch Austausch und Zusammenhalt gepflegt werden.

Auch ohne rechtliche Anerkennung kann eine solche Kooperation der Beschäftigtenvertretungen von Relevanz sein, wenn sich andere Ansatzpunkte für ihre Anerkennung und thematische Unterstützung finden. Im genannten Fall gehören zum einen der Oberbürgermeister und der Vorsitzende des Gesamtpersonalrats und faktische Vorsitzende der informellen Gesamtbeschäftigtenvertretung der SPD an, die zudem die stärkste Ratsfraktion stellt, zum anderen hat die ideologische Hegemonie des New Public Management und insbesondere der Privatisierungsidee vor allem nach der Finanzmarkt- und Wirtschaftskrise 2007–2009 gelitten.

Ein ehemaliges Betriebsratsmitglied einer kleinen eigenständigen GmbH in städtischem Eigentum berichtet, dass es ihm und seinen Kolleginnen und Kollegen ohne Unterstützung durch den informellen »Konzernpersonalbetriebsrat« niemals gelungen wäre, nach der Ausgliederung einen funktionsfähigen Betriebsrat zu etablieren. Nach einiger Zeit wechselte er wegen der besseren Konditionen direkt zur Stadt und gehört heute einem örtlichen Personalrat an. Er ist noch immer stolz auf sein früheres Engagement als Betriebsrat und freut sich, dass demnächst auch der ausgegliederte Bereich zurück in den kommunalen Arbeitgeberverband kommen und dem Tarifvertrag für den öffentlichen Dienst unterstellt werden soll.

Solche Sonderkonstellationen mit übergreifender Interessenvertretung waren in den Kommunen, in denen wir Gespräche führten, jedoch die Ausnahme, was auch für die Kommunen insgesamt zutrifft, von denen 88 Prozent nur einen Personalrat haben (s. o. Tabelle 2).

Kapitel 5

Abbildung 5: Einschätzung der Zusammenarbeit innerhalb des Personalrats

»Welche der nachfolgenden Aussagen trifft auf Ihren Personalrat zu?«

Wir sind ein wirklich gutes Team.

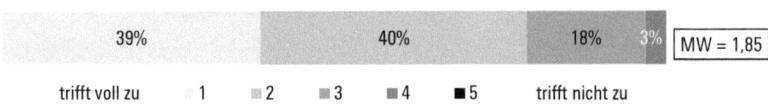

Jeder und jede kann sich gleichermaßen beteiligen, alle wirken im Rahmen ihrer Möglichkeiten mit.

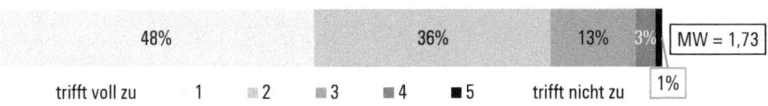

Der/die Vorsitzende prägt die Arbeit stark.

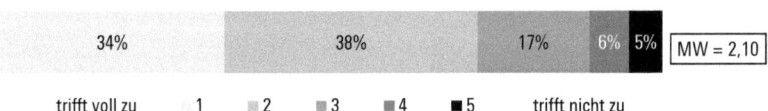

Der Einfluss des/der Vorsitzenden ist eher zu stark. a)

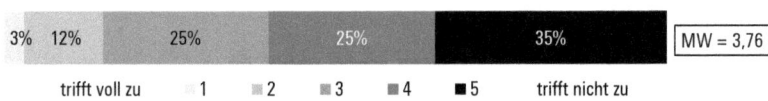

Die Arbeit wird durch interne Konflikte behindert.

Anmerkungen: n = 560; Ausprägungen 2–4 nicht verbalisiert; a) Die Angaben unterscheiden sich in Abhängigkeit davon, ob der/die Antwortende selbst Personalratsvorsitzende/r ist oder nicht, nur geringfügig.
Quelle: eigene Erhebung und Darstellung

Ein Verständnis des Personalrats nicht nur als Zweckbündnis von Individuen oder Repräsentantinnen und Repräsentanten von Gewerkschaften oder Listen, sondern auch als zusammengehörige, gemeinsam agierende Gruppe, die mitunter auch gemeinschaftliche Züge aufweist, findet sich nicht überall und ist erst recht nicht überall realisiert. Dennoch ist dieses Ziel für viele Personalräte eine Art Leitbild für die interne Zusammenarbeit – selbst dort, wo es nicht erreicht ist, schwebt es vielen Personalräten vor.

Auch in unseren Interviews berichteten viele unserer Gesprächspartnerinnen und -partner von einer insgesamt positiven Zusammenarbeit in den Personalräten und immerhin 79 Prozent der standardisiert befragten Personalräte stimmen der Formulierung »Wir sind ein wirklich gutes Team« voll oder eher zu. Nur wenige halten diese Charakterisierung für unzutreffend (siehe Abbildung 5).

Zwar ist einzuräumen, dass ein gewisser Bias ins Positive nicht auszuschließen ist, da insbesondere manche Personalratsvorsitzende ihr Selbstbild eng mit intensiver Kollegialität im Gremium verbinden, doch deuten qualitative und quantitative Befunde in dieselbe Richtung: Weil den meisten Personalräten Kollegialität und Teambildung wichtig sind, bemühen sie sich in der Regel – und in vielen Fällen erfolgreich – auch darum.

5.2 Interne Konflikte und Wandel

Das negative Gegenbild einer durch interne Konflikte behinderten Personalratsarbeit gilt nur für eine Minderheit, doch immerhin 9 Prozent geben dies als voll oder eher zutreffend an. Allerdings geben auch 66 Prozent der Befragten an, dass eine Behinderung der Arbeit durch interne Konflikte eine völlig unzutreffende Beschreibung sei.

Konflikte dauern zudem nur in seltenen Fällen über Jahre hinweg an, weil sie oft über personelle Wechsel gelöst oder entschärft werden. Nicht selten ist ein angestrebter personeller Wechsel selbst eine wichtige Ursache für einen Konflikt und die Realisierung des Wechsels dann auch die Lösung. Ein Mitglied eines Gesamtpersonalrats, bis vor kurzem Vorsitzender eines örtlichen Personalrats, berichtet:

»[Ich] bin dann in den Personalrat gewählt worden und war lange Zeit Vorsitzender eines örtlichen Personalrates gewesen [...]. Und jetzt, bei der letzten Wahl, habe ich leider keine Mehrheit mehr bekommen und habe dann gesagt: ›Okay, dann gehst du so bald wie möglich [in Rente], eigentlich, wenn das dann geht, finanziell.‹« (PR SH 3.3)

Seine ver.di-Liste konnte sich bei der letzten Personalratswahl nicht mehr durchsetzen, vielmehr errang eine freie Liste, deren Listenführerin ebenfalls ver.di-Mitglied ist, die Mehrheit der Sitze. Er selbst deutet diese Veränderung als Generationswechsel:

»Es ist so ein bisschen Generationswechsel auch gewesen. Wir haben viele Leute auch einstellen können jetzt, und ja, da sind Leute, die waren noch gar nicht auf der Welt, da war ich schon Personalratsvorsitzender. Und die waren sicherlich mal auch wechselbereit.« (PR SH 3.3)

Das sei für ihn zwar »ein Stück weit traumatisch« gewesen, doch durch den Übergang in die Rente sei es »schon okay«, denn nach 20 Jahren Freistellung konnte er sich eine Rückkehr in seinen Beruf im manuellen Bereich nicht mehr vorstellen.

Wir haben weitere Beispiele für einen konflikthaften Wechsel gefunden, bei dem nach einer langen Zeit mehr oder weniger erfolgreicher Arbeit Konflikte insbesondere zwischen dem bzw. der Vorsitzenden und Jüngeren auftreten. Diese stoßen bei den bisherigen Personalratsmitgliedern oftmals auf Unverständnis und werden dann hilfsweise als Generationenkonflikt gelabelt. Unabhängig davon, was den Dissens letztlich ausgelöst hat, tragen solche Ereignisse nahezu unvermeidlich Züge eines Generationswechsels, da die bis dahin amtierenden Vorsitzenden meist in fortgeschrittenem Alter und die Opponenten gewöhnlich jünger sind.

Eine Personalratsvorsitzende, ebenfalls engagiertes ver.di-Mitglied, berichtet davon, dass sich bei einer vorangegangenen Wahl eine zweite Liste gebildet habe, die vor allem aus einem Bereich gestützt wurde, der nur einen ausgesprochen kleinen Teil der Beschäftigten stelle:

»Es gibt eine ver.di-Liste, und es gibt eine [zweite Liste], die freie Liste, und da aus der [...] sind allein drei Leute aus einem [Tätigkeitsfeld mit wenigen Beschäftigten].« (PRV SH 1.1)

Es seien schwere, aber keineswegs zutreffende Vorwürfe geäußert worden:

»Also so dieses Typische, ich würde mit dem Oberbürgermeister Kumpel sein und solche Geschichten. Natürlich reden wir miteinander, aber ... Also, na ja, aus so einer Unzufriedenheit ist diese Liste entstanden.« (PRV SH 1.1)

Es bestanden auch faktisch unterschiedliche Vorstellungen zur Schwerpunktsetzung der Personalratsarbeit, die jedoch aufseiten der Kritikerinnen und Kritiker vor dem Hintergrund mangelnder Kenntnis der Personalratsaufgaben zu sehen seien:

»Und ich sehe das nicht als Aufgabe des Personalrates, da Konzepte für Jugendarbeit zu schreiben, zum Beispiel [...]. Also, die Erwartungen an einen Personalrat sind ja sehr hoch und dann wird auch behauptet [...], der Personalrat mache ja nichts, ohne dass die genau wissen, was wir eigentlich machen.« (PRV SH 1.1)

Auch in diesem Fall handelt es sich bei der zweiten Liste nicht um die Liste einer konkurrierenden Gewerkschaft oder eine gewerkschaftsfeindliche Liste, denn auch die Vertreterinnen und Vertreter der »freien Liste« nehmen an Treffen der ver.di-Betriebsgruppe teil, die vornehmlich aus Personalratsmitgliedern besteht.

Obwohl sich in den meisten Fällen Schwachpunkte finden lassen, die kritisiert werden können, geht es in solchen Konflikten nicht oder nur zum Teil um Defizite bei konkreten Themen oder Positionen, sondern darum, dass man sich – ob zu Recht oder zu Unrecht – nicht hinreichend beachtet und anerkannt fühlt, sei es als Beschäftigter bzw. Beschäftigte oder als Personalratsmitglied.

Dass sich alle Personalratsmitglieder beteiligen und im Rahmen ihrer Möglichkeiten bei der Personalratsarbeit mitwirken können, ist sowohl im Sinne einer effektiven Interessenvertretung als auch hinsichtlich der Respektierung des Anerkennungsbedarfs von Personalratsmitgliedern wichtig. In aller Regel hatten wir bei den untersuchten Kommunen den Eindruck, dass eine solche Beteiligung hinreichend möglich ist.

Dieser Eindruck wird auch durch die standardisierte Befragung gestützt, in der 84 Prozent angeben, dies treffe vollständig oder eher zu (s.o. Abbildung 5). Allerdings ist erneut daran zu erinnern, dass der Fragebogen zum größten Teil von Personalratsvorsitzenden ausgefüllt wurde. Auch bei den Fragen nach der Rolle des bzw. der Vorsitzenden ist der Einfluss der Perspektive des bzw. der Ausfüllenden selbstverständlich von besonderer Relevanz.

Wie wir vor dem Hintergrund der Literatur zu Betriebsräten (insbesondere Kotthoff 1994) und der Feldeindrücke aus anderen Projekten erwartet hatten, spielt der bzw. die Vorsitzende in der Regel auch in Personalräten eine zentrale Rolle. Diese Erwartung bestätigte sich in den meisten Interviews und auch die Beschreibung eines Wandels als »Sturz« der bzw. des Vorsitzenden stimmt damit überein.

72 Prozent der Befragten geben an, dass der bzw. die Vorsitzende die Arbeit des Personalrats prägt oder sogar stark prägt. Nur eine Minderheit sieht dies kritisch und gibt an, dass der Einfluss des oder der Vorsitzenden eher zu stark sei (s. o. Abbildung 5). Die Angaben der Personalräte unterscheiden sich nur geringfügig in Abhängigkeit davon, ob der oder die Antwortende selbst den Personalratsvorsitz innehat oder nicht.

In der Regel sind die Vorsitzenden die ersten Ansprechpartnerinnen und -partner der Dienststellenleitung und deshalb nicht nur besser informiert als die anderen Personalratsmitglieder. Gewöhnlich obliegt auch die Verhandlungsführung primär dem Vorsitz, weshalb dessen Einfluss im Personalratsgremium – ganz abgesehen von zudem meist bestehenden Erfahrungsunterschieden – normalerweise deutlich größer ist als der Einfluss anderer Mitglieder.

Da die Arbeitgeberseite meist nicht darauf verzichten möchte, mit den einflussreichsten Vertreterinnen und Vertretern zu sprechen, in der Regel also mit dem bzw. der Vorsitzenden, werden persönliche Erfahrungsunterschiede im Personalrat mit der Zeit eher verstärkt. Es versteht sich von selbst, dass freigestellte Personalratsmitglieder mehr Erfahrung und Sachkompetenz sammeln und einbringen können als ihre nicht freigestellten Kolleginnen und Kollegen.

Viele Personalräte bemühen sich gleichwohl aktiv darum, möglichst alle Personalratsmitglieder zu befähigen, ihre Aufgabe wahrnehmen und sich in die Arbeit und die Entscheidungsprozesse einbringen zu können. Auch um Reibungsverluste bei der Beteiligung Jüngerer zu vermeiden, genügt es nicht, nur eine hinreichende Zahl neuer Kandidatinnen und Kandidaten zu rekrutieren; begleitend muss auch die Weiterentwicklung der Personalratsarbeit selbst erfolgen, indem sowohl neue Themen als auch neue Personen und Arbeitsstile aufeinander bezogen werden.

Oft ist es unangemessen, bei internen Spannungen und Konflikten primär nach persönlichen Ursachen zu fragen und dabei die Perspektive von Beteiligten einzunehmen; allerdings ist zu fragen, ob und ggf. welche

Vorkehrungen gegen solche Problemkonstellationen getroffen werden können. Dazu gehören regelmäßig stattfindende Klausurtagungen des Personalrats, die sowohl dem inhaltlichen Austausch als auch der Teambildung dienen, und eine partizipative Sitzungsgestaltung, etwa durch wechselnde Sitzungsleitung, wie sie in manchen Personalräten praktiziert werden.

Die besondere Rolle von Vorsitzenden und Freigestellten führt dazu, dass diesen eine besondere Verantwortung dafür zukommt, die Mitwirkung und Beteiligung aller Personalratsmitglieder zu fördern, damit eine »dynamische Reproduktion« der Personalratsarbeit gelingt, die Reproduktion und Erneuerung miteinander verbindet. Da mit einer partizipativ angelegten Personalratsarbeit mitunter ein relativer Verlust an sozialer Anerkennung vor allem der Vorsitzenden – insbesondere gegenüber der Arbeitgeberseite, aber auch bei den Beschäftigten – verbunden ist und zudem die Arbeit im Personalrat selbst unbequemer und mühseliger werden kann, beschreiben oft gerade solche Vorsitzende diesen Weg, deren Autorität unumstritten ist.

Schwieriger werden Teambildung und die darauf basierende dynamische Reproduktion allerdings dann, wenn sich innerhalb eines Personalrats nicht nur graduelle Erfahrungs- und Kompetenzunterschiede finden, die von einem wohlmeinenden Zentrum ausgehend – oder zumindest mitbetrieben – minimiert werden, sondern es an einem dominanten Zentrum fehlt. Dies ist häufig dann der Fall, wenn verschiedene Listen zur Personalratswahl antreten, den Einzug ins Gremium schaffen und sich mehr oder weniger deutlich voneinander abgegrenzte Fraktionen bilden, wenn also eine »Parlamentarisierung« (Däubler/Kittner 2020, S. 511 mit Bezug auf Betriebsräte) der Personalratsarbeit erfolgt.

In einem »parlamentarisierten Personalrat« (siehe Kapitel 10.1.4) kommen unterschiedliche Interessen und Orientierungen zum Ausdruck, die die Chancen der Teambildung und des gemeinsamen Auftretens gegenüber der Dienststelle erschweren, aber nicht ausschließen. Gibt es zahlreiche Fraktionen, wie es in einem der untersuchten Personalräte der Fall war, sind die wechselseitige Demontage sozialer Anerkennung, Abgrenzung, Bündnisse und Ausgrenzung unter den Fraktionen auch dann nicht zu vermeiden, wenn man sich um einen kollegialen Umgang untereinander bemüht.

5.3 Teambildung und Qualifizierung

Gewöhnlich steht ein Personalrat insbesondere nach Wahlen vor der Aufgabe, ein handlungsfähiges Team zu bilden. Dies ist allerdings nicht überall und nach jeder Wahl der Fall, da vor allem die Funktion des Vorsitzes oft über längere Zeit ausgeübt wird und auch Freistellungen mitunter über einen längeren Zeitraum erfolgen. Teambildung ist oft eine langwierige und mitunter anhaltende Aufgabe, wobei aber infolge teilweiser personeller Kontinuität meist an die Erfahrungen und eingeübten Praktiken der Vorjahre angeknüpft werden kann.

Oft stellt sich somit die primäre Aufgabe der Integration neu gewählter Mitglieder. Neben dem Learning by Doing – in manchen Personalräten etwa bei Einstellungsprozessen, die anfangs in Begleitung erfahrener Kolleginnen und Kollegen stattfinden – spielen hier vor allem Schulungen eine Rolle, in denen die Grundlagen des Arbeits- und Personalvertretungsrechts und, sofern es sich um gewerkschaftliche Schulungen handelt, auch politische Orientierungen vermittelt werden.

Eine regelmäßige fachliche und ggf. gewerkschaftspolitische Einarbeitung sowie die soziale Integration neu gewählter Personalratsmitglieder sind – abgesehen von äußeren Einflüssen – oft entscheidend dafür, einer hohen Fluktuation entgegenzuwirken und die damit verbundenen Mühen der sozialen Integration zu verringern. Das Bemühen um die Integration und Partizipation aller Personalratsmitglieder dürfte der Königsweg zu Stabilität und Kontinuität der Beschäftigtenvertretung sein. Hierin kann allerdings auch ein Risiko liegen, etwa wenn über Integration und Beteiligung hinaus auf identische Reproduktion gesetzt und Neugewählten eine Art Assimilation abverlangt wird.

Tabelle 19 zeigt, welchen Stellenwert bestimmte Lerngelegenheiten für Personalräte einnehmen. Sicherlich zu Recht wird Learning by Doing als häufigste Lernform genannt (98 Prozent »trifft zu« oder »trifft teilweise zu«). Es folgen eigene Seminare und Klausuren des Personalrats (78 Prozent »trifft zu« oder »trifft teilweise zu«).

Soweit die Personalräte sich nicht auf die eigene Kompetenz bei der Durchführung von Seminaren und Klausurtagungen verlassen – immerhin die Hälfte führt solche Veranstaltungen häufiger durch –, konkurrieren Seminare von Gewerkschaften, von freien Beraterinnen und Beratern und auch des Arbeitgebers miteinander. Nach den eigenen Seminaren wird am häufigsten der Besuch gewerkschaftlicher Seminare genannt, dicht gefolgt von Seminaren, die freie Beraterinnen und Berater anbieten. Auch vom Arbeitgeber organisierte Seminare spielen eine gewisse, wenn auch eher untergeordnete Rolle.

Tabelle 19: Einarbeitung neuer Personalratsmitglieder

»Wie arbeiten sich neu gewählte Personalräte in die Arbeit ein?«	trifft zu	trifft teilweise zu	trifft nicht zu
Das lernt man in der Praxis (Learning by Doing)	64 %	34 %	2 %
eigene Seminare, Klausur des Personalrats	50 %	28 %	22 %
Besuch gewerkschaftlicher Seminare	44 %	31 %	24 %
Besuch freier Seminare von Beratern	41 %	33 %	26 %
Broschüren, Lehrbücher, Handbücher	37 %	53 %	10 %
digitale Lernmittel	23 %	49 %	27 %
vom Arbeitgeber organisierte Seminare	10 %	20 %	71 %

Anmerkungen: n = 558; sortiert nach Häufigkeit von »trifft zu«
Quelle: eigene Erhebung

Freie Beraterinnen und Berater können mehr oder weniger arbeitnehmerorientiert schulen; auch Seminare der Arbeitgeber müssen nicht zwangsläufig einseitig ausgerichtet sein. Nichtsdestotrotz muss konstatiert werden, dass die Gewerkschaften – sowohl ver.di als auch Komba und zu kleinen Teilen die GEW und weitere – nicht über eine unangefochtene Hegemonie bei der Qualifizierung von Personalräten verfügen.

Broschüren, Lehrbücher und Handbücher spielen bei den meisten Personalräten zumindest gelegentlich eine Rolle, etwas seltener kommen auch digitale Lernmittel zum Einsatz. Selbstverständlich können diese Materialien wiederum unterschiedlicher Herkunft sein und etwa von Gewerkschaften oder Rechtsportalen stammen, wobei es sich in vielen Fällen um den digitalen Zugang zum Personalvertretungsrecht, zu Kommentaren und zu richterlichen Entscheidungen handelt.

Eigene Seminare und Klausuren der Personalräte können sich nicht nur positiv auf den Wissensstand auswirken, sondern auch eine geeignete Maßnahme sein, um Teambildung und Partizipation zu fördern, Erfahrungs- und Kompetenzunterschiede abzubauen sowie Kontinuität und

Kapitel 5

Erneuerung in einer dynamischen Reproduktion miteinander zu verbinden. Jenseits von Konflikten zwischen den Vertreterinnen und Vertretern verschiedener Listen oder von den skizzierten Generationskonflikten berichten manche Personalräte auch davon, wie sich neu gewählte Personalratsmitglieder über die formelle Hierarchie hinaus zusammenfinden und man sich auch selbst in die Gruppe einfinden musste. Eine inzwischen langjährige Personalrätin berichtet von ihren ersten Personalratserfahrungen:

»Also am Anfang war es schon ziemlich heftig und noch nicht mal nur […] die Arbeitgeberseite, sondern so im Gremium […] da laufen ja auch Prozesse ab. Da gibt's Befindlichkeiten, da gibt's auch, ja, Machtpoker […] ich habe mal so einen Spruch gelesen, den konnte ich nicht vergessen, den wende ich sehr oft an: Auf dem Helm eines alten Kommunisten sind viele Kerben und die allerwenigsten sind vom Feind [lacht]. Und daran musste ich so in meiner ersten Zeit im Personalrat, bis ich mich so bisschen reingefuchst hatte, denken.« (PR TH 7.2)

Auf diese kritische Beschreibung der Teambildung folgt dann aber die positive Wendung, die darin besteht, an Wissen und vor allem an sozialer Kompetenz gewonnen und – durchaus im Unterschied zu vorher – die Fähigkeit erlangt zu haben, für die eigenen Interessen einzutreten, statt unbefriedigende Arbeitsbedingungen und einen Mangel an Wertschätzung durch Vorgesetzte ohne Widerspruch hinzunehmen.

»Also das war eine ziemlich schwierige Zeit, aber interessanterweise hat es mich auch belebt, muss ich sagen, auch mal eine andere Rolle zu erleben und auch mal Sachen zu machen, die man sich vielleicht sonst nicht getraut hätte. Im Nachhinein waren es eigentlich auch die richtigen Reinfälle, die megagroßen Fettnäpfe, die man genommen hat, die mich weitergebracht, die mir geholfen haben.« (PR TH 7.2)

Auch wenn dies keineswegs immer gelingt und Personalratsarbeit mitunter auch mit Enttäuschungen verbunden ist, kann doch festgehalten werden, dass es nicht wenige Fälle gibt, in denen die Entscheidung, die Interessen der Beschäftigten zu vertreten, auch zu einer persönlichen Emanzipationsgeschichte wurde. Ein funktionierender Personalrat kann zu einer gelingenden Verbindung von persönlicher Emanzipation und Verbesserung der kollektiven Interessenvertretung beitragen. Ein Personalratsmitglied etwa berichtet davon, wie beide Entwicklungen zusammenwirken:

»Ja, die Kollegen sagen dann, ja: ›Ich kann nicht so gut verhandeln‹. Dann werden sie zur Verhandlungsführung geschickt, zum Seminar, ja, oder Konfliktgespräche und sowas. Und dann wird jemand zu […] so einer Schulung geschickt, um dann ein bisschen theoretischen Hintergrund auch zu kriegen, um trennen zu können zwischen der objektiven Sache und dem Subjektiven und dem Emotionalen, weil die neuen Personalratsmitglieder sind oftmals noch sehr emotional, und das ist nicht immer förderlich.« (PR SH 2.2)

Das Erlernen von bis dahin wenig entwickelten Fähigkeiten, die Erfahrung der Wirksamkeit des eigenen Handelns und ein damit verbundener Zugewinn an sozialer Anerkennung sind wichtig, um die Motivation für Personalratsarbeit aufrechtzuerhalten und zu befördern. Es liegt im Interesse guter Personalratsarbeit, den Ablauf solcher Entwicklungsprozesse, die selbstverständlich auch ihre Eigendynamik haben, nicht einfach vorauszusetzen, sondern seitens der erfahrenen Mitglieder im Gremium bewusst zu unterstützen.

Nicht nur das Wissen über Gesetze – insbesondere das Personalvertretungsrecht – und Tarifverträge, auch die Kompetenz, dieses Wissen personalratsintern sowie in Kommunikation mit dem Arbeitgeber selbstbewusst nutzen zu können, stellt eine organisationale Machtressource von Personalräten dar.

Obwohl es gelegentlich zu internen Konflikten kommt, gelingt es den meisten Personalräten, sich als handlungsfähige Akteure zu konstituieren. In der Regel steht die Differenzierung zwischen den Arbeitsbeziehungen von Angestellten und von Beamtinnen und Beamten, die sich deutlich voneinander unterscheiden, dem Ziel einer Teambildung zumindest in den Personalräten von Kommunen nicht entgegen.

6 Personalrat und Beschäftigte

6.1 Personalversammlungen

So wichtig eine gute Zusammenarbeit innerhalb des Personalrats sowie Motivation und Engagement seiner Mitglieder für die Durchsetzungskraft auch sind, kann sich ein Personalrat über längere Zeiträume doch nur sehr begrenzt aus sich selbst heraus reproduzieren und weiterentwickeln. Personalräte benötigen immer wieder den Austausch mit den Beschäftigten – zunächst in dem schlichten Sinne, dass diese es sind, denen das aktive und passive Wahlrecht zusteht und die deshalb eine Personalratsarbeit abwählen können, wenn sie ihnen nicht zusagt.

Selbst bei umfangreichen Anforderungen durch das zu begleitende Verwaltungshandeln muss ein Personalrat stets auch ein gewisses Maß an Austausch mit den Beschäftigten pflegen, um eine Entfremdung von der Belegschaft zu vermeiden und die Arbeitsfähigkeit des Gremiums nachhaltig zu erhalten. Eine Voraussetzung hierfür ist, dass die Beschäftigten hinreichend informiert werden und die Möglichkeiten haben, ihre Anliegen und Interessen zu artikulieren und an den Personalrat heranzutragen.

Diese Einsicht muss den Personalräten, mit denen wir gesprochen haben, im Grundsatz nicht erst vermittelt werden. In aller Regel werden die Beschäftigten über wichtige Vorgänge informiert, oft werden dafür verschiedene Kanäle genutzt. Allerdings unterscheidet sich das Ausmaß an Kommunikation durchaus.

Personalversammlungen gelten laut Personalvertretungsrecht wie auch in den Augen der meisten Personalräte als wichtiges Instrument zur Kommunikation mit den Beschäftigten. Lediglich 3 Prozent der befragten Personalräte geben an, dass gewöhnlich, d. h. von der Corona-Zeit abgesehen, keine Personalversammlungen stattfinden; 84 Prozent aller Personalräte berichten, dass normalerweise eine Personalversammlung pro Jahr stattfindet (siehe in Tabelle 20 oben).

Tabelle 20: Häufigkeit, Teilnahme und Beteiligung an Personalversammlungen

Häufigkeit von Personalversammlungen [a]			
es finden keine statt			3 %
einmal im Jahr			84 %
zweimal im Jahr			12 %
öfter als zweimal pro Jahr			1 %
Teilnahme der Beschäftigten an Personalversammlungen [b]			
bis 30 % der Beschäftigten			19 %
mehr als 30, bis 50 %			38 %
mehr als 50, bis 70 %			24 %
mehr als 70, bis 80 %			11 %
mehr als 80, bis 100 %			8 %
Aktive Beteiligung der Beschäftigten an Personalversammlungen [c]			
	meistens/immer	manchmal	nie
durch Fragen bei der Versammlung	3 %	74 %	22 %
durch vorab beim Personalrat eingereichte Fragen	4 %	62 %	34 %
durch Anträge	0 %	30 %	70 %
durch Redebeiträge	1 %	43 %	56 %
falls vorhanden: durch Mitwirkung an Pinnwänden o. Ä.	7 %	23 %	70 %

Anmerkungen: Es wurde jeweils darum gebeten, bei der Antwort von der Corona-Zeit abzusehen; a) n = 543; b) n = 526 (Filter: wenn Personalversammlungen stattfinden); c) n = 528 (Fragebogenfilter: falls Personalversammlungen stattfinden)
Quelle: eigene Erhebung

Nicht in allen Bundesländern entspricht diese Praxis den gesetzlichen Anforderungen, wie sich exemplarisch an den von uns untersuchten Bundesländern zeigt. Eine Personalversammlung pro Jahr genügt den Vorgaben der Personalvertretungsgesetze in Nordrhein-Westfalen (»einmal in jedem Jahr«) und Thüringen (»mindestens einmal im Kalenderjahr«), während

Personalversammlungen in Brandenburg und Schleswig-Holstein »in der Regel einmal im Kalenderhalbjahr« vorgesehen sind. Unseren Befragten zufolge wurden Personalversammlungen allerdings schon vor Corona nur bei einer Minderheit, nämlich in 13 Prozent der Kommunalverwaltungen, häufiger als einmal im Jahr durchgeführt.

Die Gründe dafür, warum sich viele Personalräte scheuen, mehr als eine Personalversammlung pro Jahr durchzuführen, sind vielfältig und liegen oft weniger im Desinteresse der Personalräte als darin begründet, dass Beschäftigte sich auf Personalversammlungen häufig passiv verhalten oder gar nicht erst daran teilnehmen. Durchschnittlich nehmen etwas mehr als die Hälfte der Beschäftigten an den Personalversammlungen teil, wobei in 38 Prozent der Kommunalverwaltungen zwischen 30 und 50 Prozent der Beschäftigten und in 19 Prozent der Fälle maximal 30 Prozent der Beschäftigten teilnehmen (siehe in Tabelle 20 Mitte).

Vielen Beschäftigten fällt es schwer, sich im großen Kreis einer solchen Versammlung zu Wort zu melden, an der nicht nur die direkten Kolleginnen und Kollegen und unmittelbaren Vorgesetzten teilnehmen, sondern auch die Verwaltungsspitze. Hier spielen Ängstlichkeit beim Vertreten der eigenen Interessen und auch der ungewohnte Auftritt in einem solchen Rahmen eine Rolle.

Der untere Teil von Tabelle 20 zeigt, dass Fragen der Beschäftigten nur in wenigen Personalversammlungen meistens oder immer vorkommen – auf der Versammlung selbst nur in drei Prozent der Kommunalverwaltungen mit Personalversammlung, vorab beim Personalrat eingereichte Fragen in vier Prozent. Regelmäßige Redebeiträge und Anträge durch die Beschäftigten sind noch seltener, allerdings findet eine gelegentliche aktive Beteiligung der Beschäftigten an Personalversammlungen (»manchmal«) in einem relevanten Teil der Kommunalverwaltungen durchaus statt.

Wenn Beteiligungsmöglichkeiten mithilfe von Pinnwänden oder sonstigen Hilfsmitteln – etwa interaktiver Präsentationssoftware für Live-Meinungsumfragen – unterstützt werden, nimmt die Mitwirkung zu. Obwohl solche Beteiligungsmöglichkeiten nicht überall vorhanden sind, geben immerhin sieben Prozent der Personalräte an, dass sich Beschäftigte unter diesen Voraussetzungen immer oder meistens aktiv an der Personalversammlung beteiligen – somit in einem großen Teil aller Fälle, in denen eine solche Möglichkeit geboten wird. In den Interviews wurde aber nur selten von solchen Partizipationsangeboten berichtet.

Kapitel 6

Auch wenn sich alle Personalräte mit einer eher geringen Neigung der Beschäftigten konfrontiert sehen, sich aktiv bei Personalversammlungen einzubringen, gibt es doch unterschiedliche Wege, damit umzugehen. Häufig wird aus der schwachen Teilnahmebereitschaft der Schluss gezogen, dass es sich nicht lohne, allzu häufig Personalversammlungen durchzuführen – oft begleitet von der Enttäuschung, dass die Beschäftigten die Arbeit des Personalrats nicht hinreichend zu schätzen wüssten:

»[Es wird] behauptet, auch von Mitarbeitern, der Personalrat mache ja nichts, ohne dass die genau wissen, was wir eigentlich machen, wenn sie dann noch nicht mal zur Personalversammlungen kommen. Also wir machen einmal im Jahr eine Personalversammlung, nicht zweimal. Im Gesetz steht, also, man sollte zweimal, aber mindestens einmal. Und wir haben eine Abstimmung gemacht bei der Personalversammlung über die Mitarbeitenden und da war die Mehrheit für *eine* [Personalversammlung], weil ... das ist ja ... wir mieten da immer die Stadthalle. [...] ich glaube, es würde sich totlaufen, wenn wir das zweimal im Jahr machen würden.« (PRV SH 1.1)

Bei einer geringen Frequenz der Personalversammlungen ist es zwar wahrscheinlicher, dass die Beschäftigten wenig über die Arbeit des Personalrats wissen, aber abgesehen davon will dieser Personalrat dem Problem des schwachen Besuchs und der Passivität während der Personalversammlung aktiv entgegenwirken, indem er die Versammlung interessanter und partizipativer zu gestalten versucht:

»Also wir haben verschiedene Formate probiert. Also wir haben eher wenige Wortmeldungen, sind ganz wenig, also, dass sich da jemand traut aufzustehen und was zu sagen. Wir haben in einer Personalversammlung einmal Stellwände aufgestellt und haben an die Mitarbeiter Zettel verteilt, die sie dort anpinnen konnten: ›Was läuft gut in der Verwaltung und was muss besser werden?‹ [...] Und: ›Wo gibt es Handlungsbedarf?‹ Und da haben sich dann viele beteiligt. [...] wir berichten von unserer Arbeit, aber seit einigen Jahren haben wir das aufgeteilt, dass nicht nur ich da vorne stehe [...] einzelne Personalratsmitglieder berichten aus den Fachdiensten, was da so los ist. Das gibt dann auch einen guten Überblick für die Mitarbeitenden, die ja immer nur aus einem Fachdienst kommen und gar nicht wissen, was sonst so in der Verwaltung los ist.« (PRV SH 1.1)

Darüber hinaus lädt dieser Personalrat oftmals Referentinnen und Referenten ein oder zeigt Videos, um die Personalversammlung interessanter zu gestalten. Allerdings fruchten diese Bemühungen nur begrenzt, wahrscheinlich auch deshalb, weil Information und Austausch mit den Beschäftigten auf die eine Personalversammlung im Jahr konzentriert sind:

»Wir haben keine Betriebszeitung oder sowas, wo mal irgendwas kommuniziert wird, sondern es ist dann der einzige Ort, wo sowas stattfindet.« (PRV SH 1.1)

Manche Personalräte bemühen sich um vielfältige Kanäle der Information und weitere Formen der Beteiligung. Dies wirkt sich positiv auf die Wertschätzung des Personalrats durch die Beschäftigten aus. In den Personalversammlungen gelingt es gleichwohl trotz mitunter großer Anstrengungen nur selten, die Beschäftigten aktiv zu beteiligen. Manchmal werden auch Teilpersonalversammlungen für bestimmte Bereiche vorgezogen, um thematisch näher am jeweiligen Bereich bleiben zu können. In manchen Fällen legten auch die Corona-Abstandsregeln und in der Konsequenz die mangelnde Verfügbarkeit ausreichend großer Hallen die Einberufung von Teilpersonalversammlungen nahe.

6.2 Kanäle der Kommunikation vor und seit der Corona-Pandemie

Immer wieder hoben Personalratsmitglieder in den Interviews hervor – wenn auch nicht alle gleichermaßen –, dass sich die Corona-Pandemie auf die Kommunikation und die Beziehung zwischen Personalrat und Beschäftigten ausgewirkt habe. Da die Beziehung der Personalräte zu den Beschäftigten im Erhebungszeitraum und wahrscheinlich in mancherlei Hinsicht auch dauerhaft durch die Pandemie beeinflusst wird, beziehen wir deren Einfluss hier immer mit ein.

Mit Blick auf Corona heben die Personalräte überwiegend auf die nachlassende Kontaktintensität ab. Mitunter führten auch auf die Pandemie bezogene Maßnahmen, beispielsweise die unterschiedliche Akzeptanz des Maskentragens, zu Kontroversen innerhalb der Verwaltung. Die Umsetzung der Corona-Maßnahmen war nicht in allen Verwaltungen gleich streng:

»Also ich glaube, hier in unserer Verwaltung war es nie so – also nicht falsch verstehen, dass das Thema Corona nicht ernst genommen wurde, natürlich haben wir das ernst genommen –, aber wir hatten auch einiges an Personal, die gesagt haben: ›Nein, ich setze nicht den ganzen Tag die Maske auf. Das kann man mir nicht zumuten‹ und, und, und. Also, es gab auch zu der einen oder anderen Maßnahme massive Kritik und es haben sich auch Leute über Vorgaben hinweggesetzt. Aber ich glaube, da sind wir auch nicht die einzige Verwaltung […] ich denke, das war generell so ein Problem, vielleicht nicht bei allen, aber doch von vielen. […] bei uns sieht man keinen Einzigen mehr, der jetzt eine Maske trägt, obwohl wir in unserem Infektionsschutzkonzept auch noch stehen haben: ›Es wird empfohlen, eine Maske zu tragen.‹ Es trägt keiner mehr eine.« (PRV TH 5.1)

Auch die Personalräte mussten sich in dieser Situation positionieren und machten sich damit nicht überall beliebt. Zur nachlassenden Kontaktintensität durch die Arbeit im Homeoffice und zur teilweise abwechselnden An- und Abwesenheit bei zusammenarbeitenden Kolleginnen und Kollegen kam bisweilen auch Streit über die angeordneten Maßnahmen hinzu, wie er auch außerhalb der Arbeitswelt ausgetragen wurde. Nicht überall gelang es, diese emotional aufgeladene Kontroverse betriebsextern zu halten.

Dass sich Homeoffice und Abstandsregeln auch auf das Verhältnis zwischen Führungskräften und Beschäftigten, deren Verhältnis untereinander, die Mitspracheüglichkeiten und das Betriebsklima insgesamt auswirken, ist naheliegend. Deshalb haben wir in unserer standardisierten Befragung separate Fragen für die Zeit vor und seit Corona gestellt, um mögliche Veränderungen entsprechend einordnen zu können.

Auf einer Fünferskala von »sehr gut« (1) bis »sehr schlecht« (5) wird das Verhältnis zwischen Personalrat und Beschäftigten vor Corona (Mittelwert 2,15) ebenso wie das Verhältnis der Kolleginnen und Kollegen untereinander (Mittelwert 2,45) und das Betriebsklima (Mittelwert 2,73) überwiegend positiv beurteilt (siehe Tabelle 21). Das Verhältnis zwischen Führungskräften und Mitarbeiterinnen und Mitarbeitern (Mittelwert 2,92) und die Mitspracheüglichkeiten der Beschäftigten (Mittelwert 2,99) werden dagegen im Mittel aller Befragten als weder gut noch schlecht bewertet. Zwar werden die Beziehungen insgesamt ebenso wie das Betriebsklima vor Corona eher positiv gesehen, doch von Begeisterung kann allenfalls in Einzelfällen die Rede sein.

Tabelle 21: Beziehungen innerhalb der Verwaltung vor und seit Corona

»Wie bewerten Sie für Ihre Verwaltung folgende Punkte?«	sehr gut (1)	(2)	(3)	(4)	sehr schlecht (5)	Mittelwert
vor Corona [a)]						
Verhältnis Führungskräfte–Mitarbeiter/innen	1 %	26 %	54 %	18 %	1 %	2,92
Verhältnis Personalrat–Beschäftigte	10 %	67 %	20 %	2 %	0,2 %	2,15
Mitsprachemöglichkeiten der Beschäftigten	2 %	27 %	46 %	22 %	4 %	2,99
Verhältnis unter den Kolleginnen und Kollegen	4 %	52 %	38 %	5 %	1 %	2,45
Betriebsklima insgesamt	2 %	39 %	49 %	12 %	1 %	2,73
seit Corona [b)]						
Verhältnis Führungskräfte–Mitarbeiter/innen	1 %	23 %	46 %	26 %	5 %	3,10
Verhältnis Personalrat–Beschäftigte	10 %	54 %	31 %	4 %	0,4 %	2,31
Mitsprachemöglichkeiten der Beschäftigten	2 %	21 %	46 %	27 %	5 %	3,12
Verhältnis unter den Kolleginnen und Kollegen	2 %	31 %	48 %	17 %	2 %	2,85
Betriebsklima insgesamt	1 %	21 %	44 %	29 %	5 %	3,15

Anmerkungen: a) n = 545; b) n = 546; Ausprägungen 2–4 nicht verbalisiert
Quelle: eigene Erhebung

Alle Beziehungsvarianten werden für die Zeit seit Corona schlechter bewertet, wobei das Verhältnis zwischen Führungskräften und Mitarbeitenden (Mittelwert 3,10), die Mitsprachemöglichkeiten der Beschäftigten (Mittelwert 3,12) und das Betriebsklima (Mittelwert 3,15) nun im negativen Bereich liegen. Das Verhältnis der Beschäftigten untereinander (Mittelwert 2,85) und das Verhältnis zwischen Personalrat und Beschäftigten (Mittelwert 2,31) bleibt in den Augen der befragten Personalräte positiv, hat sich jedoch ebenfalls verschlechtert.

Kapitel 6

Selbstverständlich sind insbesondere Einschätzungen zur Qualität der Beziehung von Personalrat und Beschäftigten durch die Perspektive der Personalräte geprägt und fallen deshalb in manchen Fällen etwas zu positiv aus. Für einen vorsichtigen Umgang mit Daten, die die eigene Rolle betreffen, spricht auch eine zusätzliche Frage danach, wie sich »Corona im Großen und Ganzen auf das Verhältnis zwischen Beschäftigten und Personalrat ausgewirkt« habe.

Abbildung 6 zeigt die Verteilung der Angaben auf einer Fünferskala. Der Mittelwert von 2,97 spricht anders als bei den anderen Fragen nicht für eine Verschlechterung der Beziehung durch die Pandemie, wobei die Erfahrungen wiederum variieren.

Abbildung 6: Auswirkungen von Corona auf das Verhältnis zwischen Beschäftigten und Personalrat

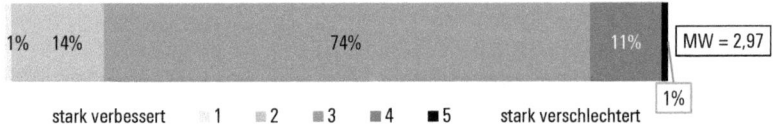

»Wie hat sich Corona im Großen und Ganzen auf das Verhältnis zwischen Beschäftigten und Personalrat ausgewirkt?«

1% 14%   74%   11%   MW = 2,97
1%

stark verbessert 1 ■2 ■3 ■4 ■5 stark verschlechtert

Anmerkungen: n = 540; Ausprägungen 2–4 nicht verbalisiert
Quelle: eigene Erhebung und Darstellung

Die Pandemie und die in diesem Zusammenhang ergriffenen Maßnahmen wirkten sich auch auf die Nutzung der Kommunikationskanäle des Personalrats zu den Beschäftigten aus (siehe Tabelle 22). Die beiden vor Corona wichtigsten Mittel des Personalrats, um den Kontakt zu den Beschäftigten zu pflegen, waren persönliche Gespräche am Arbeitsplatz (80 Prozent »wichtig«) und Personalversammlungen (73 Prozent »wichtig«). Beide haben seit der Pandemie an Bedeutung verloren; die persönlichen Gespräche am Arbeitsplatz mussten ihren Spitzenplatz an den E-Mail-Kontakt abtreten, der vor Corona der drittwichtigste Kommunikationskanal war.

Tabelle 22: Bedeutung der verschiedenen Kommunikationskanäle zur Kontaktpflege mit den Beschäftigten

»Wie wichtig sind folgende Mittel des Personalrats, um den Kontakt zu den Beschäftigten zu pflegen?«	vor Corona a)				seit Corona b)			
	wichtig	weniger wichtig	unwichtig	nicht vorhanden	wichtig	weniger wichtig	unwichtig	nicht vorhanden
persönliche Gespräche am Arbeitsplatz	80 %	16 %	2 %	3 %	70 %	20 %	4 %	6 %
Personalversammlung	73 %	22 %	3 %	2 %	43 %	27 %	6 %	25 %
E-Mails	69 %	26 %	3 %	3 %	79 %	16 %	3 %	2 %
Intranet	48 %	21 %	5 %	26 %	55 %	16 %	4 %	26 %
Rundschreiben	39 %	26 %	6 %	30 %	47 %	21 %	5 %	27 %
Sprechstunden	31 %	27 %	7 %	35 %	31 %	26 %	8 %	36 %
Schwarzes Brett	22 %	41 %	13 %	24 %	26 %	34 %	14 %	26 %
Mitarbeiterbefragungen	20 %	45 %	7 %	28 %	27 %	37 %	9 %	27 %
Betriebszeitung	15 %	12 %	5 %	69 %	17 %	10 %	4 %	69 %
Video-Meetings	3 %	17 %	12 %	68 %	22 %	20 %	10 %	48 %

Anmerkungen: a) n = 545; b) n = 544; sortiert nach Häufigkeit von »wichtig« vor Corona
Quelle: eigene Erhebung

Die Bedeutung von Personalversammlungen rutschte vom zweiten auf den vierten Platz noch hinter Intranet und Rundschreiben. Die Wichtigkeit von Sprechstunden hat sich nicht verändert, allerdings gab es bei einem Drittel der Personalräte weder vor noch seit der Pandemie eine Sprechstunde. Das Schwarze Brett und Betriebszeitungen haben kaum nennenswert an Bedeutung gewonnen, Mitarbeiterbefragungen wurden etwas wichtiger.

Video-Meetings gab es vor Corona bei der Mehrheit der Personalräte überhaupt nicht und wo sie zum Einsatz kamen, wurden sie nur von einer kleinen Minderheit der Personalräte für wichtig gehalten, um den Kontakt zu den Beschäftigten zu pflegen. Seit Corona stieg die Bedeutung von Video-Meetings deutlich an, doch noch immer gibt fast die Hälfte der

Kapitel 6

Personalräte an, Video-Meetings seien nicht vorhanden, und ein weiteres Zehntel hält sie für unwichtig.

Manche Personalräte betonen, dass sie trotz aller Widrigkeiten die Personalratsarbeit nicht eingeschränkt haben:

»Also dadurch, dass wir bis auf die Personalversammlung, der Größe wegen halt, in sonstigen persönlichen Kontakten nicht gerne zurückgesteckt haben, [...] Beratung oder Gesprächen ... also was gemacht werden musste, wurde gemacht. Da haben wir [...], was natürlich auch am Anfang versucht wurde durch den Arbeitgeber, uns auch nicht reinreden lassen. Also wir haben gesagt, Personalratsarbeit wird auf jeden Fall aufrechterhalten, auf Biegen und Brechen, und das ziehen wir auch durch. Und das haben wir auch so getan. Deswegen, denk ich, sind da keine großen Einschnitte, was so die Kontakte oder Präsenz oder sowas angeht, gewesen.« (Stellv. PRV TH 6.2)

Manche Personalräte beklagen auch, dass die Schweigepflicht bzw. die Pflicht zur vertrauensvollen Zusammenarbeit die Möglichkeiten zur Information der Beschäftigten einschränken würden:

»Die Einschränkung bezüglich der Informationsmöglichkeiten an die Belegschaft nach PersVG ist in der Arbeit hinderlich, da wir als PR uns daran halten, dass die vertrauensvolle Zusammenarbeit mit der Dienststelle gewahrt bleibt. Die Belegschaft sieht jedoch lediglich, dass wir wenig machen, weil von uns keine Informationen kommen.« (Antwort auf offene Survey-Frage)

Allerdings tragen Rundschreiben, Aushänge und Betriebszeitungen wie auch Personalversammlungen häufig keinen dialogischen Charakter. Gerade Personalratsvorsitzenden und anderen Freigestellten fällt es nicht selten aus Zeitgründen schwer, sich regelmäßig Zeit für Rundgänge und persönliche Gespräche zu nehmen; mitunter bedauern sie, dafür zu selten Zeit zu haben. Bisweilen scheuen Beschäftigte jedoch auch das Gespräch mit Personalräten am eigenen Arbeitsplatz:

»Allerdings muss ich aus meiner Perspektive sagen, dass die Leute doch dann immer etwas überrascht sind, wenn man dann auf einmal in den Büros steht und dann doch oftmals eher konsterniert reagieren. Also [...] den Rücklauf aus der Mitarbeiterzeitung: ›Bitte teilt uns eure Anliegen mit und was wir verbessern können‹ und so weiter, den gibt es durchaus [...], was ja auch wichtigen Input für die Arbeit liefert. Aber aus der persönlichen Ansprache habe ich da bisher tatsächlich sehr wenig Input gewinnen können. Hängt natürlich auch damit zusammen, dass oftmals die Leute in Zweierbüros sitzen und dadurch vielleicht auch Aversionen bestehen, zu sagen, okay, vor der Kollegin [...] oder vielleicht auch noch die Vorgesetzten in Hörweite oder dergleichen.« (Stellv. PRV TH 1.1)

Eine plausible Erklärung ist sicherlich, dass manche Beschäftigte im Beisein von Vorgesetzten oder auch Kolleginnen und Kollegen nicht mit dem Personalrat oder mit Gewerkschafterinnen und Gewerkschaftern in Verbindung gebracht werden wollen. Auch weitere Deutungen einer solchen Zurückhaltung sind möglich: Zum Beispiel halten manche Beschäftigte Gewerkschaften und auch Personalräte aus eigener Überzeugung für überflüssig, weil sie meinen, eigene Interessen hinreichend selbst vertreten zu können. Oder es wird unterstellt, Personalräte würden eher im Interesse der Dienststellenleitung als der Beschäftigten agieren: »mit dem Oberbürgermeister Kumpel sein und solche Geschichten« (PRV SH 1.1).

Allerdings kommt die Kritik der Beschäftigten, der Personalrat würde dem Arbeitgeber gegenüber zu kooperativ auftreten, aus Sicht der befragten Personalräte nur in 28 Prozent der Fälle vor. Nur 4 Prozent der Beschäftigten halten den Personalrat für zu konfliktorientiert und immerhin 69 Prozent der Personalräte wissen von Kritik dieser Art nicht zu berichten.

6.3 Bedeutung des Personalrats für die Beschäftigten

Würden sich die Beschäftigten überall in starkem Maße für die Arbeit der Personalräte interessieren, wäre dies ausgesprochen überraschend, da im öffentlichen Dienst – anders als bei Betriebsräten in der Privatwirtschaft – in der Regel auch dann Personalräte eingerichtet werden, wenn das Interesse daran aufseiten der Beschäftigten gering ist. Die starke institutionelle Absicherung der Personalräte ist zweifelsfrei positiv zu sehen, die Kehrseite ist allerdings, dass es auch Personalräte ohne intensive Beziehung zu den Beschäftigten gibt.

Keineswegs allen Beschäftigten ist die Arbeit des Personalrats dabei besonders wichtig, wie Abbildung 7 zeigt, allerdings ist das Interesse im Mittel positiv. Die größte Gruppe unter den befragten Personalräten findet sich beim mittleren Wert, der so viel wie »weder wichtig noch unwichtig« oder auch »teils wichtig, teils unwichtig« bedeutet; der Mittelwert bei dieser Frage liegt bei 2,62. Demnach machen sich die Personalräte keine allzu großen Illusionen über ihren Stellenwert bei den Beschäftigten.

Kapitel 6

Abbildung 7: Bedeutung der Personalratsarbeit für die Beschäftigten

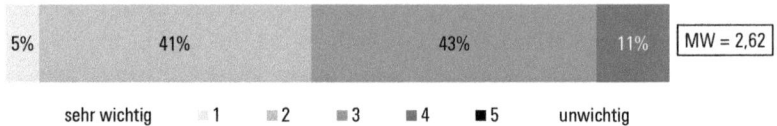

»Was nehmen Sie an, wie wichtig ist den Beschäftigten die Arbeit des Personalrats im Großen und Ganzen?«

Anmerkungen: n = 541; Ausprägungen 2–4 nicht verbalisiert
Quelle: eigene Erhebung und Darstellung

Nach der Wichtigkeit des Personalrats für einzelne Beschäftigtengruppen auf einer Dreierskala gefragt, schreiben jeweils 63 Prozent der Personalräte den Beschäftigten der Kernverwaltung und der Sozial- und Erziehungsdienste zu, dass diesen die Arbeit des Personalrats wichtig ist (siehe Abbildung 8). Beschäftigte aus Bauhof und Grünbereich folgen dichtauf, während die Arbeit des Personalrats den Beschäftigten des Kulturbereichs demnach weniger wichtig ist. Ansonsten nehmen Arbeitnehmerinnen und Arbeitnehmer die Personalratsarbeit nach Einschätzung der Befragten wichtiger als Beamtinnen und Beamten; Älteren ist sie wichtiger als Jüngeren und Frauen wichtiger als Männern.

Die geringere Bedeutung der Personalratsarbeit bei Beamtinnen und Beamten und bei Männern dürfte auch ein Reflex auf Hierarchiestrukturen sein: In vielen Kommunen besetzen vornehmlich männliche Beamte die Führungspositionen, außerdem stellen sie weitgehend die Berufsfeuerwehr. Während in den Kommunen weniger Frauen als Männer verbeamtet sind (48 versus 52 Prozent), stellen sie 65 Prozent der Arbeitnehmerschaft (Destatis 2022, Tab. 2.1) und dominieren insbesondere bei den Sozial- und Erziehungsdiensten.

Auf eine wichtige Funktion von Beschäftigtenvertretungen für die betriebliche Sozialintegration hat mit Blick auf Betriebsräte nicht zuletzt Hermann Kotthoff hingewiesen. Er betont, dass das »Ringen um Anerkennung, d. h. um das Wahrgenommen-, Beachtet- und Geachtet-Werden, [...] das Kernthema von sozialer Praxis auch im Betrieb« sei (Kotthoff 1994, S. 24). Dabei weist er dem Betriebsrat als kollektivem Repräsentanten der Beschäftigten einen prominenten Platz zu (Kotthoff 2009).

Abbildung 8: Bedeutung der Personalratsarbeit bei verschiedenen Beschäftigtengruppen

»Wie wichtig ist diesen Beschäftigtengruppen die Arbeit des Personalrats?«

Beschäftigten der Kernverwaltung

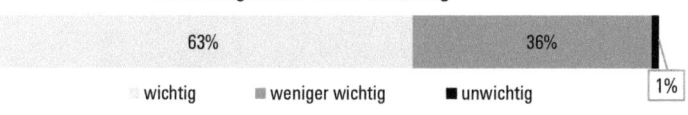

Beschäftigten der Sozial-/Erziehungsdienste

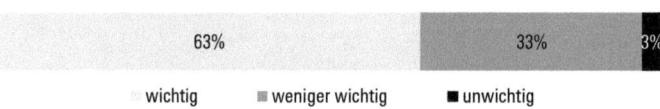

Beschäftigten des Kulturbereichs

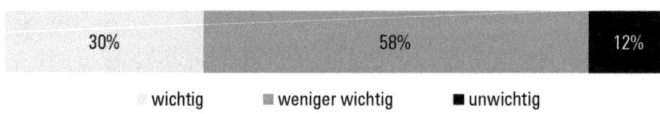

Beschäftigten aus Bauhof und Grünbereichen

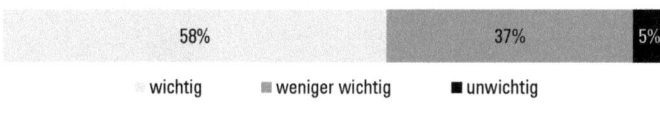

Arbeitnehmer/innen

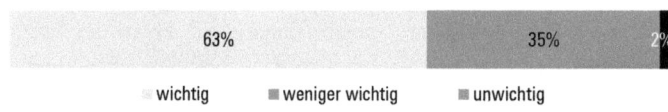

falls vorhanden: Beamtinnen und Beamten

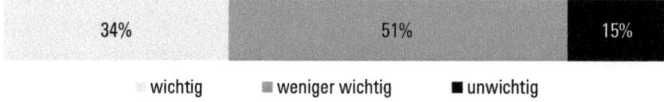

Kapitel 6

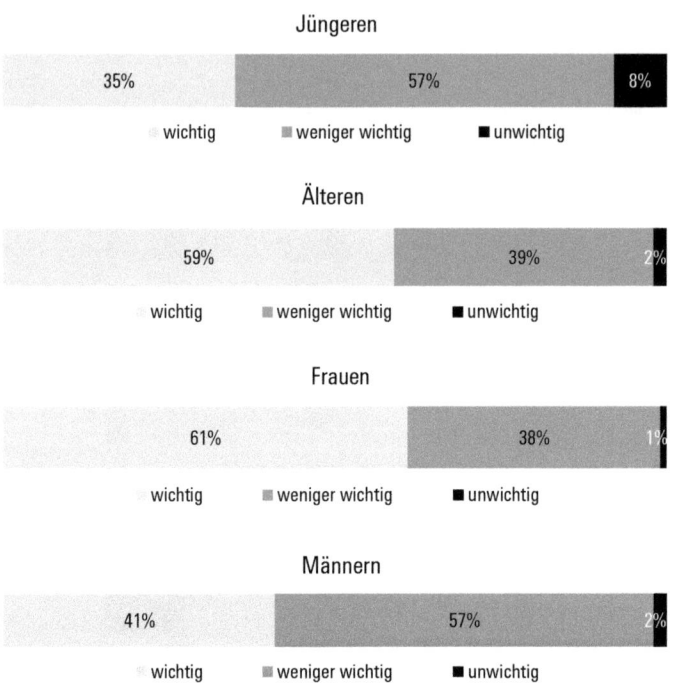

Anmerkung: n = 539
Quelle: eigene Erhebung und Darstellung

Personalräte nehmen in dieser Hinsicht in den meisten Fällen keine vergleichbar starke Rolle ein, da die primär hierarchische Struktur einer Kommunalverwaltung eine kollektive Gegenüberstellung analog zu Kapital und Arbeit nur begrenzt zulässt.

Zwar sind auch Personalräte eine institutionalisierte Form der Interessenvertretung der Beschäftigten und tragen dazu bei, dass individuelle Orientierungen und Interessen von Belegschaftsgruppen kollektiv reformuliert und mit erhöhter Durchsetzungschance artikuliert werden. Da aber soziale Anerkennung als Teil einer ausgeprägt gestaffelten Hierarchie insbesondere in der Kernverwaltung in Konkurrenz mit der sozialen Anerkennung als Belegschaftsangehöriger bzw. -angehörige tritt, überlagern sich diese faktisch mehr oder weniger.

Doch auch wenn die Rolle der Personalräte für die Ausbildung einer kollektiven Identität schwächer ist als von Kotthoff für Betriebsräte beschrieben, ist doch eine deutliche Mehrheit der Personalräte der Auffassung, dass sie sich um den sozialen Zusammenhalt der Belegschaft kümmern (s. u. Abbildung 12). Auch dort, wo neben der Hierarchie die Berufsgruppenidentität eine ausgeprägte Rolle spielt – etwa bei der Feuerwehr –, scheint die Identitätsfunktion der Personalräte in Kotthoffs Sinne nicht zentral zu sein.

Mitunter könnte es deshalb aus pragmatischer Perspektive Vorteile bieten, wenn Tätigkeitsfelder wie die Feuerwehr auch dann eigene Personalräte haben, wenn in der Kommune ansonsten eine gemeinsame Vertretung durch einen einzigen Personalrat besteht. Ein örtlicher Personalrat, dessen Vertretungsbereich sich näherungsweise mit dem einer Berufsgruppe deckt, kann die Funktion als Repräsentant des kollektiven sozialen Zusammenhalts leichter erfüllen – aber eben nur für eine Berufsgruppe bzw. einen Teil der Belegschaft und wahrscheinlich auf Kosten der Interessen anderer Belegschaftsgruppen.

Zusammenfassend lässt sich festhalten, dass Personalräte gut beraten sind, wenn sie gute und intensive Beziehungen zu den Beschäftigten pflegen, um (wieder)gewählt zu werden (siehe Kapitel 3.4) und ihre Durchsetzungschancen gegenüber dem Arbeitgeber zu sichern (s. u. Tabelle 29). Obwohl Personalräte den Beschäftigten jenseits der gewählten Vertretung keine Mitgliedschaft anbieten können, erfüllt ihr Rückhalt in der Belegschaft doch eine ähnliche Funktion wie die gewerkschaftliche Mitgliedschaft und darf als funktionales Äquivalent zur organisationalen Machtressource der Gewerkschaften betrachtet werden.

Die Durchführung von Personalversammlungen wird für Personalräte von einer Pflicht zu einer geschätzten institutionalisierten Machtressource, wenn die Beschäftigten daran teilnehmen, sich auch darüber hinaus beteiligen und ihre Interessen artikulieren. Institutionelle und organisationale Machtressourcen müssen nicht als Alternativen gedacht werden, sie können sich vielmehr wechselseitig bedingen und ermöglichen.

7 Personalrat und Arbeitgeber

7.1 Kooperation und Konflikt

Die Beziehungen zwischen Personalrat und Dienststellenleitung bzw. Arbeitgeberseite sind in der Regel kooperativ. Dies wurde mit gewissen Einschränkungen in den meisten Interviews deutlich und bestätigt sich auch durch die standardisierte Erhebung. Konflikte kommen freilich gleichwohl vor. Des Öfteren liegen diese darin begründet, dass sich der Personalrat vonseiten der Dienststelle in seiner Funktion nicht hinreichend respektiert sieht, aber nicht bereit ist, sich damit abzufinden – was nicht immer der Fall ist.

Eine Strategie hingegen, die allein und in ausgeprägter Weise am Konflikt orientiert ist, findet sich bei Personalräten praktisch nicht. Danach gefragt, wie wichtig Kooperation und Konflikt im Umgang mit dem Arbeitgeber strategisch betrachtet sind, geben 94 Prozent aller Befragten an, dass Kooperation »sehr wichtig« oder wichtig sei (siehe Abbildung 9). Lediglich 0,4 Prozent finden Kooperation wenig wichtig und es gibt keinen einzigen Personalrat, der Kooperation für »nicht wichtig« hält (Mittelwert 1,50). Somit halten alle Personalräte Kooperation für mehr oder weniger unverzichtbar.

Bei allen Unterschieden zu Betriebsräten gilt auch für deren Beziehung zur Arbeitgeberseite, dass »vertrauensvolle Zusammenarbeit der Regelfall« ist (Hauser-Ditz/Hertwig/Pries 2008, S. 262). Allerdings gibt es Personalräte, zu deren strategischem Arsenal auch der Konflikt gehört. Angemessen ist es in den meisten Fällen jedoch, von Konflikten als einem taktischen Element in einer langfristig kooperativen Strategie zu sprechen.

In Interviews wird immer wieder darauf verwiesen, dass es nötig sei, gelegentlich auch einen Konflikt in Kauf zu nehmen, um Ziele zu erreichen und sich Respekt beim Gegenüber zu verschaffen. Wenn Personalräte einen Konflikt eingehen, versuchen sie meist, sich die Kooperation in anderen Fragen und eine Rückkehr zur Kooperation nicht generell zu verbauen.

Kapitel 7

Abbildung 9: Bedeutung von Kooperation und Konflikt im Umgang mit dem Arbeitgeber

»Strategisch betrachtet: Wie wichtig sind für den Personalrat Kooperation und Konflikt im Umgang mit dem Arbeitgeber?«

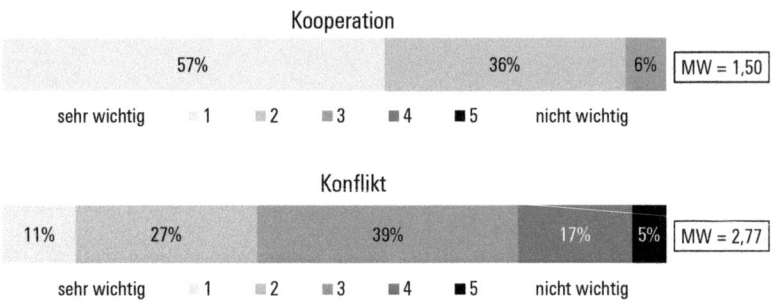

Anmerkungen: n = 555; Ausprägungen 2–4 nicht verbalisiert
Quelle: eigene Erhebung und Darstellung

Manche Personalräte berichten auch, dass sie anfangs erst lernen mussten, mit dem engen und auch kooperativen Kontakt mit der Arbeitgeberseite umzugehen:

»Meine erste Überraschung war – das hatte ich mir nicht so gedacht –, dass man als Personalratsmitglied und gerade noch in der Leitungsfunktion [die ungeplant rasch eingenommen werden musste] am allermeisten mit den Personalchefs zu tun hat. Hätte ich mir ja eigentlich denken können, dass man nicht nur wie Robin Hood durch die Wälder zieht und die Entrechteten aufrichtet und in ein gerechteres Leben führt, sondern dass man schon halt auch viel mit denjenigen zu tun hat, die die Personalentscheidungen letzten Endes durchführen.« (PR TH 7.2)

Nicht selten ist es das eigentliche Ziel der Personalräte, auf dem Wege des Konflikts Kooperation in gegenseitigem Respekt herzustellen. Eine Personalratsvorsitzende berichtet, ihr Vorgänger sei als »besonders nah an der Dienststellenleitung empfunden« worden, aber dass man »da natürlich auch eine Rolle finden muss, wie man damit umgeht«:

»Also man will ja nicht nur den Kampf mit der Dienststelle, das ist ja nicht die Rolle des Personalrates, sondern die [...] ist ja eigentlich, auf einer sachlichen Ebene mit der Dienststellenleitung zusammenzuarbeiten und konstruktive Lösungen zu finden. Aber manchmal erfordert es natürlich [...] schon auch eine härtere Gangart, und [...], dass das schon von der Belegschaft auch gewollt ist letzten Endes [...], und nicht sagen: ›Jetzt will die Dienststelle das nicht, dann ist das für uns auch okay.‹ Das ist sicherlich auch immer so ein Geben und Nehmen. Man muss auch mal gucken, welchen Weg kann man mit der Dienststelle gehen und wo kann man auch eigene Forderungen zurückstellen, weil jetzt mit dieser Dienststellenleitung dieser Weg im Moment gerade nicht möglich ist, und sich vielleicht andere Probleme suchen, die [anzugehen] da möglich sind. [...] ausloten, um letzten Endes auch die Dinge, [...] wo auch die Belegschaft eine Lösung für haben möchte ... wie man die auch einer Lösung zuführen kann.« (PRV BB 5.3)

In diesem Prozess des Austarierens von Konflikt und Kooperation, so hebt sie hervor, habe es

»auch harte Auseinandersetzungen gegeben, ja, harte Kämpfe, um letzten Endes Dinge zu erreichen. Aber das, das ist ein Prozess und das muss man auch ausloten letzten Endes, wie weit man geht, und manchmal muss man auch wieder einen Schritt zurückgehen, damit diese ganze Eskalationsstufe sozusagen sich nicht so hochschraubt, damit letzten Endes gar nichts mehr bewirkt wird, ja.« (PRV BB 5.3)

Immerhin 38 Prozent der Personalräte geben an, dass eine Strategie des Konflikts »sehr wichtig« oder wichtig sei, aber 22 Prozent halten diese Strategie für wenig oder »nicht wichtig« (siehe Abbildung 9), sind also der Auffassung, dass ihr keine relevante Bedeutung zukomme. Angesichts der hohen Zustimmung zu einer kooperativen Strategie einerseits und der Feststellung andererseits, dass manche Personalräte gleichwohl auch Konflikte für nötig halten, ist es offensichtlich, dass es auch Personalräte geben muss, die beide Wege als relevant erachten.

38 Prozent aller Personalräte geben an, dass sie sowohl eine kooperative als auch eine konfliktorientierte Strategie für »sehr wichtig« oder wichtig halten. Dabei spricht einiges dafür, dass die Anzahl an Personalräten, die sowohl Kooperation als auch Konflikt als strategisch relevant erachten, leicht unterschätzt ist, da beide Statements im Fragebogen unmittelbar aufeinanderfolgen und manche der Befragten gemeint haben könnten, dass sie nicht zwei sich vordergründig widersprechenden Statements gleichermaßen zustimmen können. Durch eine Unterbewertung der Zustimmung zum Konflikt würde in der Folge dann auch die Schnittmenge von Kooperation und Konflikt unterschätzt. Eine größere Verzerrung halten wir

Kapitel 7

jedoch für unwahrscheinlich, weil auch die entsprechenden qualitativen Befunde zu den Ergebnissen der schriftlichen Befragung passen. In der Forschung zu Arbeitsbeziehungen ist bei solchen Phänomenen der Verbindung von Kooperation und Konflikt im Anschluss an Müller-Jentsch mitunter von einer »Konfliktpartnerschaft« die Rede. Da es etliche Personalräte, die eigentlich eine Kooperationsstrategie favorisieren, zumindest gelegentlich – und möglicherweise eher ungern – für nötig halten, Konflikte einzugehen, liegt auch hier der Begriff »Konfliktpartnerschaft« nahe, wenngleich der Aspekt »Konflikt« damit etwas überbetont sein dürfte.

Auch ist Müller-Jentschs Verortung des Begriffs »Konfliktpartnerschaft« »zwischen der Skylla des Klassenkampfes und Charybdis der Sozialpartnerschaft«, um das Verhältnis zwischen Kapital und Arbeit zu relativieren, »ohne es zu bagatellisieren« (Müller-Jentsch 1991, S. 8), wenig passend für den öffentlichen Dienst. Möglicherweise sollte ein passenderer Begriff gesucht und entwickelt werden, auch wenn die Grundaussage, dass Kooperation und Konflikt einander nicht ausschließen, auch für den öffentlichen Dienst zutreffend ist.

Außerdem ist darauf hinzuweisen, dass Kooperation im Verständnis vieler Personalräte kein Gegensatz zur Vertretung von Beschäftigteninteressen ist und nicht mit Anpassung verwechselt werden sollte, sondern vor dem Hintergrund der dichten rechtlichen und tarifvertraglichen Regulierung als effektiver, unverzichtbarer Weg der Interessenvertretung gilt.

Danach gefragt, ob »mitunter ernste Konflikte mit dem Arbeitgeber« vorkommen, ergibt sich ein eher gemischtes Bild: Sehr häufig sind Konflikte nur in wenigen Fällen, doch sie kommen durchaus vor (siehe Abbildung 10). Dabei gilt, dass diejenigen Personalräte, die ihre Arbeit insgesamt für erfolgreich halten, besonders häufig angeben, dass sie selten ernste Konflikte mit dem Arbeitgeber hätten.

Abbildung 10: Ernste Konflikte zwischen Personalrat und Arbeitgeber

»Kommen mitunter ernste Konflikte mit dem Arbeitgeber vor?«

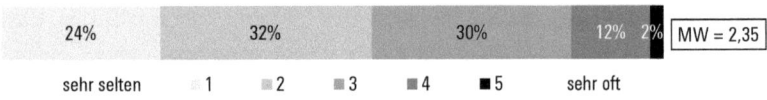

Anmerkungen: n = 556; Ausprägungen 2–4 nicht verbalisiert
Quelle: eigene Erhebung und Darstellung

Obwohl auch Personalräte, die eine regelmäßige Gewerkschaftszusammenarbeit pflegen, meist kooperativ orientiert und mitunter beim Arbeitgeber hoch anerkannt sind, genießen sie aus eigener Sicht zwar bei den Beschäftigten eine höhere Anerkennung, als dies bei gewerkschaftsfernen Personalräten der Fall ist, aber nicht bei der Anerkennung durch die Arbeitgeberseite (s. u. Abbildung 13). Trotz der Dominanz von Kooperation und wechselseitiger Anerkennung drücken sich die Interessenunterschiede doch in den Anerkennungsverhältnissen aus.

In den Ausführungen des Vorsitzenden eines ausgesprochen engagierten gewerkschaftlich orientierten Personalrats wird deutlich, dass Konflikte zwar durchaus vorkommen, aber keineswegs angestrebt werden. Darüber hinaus zeigt sich, dass von »Klassenkampf« nur schwerlich die Rede sein kann, wenn Personalräte Ex-Personalratsmitgliedern gegenübertreten, die nun in einer arbeitgebernahen Position sind; gleichwohl gibt es strukturell bedingt Konflikte:

»Unser stellvertretender Personalchef, der war mal Personalratsvorsitzender, ja, und wenn du die Tätigkeit ausgeübt hast, dann kennst du auch ein bisschen die Strategien und Tricks und Kniffe eines Personalrats und dann weißt du auch, wie die ticken, was die machen, was die vorhaben. [...] Wenn wir mit einem Thema kommen, was ihm da nicht behagt und so weiter, dann beißt er sich daran fest und das nervt dann auch so. [...] Also wir sind nicht diejenigen, die die Verwaltung immer angreifen wollen, sondern wir wollen mitarbeiten, konstruktiv mitarbeiten [...]« (PRV PR-Grp NRW 1.1)

Trotz vorkommender Konflikte – die sich konkret beispielsweise darauf beziehen, dass der Personalrat infolge der Corona-Pandemie eine bessere Ausstattung des Personalrats mit Notebooks forderte – geht es auf betrieblicher Ebene nicht um den Antagonismus von Kapital und Arbeit, sondern meist um verhandelbare und lösbare Konflikte, sofern es nicht um Privatisierung und Ausgliederung geht. Tarifpolitische Auseinandersetzungen werden für die Kommunen allerdings – das ist eine mitzudenkende entlastende Voraussetzung – auf nationalem Level von den Gewerkschaften und der Vereinigung der Kommunalen Arbeitgeberverbände (VKA) in Tarifgemeinschaft mit dem Bund ausgetragen.

7.2 Gespräche und Gegenüber

Die im vorherigen Abschnitt angesprochenen stellvertretenden Personalleiterinnen und -leiter sind nicht die wichtigsten regelmäßigen Ansprechpartner der Personalräte. Als Hauptansprechpartner werden die Personalleitung, die höhere Ebene der Verwaltungsleitung und der Dienstherr genannt (siehe Tabelle 23). Die meisten Personalräte haben – dafür sprechen auch die Interviews – durchaus adäquate Gesprächspartnerinnen und -partner auf Arbeitgeberseite.

Tabelle 23: Regelmäßige Ansprechpartner des Personalrats auf Arbeitgeberseite

»Wer ist regelmäßiger Ansprechpartner des Personalrats auf Arbeitgeberseite?«	
Personalleiter/in, Leiter/in Personalamt	78%
Verwaltungschef, Dienstherr (Ober-/Bürgermeister, Landrat etc.)	73%
Dienststellen-/Hauptamtsleiter/in	57%
Personalsachbearbeiter/Referent/in	36%
stellvertretende/r Personalleiter/in, stellv. Leiter/in Personalamt	19%
stellvertretende/r Dienststellen-/Hauptamtsleiter/in	16%
sonstige	5%

Anmerkungen: n = 559; Mehrfachantworten möglich; sortiert nach Häufigkeit der Nennung
Quelle: eigene Erhebung

Allerdings finden Besprechungen nicht immer regelmäßig und zum Teil eher selten statt. Nur 47 Prozent der Personalräte berichten von einem regelmäßigen Gespräch mit der Dienststellenleitung oder deren Vertretung, das monatlich (36 Prozent) oder häufiger stattfindet (11 Prozent). 41 Prozent geben an, dass Gespräche zwar regelmäßig, aber nur vierteljährlich stattfinden und 13 Prozent, dass diese ausschließlich bei Bedarf erfolgen. Die in den Personalvertretungsgesetzen vorgesehene Frequenz der Gespräche zwischen Personalrat und Dienststellenleitung variiert (z.B. vierteljährlich nach § 63 LPVG NRW, »Monatsgespräch« in Thüringen nach § 66 ThürPersVG TH, monatlich auch in Schleswig-Holstein laut § 47 MBG Schl.-H. und in Brandenburg nach § 57 PersVG BB).

Nun können Gespräche nach Bedarf mehr oder weniger häufig erfolgen und sich, auch wenn sie ergänzend zu regelmäßigen Besprechungen stattfinden, in der Frequenz unterscheiden, doch gänzlich ohne oder bei nur selten stattfindenden regelmäßigen Besprechungen ist das Risiko für Personalräte groß, von vorgesehenen Maßnahmen des Arbeitgebers erst zu einem späten Zeitpunkt zu erfahren – d. h. zu einem Zeitpunkt, an dem die Chancen schwinden, noch Veränderungen erreichen zu können.

Zwar sind Fälle nicht auszuschließen, in denen das Vertrauen zwischen Personalrat und Dienststelle sehr ausgeprägt ist und davon ausgegangen werden kann, dass Informationen im beiderseitigen Einverständnis und ohne nennenswerte Einschränkungen rechtzeitig fließen, sodass die Mitwirkungs- und Mitbestimmungsrechte gewahrt bleiben. Dennoch sprechen unsere Interviews dafür, dass es eine notwendige Voraussetzung für eine solide Personalratspolitik ist, auf regelmäßigen Besprechungen zu bestehen.

Auch an eine kooperative Beziehung können unterschiedliche Ansprüche gestellt werden; zumindest bedeutet eine in der Regel kooperative Beziehung nicht zwangsläufig, dass diese auch besonders gut ist. Auf einer Fünferskala von »sehr gut« (1) bis »sehr schlecht« (5) verorten 60 Prozent der Personalräte das Verhältnis zwischen Personalrat und Dienststellenleitung im Bereich von »sehr gut« und gut; nur 12 Prozent bewerten das Verhältnis schlecht oder »sehr schlecht« (siehe Abbildung 11).

Abbildung 11: Verhältnis zwischen Personalrat und Dienststellenleitung

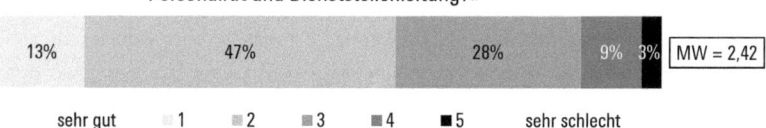

Anmerkungen: n = 556; Ausprägungen 2–4 nicht verbalisiert
Quelle: eigene Erhebung und Darstellung

Doch auch wenn Konflikte – von Ausnahmen abgesehen – sachlich klar eingegrenzt oder lediglich temporär sind, heben sich Interessenunterschiede nicht auf. Dennoch ist uns kein Fall begegnet, in dem arbeitgeberseitig versucht worden wäre, einen Personalrat zu verhindern oder abzuschaffen, auch wenn Personalräte in Einzelfällen harte Konflikte führen, um vom Arbeitgeber als Beschäftigtenvertretung anerkannt zu werden. Andererseits sprachen wir auch mit keinem Personalrat, der die Interessen der Beschäftigten durchgehend im Konflikt mit der Dienststelle sehen und meinen würde, er könne oder müsse die Interessen der Beschäftigten regelmäßig nur im Konflikt durchsetzen.

Grundsätzliche Konflikte traten in der Vergangenheit öfter dann auf, wenn sich Personalräte darum bemühten, Personalabbau, Ausgliederungen und Privatisierungen zu verhindern – wenngleich meist mit wenig Erfolg (s. o. Abbildung 2). Der heute in vielen Kommunen stattfindende Personalaufbau dagegen bietet faktisch weniger Konfliktanlässe.

7.3 Selbstverständnis und Beziehung zur Dienststelle

Manche Personalräte sind – etwas zugespitzt formuliert – eher an der Befolgung gesetzlicher und tarifrechtlicher Vorgaben als an einem Selbstzweck orientiert, während bei anderen die Belegschaftsinteressen im Vordergrund stehen, zu deren Durchsetzung Recht und Tarifverträge als Instrumente genutzt werden. Auch im letzteren Fall gibt es unterschiedliche Vorgehensweisen, etwa indem man mehr oder weniger strikt, aber reaktiv auf den Rechten und Interessen der Beschäftigten beharrt oder versucht, Veränderungen frühzeitig mitzugestalten oder selbst initiativ zu werden.

Wahrscheinlich gibt es darüber hinaus auch Personalräte, die die Politik der Dienststelle in der Regel vollständig mittragen, ohne abweichende Anliegen einzubringen. Gelegentlich muss Kooperation dabei jedoch insofern an eine Grenze stoßen, als Personalräte weniger kooperieren als vielmehr weitgehend zu operativen Einheiten der Personalabteilung werden. Solche Fälle fanden sich jedoch in den qualitativ untersuchten Kommunen nicht, sie sind uns lediglich vom Hörensagen bekannt.

Die Mehrheit der Personalräte versteht sich als ein Kontroll- und Schutzorgan für die Interessen der Beschäftigten. 92 Prozent geben an, dass diese Beschreibung ihrer eigenen Rolle »voll« oder zumindest weitgehend zutrifft (siehe Abbildung 12). Immerhin 70 Prozent sehen sich durch das Statement »Der Personalrat ist ein ausgleichender Faktor, der das gegenseitige Verständnis fördert« richtig oder weitgehend richtig charakterisiert.

Abbildung 12: Rolle des Personalrats in der Praxis

»Wie sieht die Rolle des Personalrats in der Praxis aus?«

Kontroll- und Schutzorgan für die Interessen der Beschäftigten

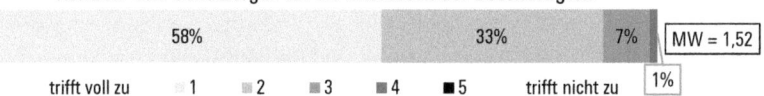

Mitgestalter, der möglichst überall mitwirkt und sich überall einmischt

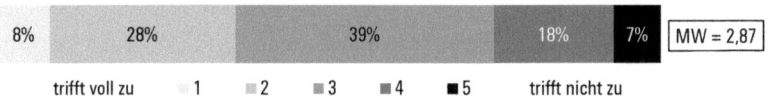

Der Personalrat ist ein ausgleichender Faktor, der das gegenseitige Verständnis fördert

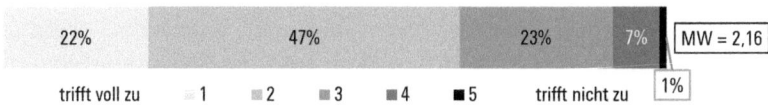

Der Personalrat sorgt <u>immer</u> für die Einhaltung der gesetzlichen und tarifvertraglichen Regelungen, egal wem das nützt

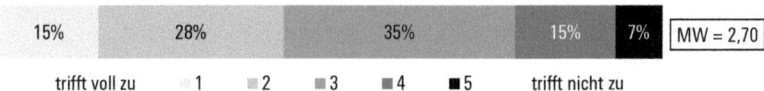

Kritisch betrachtet dient der Personalrat auch der Legitimation von Arbeitgeberentscheidungen

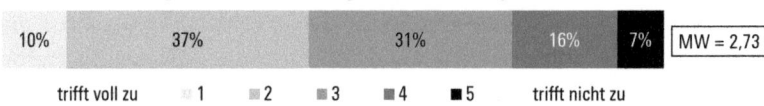

Der Personalrat kümmert sich um den sozialen Zusammenhalt in der Belegschaft

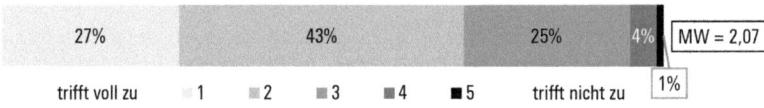

Anmerkungen: n = 556; Ausprägungen 2–4 nicht verbalisiert
Quelle: eigene Erhebung und Darstellung

Deutlich weniger Zustimmung findet mit 36 Prozent die Beschreibung des Personalrats als »Mitgestalter, der möglichst überall mitwirkt und sich überall einmischt«, also ein Rollenverständnis als »Co-Manager« – wobei angemerkt werden kann, dass die Formulierung »sich überall einmischen« zwar von manchen Personalräten als ideales Verhalten, von anderen jedoch als abwertende Formulierung gedeutet und deshalb von diesen ungern gewählt worden sein mag.

Immerhin 43 Prozent der Personalräte halten die Rollenbeschreibung »Der Personalrat sorgt *immer* für die Einhaltung der gesetzlichen und tarifvertraglichen Regelungen, egal wem das nützt« für »voll« oder weitgehend zutreffend. Eine ähnliche Haltung hatten wir mit 26 Prozent beim Umgang mit Eingruppierungen gefunden (s. o. Tabelle 15). Da in diesem Statement ein Bezug auf Interessenvertretung explizit negiert wird, ist die Häufigkeit, mit der ihm gleichwohl zugestimmt wird, sehr aussagekräftig.

Allerdings wählen immerhin 41 Prozent der Personalräte, die beim Statement »Kontroll- und Schutzorgan für die Interessen der Beschäftigten« voll zutreffend oder zutreffend angeben, dieselben Ausprägungen auch bei der Rollenbeschreibung »Der Personalrat sorgt *immer* für die Einhaltung der gesetzlichen und tarifvertraglichen Regelungen, egal wem das nützt«. 12 Prozent sind sogar der Auffassung, dass beide Statements zugleich voll zutreffen.

Dies überrascht, wenn man die bloße Kontrolle der Einhaltung gesetzlicher und tarifvertraglicher Regeln nicht auch als hinreichend ausgeprägte Interessenvertretung deutet. Interessenvertretung findet jedoch in den Augen mancher Personalräte genau dann erfolgreich statt, wenn sich der Personalrat strikt für die Umsetzung aller Regeln einsetzt.

Zudem sollte nicht unbeachtet bleiben, dass mit 47 Prozent fast die Hälfte der Personalräte auch einen selbstkritischen Blick auf die eigene Rolle einnimmt, wenn sie der Aussage »Kritisch betrachtet dient der Personalrat auch der Legitimation von Arbeitgeberentscheidungen« zustimmt. Dieser kritische Blick steht jedoch nicht im Gegensatz zu einem ansonsten positiven Selbstverständnis – beispielsweise stimmen 43 Prozent der Personalräte sowohl dem Statement »Schutzorgan« als auch dem Statement »Legitimation von Arbeitgeberentscheidungen« voll oder weitgehend zu; 7 Prozent stimmen sogar beiden Statements voll zu.

71 Prozent schließlich sind der Auffassung, dass das Statement »Der Personalrat kümmert sich um den sozialen Zusammenhalt in der Beleg-

schaft« eine angemessene Rollenbeschreibung darstellt. Auch dieses Rollenverständnis sollte nicht zwangsläufig als Gegensatz zu den anderen Aussagen verstanden werden.

Die Arbeitsweise der meisten Personalräte darf – dies zeigen auch die Interviews – als in hohem Maße regelgeleitet gelten. In der Beziehung zur Dienststelle spielt die Begleitung des Verwaltungshandelns eine zentrale Rolle, die mit Variationen in allen Bundesländern personalvertretungsrechtlich vorgesehen und mit mehr oder weniger Mitbestimmungsrechten ausgestattet ist.

Ein wichtiges Konfliktfeld ist der Verstoß des Arbeitgebers gegen Regeln, insbesondere gegen das Personalvertretungsrecht. Nur wenige Arbeitgeber verstoßen den befragten Personalräten zufolge nie gegen die Regeln des Personalvertretungsrechts (8 Prozent), eine Mehrheit von 57 Prozent hält sich zumindest in den meisten Fällen daran. Bei 19 Prozent ist dies nur teilweise der Fall, weitere 12 Prozent verstoßen öfter und 4 Prozent sogar regelmäßig gegen das Personalvertretungsrecht.

In manchen Kommunen werden so gut wie alle Mitbestimmungs- und Mitwirkungsvorgänge in Form von Dienstvereinbarungen oder unterzeichneten Protokollen vollständig dokumentiert, in anderen spielen auch mündliche Absprachen eine größere Rolle. Immerhin 56 Prozent der Befragten geben an, dass sie »versuchen, möglichst alles in Form von Dienstvereinbarungen zu regeln«, 41 Prozent sind der Auffassung sind, dass häufig auch ein Protokoll genügt und 13 Prozent finden, dass mündliche Absprachen in der Regel ausreichend sind (Mehrfachnennungen). Mitunter, so wird in Interviews berichtet, wird Verwaltungshandeln auch lediglich pro forma abgesegnet oder auf das Verfallen von Fristen gewartet, um stillschweigend zuzustimmen (»abfristen«).

In vielen Fällen müssen Personalräte der Arbeitgeberseite den Abschluss von Dienstvereinbarungen nicht aufzwingen. Zwar gehen Dienstvereinbarungen den Befragten zufolge in 30 Prozent der Kommunen überwiegend auf die Initiative der Personalräte zurück, aber in 55 Prozent der Fälle geht die Initiative überwiegend von Personalrat und Arbeitgeber gemeinsam aus. Darüber hinaus ist es in 16 Prozent der Fälle überwiegend der Arbeitgeber, der die Initiative für Dienstvereinbarungen ergreift.

Bemerkenswert ist, dass Personalräte ihre Arbeit insgesamt – also nicht unmittelbar auf Dienstvereinbarungen bezogen – als besonders erfolgreich bewerten, wenn die Initiative für Dienstvereinbarungen überwiegend von

Personalrat und Arbeitgeber gemeinsam ausgeht (Mittelwert 3,59 auf einer Fünferskala von »wenig erfolgreich« [1] bis »sehr erfolgreich« [5]). Auch wenn die Initiative überwiegend vom Arbeitgeber ausgeht (Mittelwert 3,45), schätzen die Personalräte ihre Arbeit als erfolgreicher ein, als wenn die Initiative für Dienstvereinbarungen überwiegend von ihnen selbst ausgeht (Mittelwert 3,32).

Anerkannte Personalräte werden frühzeitig miteinbezogen oder es wird seitens des Arbeitgebers zumindest als sinnvoll erachtet, dem Personalrat Dienstvereinbarungen vorzulegen, statt darauf zu warten, bis der Personalrat diese einfordert.

Auch wenn es beim Abschluss von Dienstvereinbarungen zu Konflikten kommen kann, wäre es in vielen Fällen wenig adäquat, im vollen Sinne von *collective bargaining* zu sprechen. Zwar wird die Deutung einer Situation bzw. rechtlichen Anforderung mehr oder weniger durch die jeweilige Interessenlage gefärbt sein, doch der primäre Ausgangspunkt ist in vielen Fällen keine unabhängig gesetzte Interessendefinition des Personalrats bzw. der Beschäftigten – auch nicht des Arbeitgebers –, sondern die Orientierung an gesetzlichen und tarifvertraglichen Vorgaben.

Im Kern geht es um die Umsetzung, nicht um das Aushandeln von Regeln. Selbst wenn Fragen strittig sind und die Einigungsstelle angerufen wird, lässt sich dies oft noch als Konflikt um die korrekte Regelbefolgung verstehen. Sofern es zu Konflikten kommt, werden diese ausschließlich oder überwiegend intern gelöst (88 Prozent). In 15 Prozent der Konfliktfälle werden Gewerkschaften oder Arbeitgeberverband unterstützend tätig, 10 Prozent geben an, dass eine Konfliktlösung manchmal erst durch die Einigungsstelle erzielt wird, und 5 Prozent, dass mitunter eine gerichtliche Klärung erforderlich ist.

Wo es zu Einigungsstellenverfahren kam, gab es in den beiden vorangegangenen Jahren im Durchschnitt anderthalb Verfahren, wobei in durchschnittlich knapp einem Verfahren im Sinne oder eher im Sinne des Personalrats entschieden wurde. Damit überwiegen solche Entscheidungen zwar, da aber viele Personalräte negative Entscheidungen antizipieren und dann den Weg zur Einigungsstelle scheuen, besagt diese Erfolgsquote wenig.

Ein Personalratsvorsitzender erzählte im Interview, dass er künftig auf die Einigungsstelle verzichte, weil deren Entscheidungen bisher stets gegen den Personalrat getroffen worden seien. Er sieht das Problem darin, dass die unabhängige Leitung der Einigungsstelle durch eine Person mit Befähigung zum Richteramt und deren Ernennung durch obere Verwaltungsgerichte wenig Verständnis für die Sicht eines Personalrats aufbringe.

In Kommunen, in denen es tatsächlich zur gerichtlichen Klärung eines Konflikts kam, gab es im Schnitt der beiden letzten Jahre etwas mehr als einen Fall. Der größere Teil dieser wenigen Fälle wurde zugunsten des Personalrats entschieden. Nach den Gelegenheiten gefragt, bei denen man sich mit dem Arbeitgeber nicht einigen konnte, erläutert eine ausgesprochen engagierte Personalratsvorsitzende:

»Das sind die [Fälle] dann, wo wir dann in die Einigungsstelle gehen. Das ist ganz selten gewesen eigentlich, aber dann endet das meistens so: ›Wir sehen das jetzt sportlich. Wir haben unterschiedliche Auffassungen zu diesem Thema. Wir müssen das klären lassen.‹ Und dann gehen wir in die Einigungsstelle. Das hatte man, glaube ich, viermal oder so, also ganz selten.« (PRV TH 2.1)

Und nachgeschoben wird:

»Eigentlich sind wir eher der Typ, wo wir sagen: ›Wir verhandeln.‹« (PRV TH 2.1)

Faktisch geht es auch diesem Personalrat in der Regel darum, den Regeln zu ihrem Recht zu verhelfen, weil man am kürzeren Hebel sitze und gewöhnlich auch mit Dienstvereinbarungen keineswegs die volle Mitbestimmung verbunden sei. Ausgerechnet die Dienstvereinbarung, die mit der Umsetzung des umstrittenen Paragraphen zur leistungsorientierten Bezahlung (LOB) verbunden und einvernehmlich abzuschließen ist, brachte diesbezüglich neue Erfahrungen:

»Was ein sehr großer Lernprozess als Personalrat war, war der Paragraph 18 TVöD, weil es war der erste Punkt, wo wir als gleichberechtigte Partner direkt im Tarifvertrag formuliert worden sind, also gleichgestellt. Die Personalvertretungsgesetze, die haben ja immer entweder nur eingeschränkte Mitbestimmung, die volle Mitbestimmung ist ja auch keine richtige im Endeffekt. […] Aber da konnten wir uns hinsetzen und da haben wir gelernt. Und da haben wir Unterbrechungen in den Verhandlungen gemacht und sind rausgegangen und haben gesagt: ›Wir müssen das jetzt nicht mitmachen. Wir sind gleichberechtigt. Die müssen auch auf uns zukommen. Wir sind in einer anderen Situation.‹ Und wieder reingegangen in die Verhandlung. Also das hat uns ganz schön gestärkt.« (PRV TH 2.1)

Vor dem Hintergrund der tarifvertraglichen Regelungen zur LOB wird hier eine echte Verhandlungssituation beschrieben, wie sie der betreffende Personalrat auch ansonsten vorziehen würde – eine Situation, die nur dann als positiv erfahren werden kann, wenn es nicht an Anerkennung und Kompetenz fehlt, um damit umzugehen. Man ist sich durchaus bewusst, dass viele Personalräte mit einer solchen Situation weniger gut zurechtkommen:

»Aber ja, ich habe auch mitbekommen, dass die ganzen kleinen Personalräte rings um [Stadt] total überfordert waren mit der Situation.« (PRV TH 2.1)

Die Bestimmungen zur Umsetzung der LOB eröffnen eine echte Verhandlungskonstellation auf tarifvertraglicher Basis. Die Chance, als eigenständiger Akteur zu verhandeln, ist für Personalräte vor allem dann attraktiv, wenn sie beim Arbeitgeber wie bei den Beschäftigten anerkannt (siehe Abbildung 13) und hinreichend kompetent sind und es ihnen neben der Durchsetzung der materiellen Interessen der Beschäftigten auch darum geht, gestalterisch mitzuwirken.

Vor diesem Hintergrund hatten auch Verwaltungsreformen und New Public Management für einen Teil der Personalräte hohe Attraktivität, versprachen sie doch erweiterte Handlungs- und Gestaltungsspielräume und die Möglichkeit, dass die Personalratsmitglieder nicht bloße Kontrolleure der Regeleinhaltung, sondern gestaltende Co-Managerinnen und -manager sein würden.

Da die Modernisierung der Kommunalverwaltungen dann jedoch von einer Austeritätspolitik überlagert wurde und in Privatisierungen oder zumindest zunehmenden Leistungsdruck mündete, kam ein nachhaltiges Projekt des *integrative bargaining* häufig nicht zustande. Statt der versprochenen Spielräume traten in der Vergangenheit bei Privatisierungen und Personalabbau – die derzeit jedoch in den Kommunen keine große Rolle spielen – trotz aller Verrechtlichung auch stärkere Interessendivergenzen zutage, bei denen die Personalräte mit den Erwartungen der Beschäftigten konfrontiert waren.

Trotz der überwiegend kooperativen Strategie der meisten Personalräte sehen sich diese zwar mehrheitlich von den Beschäftigten als eher hoch oder »hoch anerkannt«, aber weniger von der Dienststellenleitung. 17 Prozent der Personalräte gehen davon aus, dass sie bei der Dienststellenleitung eher wenig oder »wenig anerkannt« sind (siehe Abbildung 13).

Abbildung 13: Anerkennung bei Beschäftigten und Dienststellenleitung

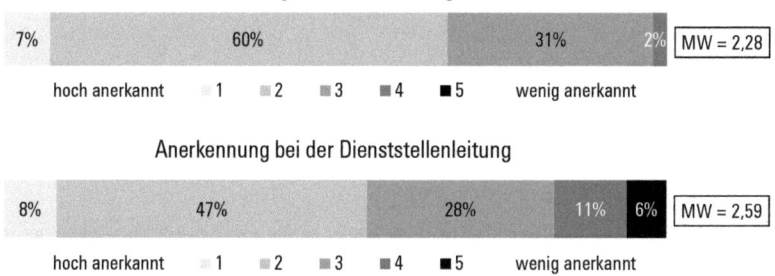

Anmerkungen: n = 526; Ausprägungen 2–4 nicht verbalisiert
Quelle: eigene Erhebung und Darstellung

Selbstverständlich ist damit zu rechnen, dass manche Personalräte aus Überlastung, Überforderung oder auch Loyalität zur Dienststellenleitung selbst dann vor Konflikten zurückscheuen, wenn diese im Interesse der Beschäftigten angemessen wären. In solchen Fällen gibt es mitunter Kritik, insbesondere wenn dort mehrere Listen bestehen.

Naheliegend ist dann Kritik an dem bzw. der Vorsitzenden. So wirft ein Personalratsmitglied seinem Vorsitzenden im Interview vor, »schwach« zu sein und eine »Tendenz zum Relativismus und des Schulterschlusses mit der Dienststellenleitung« (Stellv. PRV TH 1.1) zu zeigen. Ähnliche Aussagen bekamen wir des Öfteren zu hören. Kritik tritt auch dann rasch auf, wenn man sich selbst oder die eigene Liste empfehlen möchte.

7.4 Anerkennung und Mikropolitik

Beziehungen zwischen Personalrat und Arbeitgeber, die von Konflikten dominiert werden, sind nicht nur rar, sondern meist auch temporären Charakters. Oft geht es dabei um Anerkennungskonflikte, etwa wenn ein neu gewählter Bürgermeister eine Zusammenarbeit mit dem Personalrat meint umgehen zu können, um dann allmählich zu lernen, dass es ohne dessen Beteiligung nicht geht.

In einer Kommune hat ein solches Vorgehen der neuen Verwaltungsspitze bei einer umfassenden Umstrukturierung der Verwaltung – Neuaufteilung der Ämter, Personalaufstockung bei den Führungskräften – in der Tat zu einem tiefen Zerwürfnis geführt. Während manche Personalratsmitglieder zugestehen, dass mit dem neuen Bürgermeister »frischer Wind« eingekehrt sei, wird zugleich beklagt, dass nun alles infrage gestellt und die Interessen der Beschäftigten nicht hinreichend berücksichtigt würden. Seit dem Wechsel an der Verwaltungsspitze gebe es grundsätzlich verschiedene Auffassungen zu den Aufgaben des Personalrats und zum Einfluss der Dienststellenleitung. Unter diesen Voraussetzungen sieht der Personalrat keine Basis für eine vertrauensvolle Zusammenarbeit.

Sofern kein Verhältnis der wechselseitigen Anerkennung entsteht, kann sich eine von Konflikten geprägte Situation über längere Zeit hinziehen und auch personelle Wechsel überdauern. In einem bereits 2009 in einem anderen Kontext geführten Interview legte ein Personalratsvorsitzender dar, dass der neue Bürgermeister seines Erachtens von der Verwaltung in eine bereits seit Längerem bestehende Konfliktlinie eingeführt worden sei.

»Paritätische Bewertungskommission – dann hat der Bürgermeister, da war er gerade gewählt, uns gesagt: ›Natürlich, selbstverständlich, das machen wir‹, und dann hab ich gesagt […]: ›Das hört sich schon mal gut an.‹ Das haben wir dann protokolliert. Das dauerte aber kein Vierteljahr, da waren die hier wieder davon ab. Das war also – Entschuldigung, dass ich das so sage – Gehirnwäsche des zentralen Personalservice. Dem neuen Bürgermeister ist klargeworden: So [geht's] nicht.« (PRV NRW 5-2009)

In einem späteren, 2011 geführten Gespräch in derselben Kommune verdeutlichte eine Personalrätin den Eindruck, der schon 2009 kaum von der Hand zu weisen war, dass es hier an wechselseitiger Anerkennung fehlt:

»Früher hatten wir einen alten Personalratsvorsitzenden, […] schon lange ist es her, der hat damals immer zu dem Bürgermeister gesagt: ›Ich bin länger im Amt als Sie.‹« (PR NRW 5-2011)

Auch im Jahr 2021 ist das Misstrauen noch nicht verschwunden und noch immer gibt es Anklänge an die Zeit vor mehr als einer Dekade:

»Wie gesagt, und was wichtig ist, ist eigentlich die Kommunikation untereinander auf Augenhöhe, die teilweise stattfindet und wo man […] manchmal auch mitkriegt, dass die Verwaltung auch gegenüber dem Bürgermeister nicht immer unbedingt die ehrliche Kommunikation führt, sondern teilweise Eigeninteressen natürlich auch für sich entdeckt hat, die der Bürgermeister nur im Nachhinein durch uns dann sozusagen widergespiegelt bekommt. Das ist dann natürlich auch manchmal sehr schwierig.« (PR-Grp NRW 5.2)

Doch die Allianzen ändern sich; der Personalrat bietet dem Bürgermeister jetzt an, ihm die Informationen zu liefern, die er von seiner Verwaltung nicht immer zuverlässig erhält. Ein weiteres Personalratsmitglied legt dar, dass es noch immer an Wertschätzung fehlt und seitens der Verwaltung keine vertrauensvolle Zusammenarbeit gepflegt wird:

»Also ich persönlich muss von der Verwaltung nicht gewertschätzt werden, [...] was ich in dem Kontext natürlich schwieriger finde, ist, dass unser Verhalten, was völlig korrekt ist, aus dem Kontext gerissen wird und dann bei manchen Menschen rumerzählt wird und als Wahrheit verkauft wird. Und dann kommen die Kollegen zu uns und sagen: ›Wie können Sie nur?‹ [...] Warum erzählt die Verwaltung denn so was? [...] da würde ich mir einfach wünschen, dass Sachen, die nicht in die Öffentlichkeit des Rathauses gehören, einfach da nicht hinkommen. Und wenn der Personalrat entschieden hat, er lehnt ab, weil Unterlagen fehlen, dass dann nicht manche Führungskräfte hingehen und sagen: ›Das hat der Personalrat verhindert, der will nicht, dass das umgesetzt wird.‹ [...] und ich muss oft feststellen, dass dort manche Leute Interessen haben am Bürgermeister vorbei [...].« (Stellv. PRV PR-Grp NRW 5.2)

Hier mischen sich Mikropolitik in der Verwaltung, Anerkennungsverweigerung und die Arbeitgeber-Personalrats-Beziehung. Es wird deutlich, dass in einer Kommunalverwaltung trotz der im Kern hierarchischen Struktur oft komplexe Kooperations- und Konfliktbeziehungen bestehen. Vor diesem Hintergrund ist es naheliegend, dass nicht immer nur die förmlichen Verfahren, sondern auch informelle Gespräche zwischen Mitgliedern des Personalrats und der Dienststelle sinnvoll sein können.

Danach gefragt, welchem der beiden Wege der Personalrat einen größeren Einfluss auf die Entscheidungen der Dienststelle beimisst, wählen lediglich 14 Prozent der befragten Personalräte Verhandlungen im förmlichen Beteiligungsverfahren; mit 37 Prozent entscheiden sich deutlich mehr für informelle Gespräche mit der Dienststelle. Die Hälfte aller Personalräte ist allerdings der Auffassung, dass förmliche und informelle Kontakte beim Einfluss auf Entscheidungen der Dienststelle in etwa das gleiche Gewicht haben.

Kapitel 7

Gespräche mit Fraktionen des Stadt- oder Gemeinderats bzw. des Kreistags, die – wie einige wenige Personalratsmitglieder in Interviews berichten – durchaus bedeutsam sein können, um Einfluss auf für die Beschäftigten relevante Entscheidungen zu bekommen, führen die meisten Personalräte allerdings nicht. 68 Prozent von ihnen geben an, dass es keinerlei solche Kontakte gibt; 27 Prozent berichten zwar von einem gelegentlichen Austausch, aber von keiner Zusammenarbeit. Vier Prozent geben einen gelegentlichen Austausch und Zusammenarbeit an und lediglich ein Prozent berichtet von einem regelmäßigen Austausch und von Zusammenarbeit.

Viele Personalratsmitglieder lehnen Kontakte mit Ratsfraktionen im Interview explizit ab oder wollen allenfalls dann mit Fraktionen sprechen, wenn diese den Personalrat von sich aus um dessen Einschätzung zu verwaltungsinternen Entwicklungen bitten. Neben einem explizit unpolitischen Selbstverständnis und der Loyalität zur Dienststellenleitung, die man nicht durch Gespräche mit den Fraktionen hintergehen möchte, spielen hier bei manchen Personalräten auch rechtliche Bedenken eine Rolle.

Allerdings verhalten sich einige wenige Personalräte ganz anders und erzielen damit auch Erfolge:

»Wir haben einen eigenen Reinigungsdienst, ne, das ist einfach toll. Und also auch nicht in der billigsten Entgeltgruppe, die werden hier alle toll bezahlt [...] Und klar bin ich dafür auch in die Ratsversammlung gegangen, hab mir [...] auch Menschen gesucht, [...] wo du eigentlich weißt, die sind nicht unbedingt den Beschäftigten gesonnen, aber wir haben dann also auch Gespräche geführt, da ist also auch meine Kollegin aus dem Reinigungsdienst dabei gewesen. Aus dem Personalrat eine Kollegin aus der Bauunterhaltung und wir haben dann also gesagt: ›Mann, können wir darüber nicht mal reden?‹ Und wir haben das also tatsächlich geschafft, sogar unsere FDP-Mitglieder davon zu überzeugen, dass das gut ist, einen eigenen Reinigungsdienst zu haben. [...] das sind einfach Erfolge.« (PRV SH 2.1)

Über die verschiedenen Optionen nachdenkend, die dem Personalrat zur Durchsetzung der Anliegen der Beschäftigten zur Verfügung stehen, nennt eine Personalratsvorsitzende auch die Möglichkeit, eine Dienstaufsichtsbeschwerde gegen den Oberbürgermeister einzureichen oder sich an die Stadtverordnetenversammlung zu wenden, um sich dort Unterstützung gegen den Oberbürgermeister zu holen. Dies sei jedoch riskant:

»Mal davon abgesehen, was das für Personalratsmitglieder bedeuten könnte, die ja weiterhin Arbeitnehmer bleiben, [...] sollte man als Personalrat, wenn man nicht selbstmörderisch unterwegs ist, glaub ich, sagen: ›Wie ist denn die Stadtverordnetenversammlung zusammengesetzt?‹ Ja, weil auch der Oberbürgermeister gehört ja regelmäßig, meistens einer Partei an, ja, und wenn diese Partei auch unter Umständen in gewissen Konstellationen die Mehrheit hat in einer Stadtverordnetenversammlung, dann müsste natürlich die Stadtverordnetenversammlung nach Recht und Gesetz entscheiden und müsste vielleicht zu dem Schluss kommen: Unser Oberbürgermeister hat sich hier rechtswidrig verhalten und, sozusagen, die Dienstaufsichtsbeschwerde ist begründet. [Aber] in der Praxis schießt doch niemand seinem Oberbürgermeister, wenn er die politische Mehrheit hat, die Füße weg.« (PRV BB 5.3)

Manchmal ist es auch schlicht so, dass sich Personalräte von Gesprächen mit den Ratsfraktionen wenig oder zumindest weniger versprechen als von Beratungen mit (Ober-)Bürgermeister, Landrat oder Personalleitung. Es gibt auch Ratsvertreterinnen und -vertreter, deren Vorstellungen vom öffentlichen Dienst sich in der Nähe gängiger Beamtenklischees bewegen, während Dienststellenleitungen vergleichsweise größere Sachlichkeit und Kompetenz aufbringen.

Gleichwohl sprechen die Beispiele, in denen Personalräte Kontakte mit Fraktionen pflegen, dafür, dass der Einfluss auf diesem Wege ausgebaut werden kann. Auch wenn viele Personalräte politische Machtressourcen bisher nicht nutzen bzw. nicht einfach nutzen können, wäre deren Nutzung doch häufiger sinnvoll, als dies praktiziert wird.

Die Selbsteinschätzung der Personalräte hinsichtlich ihres Einflusses auf die Entscheidungen des Arbeitgebers »im Großen und Ganzen« ist eher ernüchternd, zumal anzunehmen ist, dass der eigene Einfluss selten unterschätzt wird. Auf einer Fünferskala von »wenig Einfluss« (1) bis »viel Einfluss« (5) billigen sich 25 Prozent der Personalräte »viel Einfluss« oder eher viel Einfluss zu (darunter lediglich 3 Prozent »viel Einfluss«), 32 Prozent eher wenig oder »wenig Einfluss« (darunter 9 Prozent dezidiert »wenig Einfluss«). 44 Prozent der Personalräte verorten sich in der Mitte und billigen sich zumindest einen gewissen Einfluss zu; der Mittelwert beträgt 2,87 (s. o. Abbildung 2).

Die Beziehung zur Dienststellenleitung entwickelte sich aus der Sicht der Personalräte in den vergangenen Jahren positiv. Immerhin 48 Prozent der Personalräte geben an, das Verhältnis habe sich in den letzten Jahren verbessert, und lediglich 12 Prozent meinen, es habe sich verschlechtert (siehe Abbildung 14). Dies hat verschiedene Gründe – so ist etwa auch nicht auszuschließen, dass ein besseres Verhältnis zwischen Personalrat und Arbeitgeber die Folge von reduzierten Ansprüchen der Personalräte, weniger Gewerkschaftseinfluss oder ähnlichen Veränderungen ist.

Abbildung 14: Verhältnis zwischen Personalrat und Dienststellenleitung bzw. Arbeitgeberseite

»Wie hat sich das Verhältnis zwischen Personalrat und Dienststellenleitung bzw. Arbeitgeberseite in den letzten Jahren entwickelt?«

Verhältnis im Jahr 2022 a)

| 13% | 35% | 39% | 9% | 3% | MW = 2,54 |

stark verbessert 1 ■2 ■3 ■4 ■5 stark verschlechtert

Verhältnis im Jahr 2007 (WSI-Erhebung) b)

| 6% | 25% | 52% | 14% | 3% | MW = 2,82 |

stark verbessert 1 ■2 ■3 ■4 ■5 stark verschlechtert

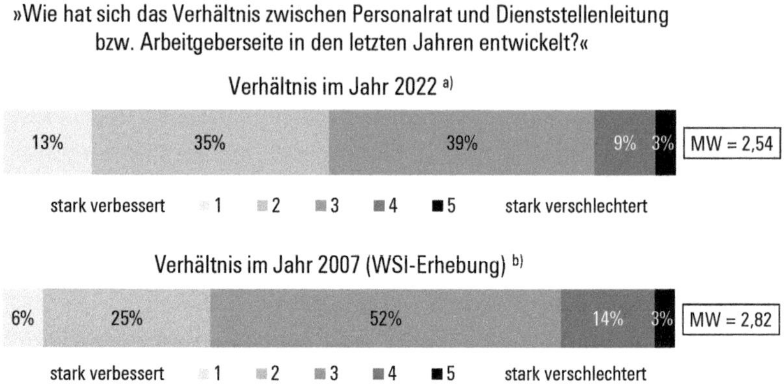

Anmerkungen: a) n = 556; b) WSI-Erhebung 2007 (nur Daten zu den Gemeinden; Ausprägungen 2–4 nicht verbalisiert)
Quellen: a) eigene Erhebung und Darstellung; b) Infas 2007, Tab. 122B, eigene Darstellung (Mittelwert nicht auf Basis der Prozentwerte, sondern der Originaldaten berechnet)

Solche Gründe werden gelegentlich mitspielen, mit der Abkehr von Privatisierungen und Austeritätspolitik haben sich jedoch nicht zuletzt die Konfliktanlässe verringert. Außerdem haben oft eine (zumindest vorübergehend) verbesserte Haushaltslage und Personalmangel die Position der Personalräte gestärkt, auch wenn dies nicht allen Personalräten bewusst ist. Ein Vergleich mit der WSI-Erhebung von 2007 zeigt zudem, dass die Personalräte inzwischen häufiger eine positive Entwicklung ihrer Beziehung zur Dienststellenleitung bzw. Arbeitgeberseite sehen.

Aus der Sicht der meisten Personalräte sind es nicht primär Konflikte, die der Zielerreichung dienen, auch wenn gelegentliche Konflikte mit der Dienststellenleitung bzw. dem Arbeitgeber für unvermeidbar gehalten werden. Nur selten setzen Personalräte auf die Unterstützung durch die Ratsfraktionen; die meisten nutzen politische Machtressourcen dieser Art nicht – entweder aus Vorsicht oder Loyalität oder auch wegen ihres Selbstverständnisses als verwaltungsinternes Vertretungsorgan. Beispiele zeigen jedoch, dass die Nutzung politischer Machtressourcen die eigenen Durchsetzungschancen durchaus verbessern kann.

8 Personalrat und Gewerkschaften

8.1 Zusammenarbeit von Personalräten und Gewerkschaften

In der Literatur zum dualen System der industriellen Beziehungen gilt die Differenzierung zwischen betrieblicher Beschäftigtenvertretung und Tarifautonomie – die rechtlich weitgehend unabhängig voneinander sind, aber zusammenwirken – als zentrales Charakteristikum und Erfolgsgarant (siehe dazu Kapitel 2.1; kritisch Artus/Röbenack 2021, S. 471 ff.). Zwar nehmen Untersuchungen zu betrieblichen Beschäftigtenvertretungen meist Betriebsräte in den Blick, aber der Befund, dass die Akteure der Arbeitnehmerseite auf sektoraler und betrieblicher Ebene durch eine enge Zusammenarbeit und gegenseitige Unterstützung profitieren, dürfte auch auf Personalräte übertragbar sein.

Als typisches Merkmal einer gelingenden Zusammenarbeit gilt eine Art Austauschbeziehung, in deren Rahmen die Gewerkschaft die betriebliche Beschäftigtenvertretung durch Schulung und Beratung unterstützt und durch den Abschluss von Tarifverträgen entlastet. In ihrer Eigenschaft als Gewerkschaftsmitglieder betreiben Personalrätinnen und -räte umgekehrt Mitgliederwerbung für die Gewerkschaft und kümmern sich darum, dass die Mobilisierung der Beschäftigten bei Tarifkonflikten gesichert wird. Immer wieder betonen gewerkschaftsnahe Personalräte die Relevanz gewerkschaftlicher Unterstützung für ihre Arbeit.

Allerdings sind nicht in allen Personalräten, sondern lediglich in 77 Prozent Gewerkschaftsmitglieder vertreten. 71 Prozent der gewerkschaftlich organisierten Personalratsmitglieder gehören ver.di an, 22 Prozent sind bei Komba organisiert. Der gewerkschaftliche Organisationsgrad unter allen an unserer Erhebung beteiligten Personalratsgremien liegt bei 41 Prozent; 29 Prozent aller Personalräte sind bei ver.di und 9 Prozent bei

Komba organisiert (s.o. Tabelle 13). An dem Austauschverhältnis, wie es für das duale System der Arbeitsbeziehungen charakteristisch ist, sind folglich nicht alle Personalräte beteiligt.

Der Anteil der Personalräte, der angibt, regelmäßig oder gelegentlich mit verwaltungsexternen haupt- oder ehrenamtlichen Vertreterinnen und Vertretern der Gewerkschaften zusammenzuarbeiten – eine bewusst weit gefasste Definition –, fällt mit 52 Prozent nicht sehr hoch aus. Lediglich 14 Prozent der Personalräte berichten von einer regelmäßigen Zusammenarbeit mit den Gewerkschaften (siehe in Tabelle 24 oben).

Fast die Hälfte gibt hingegen an, dass es keine Kontakte zu Gewerkschaften gibt. Etwa ein Viertel aller Personalräte berichtet, zwar keine direkten Kontakte zu haben, aber gelegentlich gewerkschaftliche Materialien zu nutzen, ein weiteres Viertel hat weder Kontakt noch nutzt es Materialien. Selbst dort, wo die Personalratsvorsitzenden einer Gewerkschaft angehören – was bei 57 Prozent der Personalräte der Fall ist –, findet somit oftmals keine regelmäßige Zusammenarbeit statt.

Auf die Frage, mit welchen Gewerkschaften überwiegend zusammengearbeitet wird, nennen die Personalräte mit regelmäßigen oder zumindest seltenen Gewerkschaftskontakten zu 88 Prozent ver.di, gefolgt von Komba mit 22 Prozent. Immerhin 5 Prozent nennen die GEW, weitere 6 Prozent verteilen sich auf weitere DGB-, DBB- oder sonstige Gewerkschaften (siehe in Tabelle 24 Mitte).

Personalräte, die regelmäßige Kontakte zu einer Gewerkschaft haben, nennen sogar zu 92 Prozent ver.di als Kooperationspartner, während sich die Nennung von Komba unter der Voraussetzung regelmäßiger Zusammenarbeit auf 15 Prozent verringert. Gleichwohl muss festgehalten werden, dass insgesamt nur 13 Prozent aller befragten Personalräte regelmäßige Kontakte zu ver.di und noch einmal deutlich weniger, nämlich 2 Prozent, regelmäßige Kontakte zu Komba haben.

Dieser Befund ist für den Austausch im Sinne des dualen Systems der Arbeitsbeziehungen von großer Relevanz und wirkt sich sowohl auf die Bereitstellung von Wissen und Unterstützung für die Personalratsarbeit durch die Gewerkschaften aus als auch auf die Rekrutierung gewerkschaftlicher Mitglieder und die Mobilisierung bei Tarifauseinandersetzungen durch die Personalräte.

Tabelle 24: Zusammenarbeit von Personalräten und Gewerkschaften

Regelmäßige Zusammenarbeit des Personalrats mit verwaltungsexternen haupt- oder ehrenamtlichen Gewerkschaftsvertreter/innen [a]	
ja, regelmäßig	14 %
ja, aber eher selten	38 %
gelegentliche Nutzung von Materialien, doch keine direkten Kontakte	24 %
nein, es gibt keine Kontakte und wir nutzen auch keine Materialien	24 %

Gewerkschaft, mit der Personalräte überwiegend zusammenarbeiten [b]		
	Personalräte mit regelmäßigen oder seltenen Gewerkschaftskontakten [c]	nur Personalräte mit regelmäßigen Gewerkschaftskontakten [d]
ver.di	88 %	92 %
Komba	22 %	15 %
GEW	5 %	4 %
andere DGB-Gewerkschaft	1 %	0 %
andere DBB-Gewerkschaft	3 %	0 %
sonstige	3 %	4 %

Gewerkschaftliche Unterstützung, die Personalräte erhalten und nutzen [e]	
Newsletter, Tarifinfos etc. zur Information des Personalrats	81 %
Schulungen, Tagungen	73 %
Informationsmaterial für die Beschäftigten	60 %
Beratung durch Hauptamtliche	54 %
Referate auf Personalversammlungen	47 %

Anmerkungen: a) n = 541; b) Obwohl durch die Formulierung nicht intendiert, wurden Mehrfachantworten gegeben, da diese technisch nicht ausgeschlossen waren; c) n = 281 (Fragebogenfilter: falls Kontakt zu Gewerkschaften); d) n = 75 (Filter: regelmäßiger Kontakt zu Gewerkschaften); e) n = 410 (Fragebogenfilter: falls Kontakt zu Gewerkschaften oder Materiliennutzung), Mehrfachantworten möglich, sortiert nach Häufigkeit der Nennung
Quelle: eigene Erhebung

Befragen wir nur die Personalräte mit regelmäßigen oder seltenen Gewerkschaftskontakten und diejenigen, die gelegentlich von der Gewerkschaft zur Verfügung gestellte Materialien nutzen, welche gewerkschaftliche Unter-

Kapitel 8

stützung sie erhalten und nutzen, dann ist das Ergebnis nach den bisherigen Ausführungen nicht überraschend. Informationsmaterialien stehen mit 81 Prozent an erster Stelle, gefolgt von Schulungen und Tagungen mit 73 Prozent, Informationsmaterial für die Beschäftigten mit 60 Prozent, Beratung durch Hauptamtliche mit 54 Prozent und Referate auf Personalversammlungen mit 47 Prozent (siehe in Tabelle 24 unten).

Werden dieselben Personalräte danach gefragt, wie zufrieden sie mit der gewerkschaftlichen Unterstützung sind, fallen die Antworten gemischt, aber mit zurückhaltend positiver Tendenz aus (siehe Abbildung 15).

Abbildung 15: Zufriedenheit der Personalräte mit gewerkschaftlicher Unterstützung

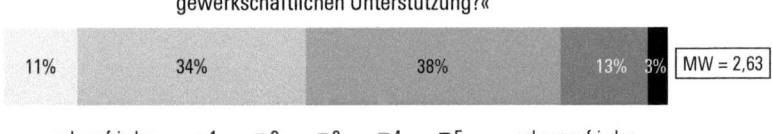

Anmerkungen: n = 407 (Fragebogenfilter: ohne Personalräte ohne Gewerkschaftskontakte und ohne Nutzung gewerkschaftlicher Materialien); Ausprägungen 2–4 nicht verbalisiert
Quelle: eigene Erhebung und Darstellung

In unseren Interviews mit Personalräten stießen wir auch auf begeisterte Gewerkschafterinnen und Gewerkschafter, von denen manche von einer hervorragenden Betreuung durch ver.di berichteten. Häufig handelte es sich dabei um Personalratsmitglieder – meist Vorsitzende –, die ehrenamtliche Funktionen in der Gewerkschaft innehaben und in ihrer Verwaltung einen vergleichsweise hohen Organisationsgrad vorweisen können, also einen wertvollen Beitrag im Rahmen der Austauschbeziehung leisten. Solche Personalrätinnen und -räte sind attraktiv für eine Gewerkschaft, deren Kapazitäten durch den Mitgliederrückgang der letzten Jahrzehnte ausgedünnt wurden.

Ein Personalratsvorsitzender einer kleineren Kommune und engagierter Gewerkschafter, der auch verschiedene gewerkschaftliche Funktionen innehat, ist stolz darauf, dass nahezu die Hälfte seiner Kolleginnen und

Kollegen Gewerkschaftsmitglieder sind, nicht zuletzt dank seines Engagements. Dies bringe ihm die Gegenleistung, dass sich die Gewerkschaft aufgrund des hohen Organisationsgrads deutlich mehr um sie kümmere, als wenn sie nur »eine Handvoll Leute« wären. Er habe »einen heißen Draht« zu seiner Gewerkschaft und erhalte so leichter die dringend benötigte gewerkschaftliche Unterstützung:

»Und da sind wir unheimlich angewiesen, dass wir dann auch unterstützt werden von der Gewerkschaft. Wenn Sie von der Gewerkschaft nicht unterstützt werden, wird's schwierig. Ich sag mal so, ich habe es so bis dato nicht erlebt, dass ein Kollege oder eine Kollegin im Personalrat dann nicht in der Gewerkschaft war. Bei uns sind wir alle direkt in eine Gewerkschaft reingegangen, weil die gemerkt [haben]: ›Aha, ich muss in irgendeiner Art und Weise da auch Unterstützung haben, wenn da mal was anbrennt.‹ [...] Also, weil Gewerkschaft ist eine ganz, ganz wichtige Angelegenheit für die Personalratstätigkeit, ja. Ohne Gewerkschaft ist das alles zum Scheitern verurteilt, klar und deutlich.« (PRV NRW 3.1)

Allerdings waren längst nicht alle engagierten Gewerkschafterinnen und Gewerkschafter unter den Personalratsmitgliedern mit der Unterstützung zufrieden. Auch andere Personalräte wiesen häufig auf einen Mangel an Unterstützung hin, wobei Unterstützungswünsche nicht immer explizit an die Gewerkschaften gerichtet werden. Nicht ganz untypisch ist folgendes Statement:

»Wichtig ist eine gute Grundqualifikation der PR-Mitglieder im Personalvertretungs- und Arbeitsrecht zum Beispiel über geeignete Seminare. Meine Zufriedenheit mit der Gewerkschaft [ver.di] ist deshalb zweigeteilt. Die ver.di Bildung + Beratung gGmbH bietet hervorragende Seminare und Betreuung. Dagegen ist die Betreuung vor Ort zumindest in unserem Fall eher mehr als ungenügend.« (Antwort auf offene Survey-Frage)

In den Interviews äußern gewerkschaftlich organisierte Personalratsmitglieder meist Verständnis für Betreuungsschwächen, weil sie um das Engagement vieler Hauptamtlicher wissen, das trotz widriger Umstände und großer Betreuungsbereiche oft stark ist. Manche Personalräte betrachten die Beziehung zur Gewerkschaft nicht primär als Austauschverhältnis, sondern springen selbst ein, wo der hauptamtliche Apparat an seine Grenzen stößt. Hier kann von einem klassischen Gewerkschaftsverständnis als kollektivem Zusammenschluss von Erwerbstätigen gesprochen werden, das

Kapitel 8

einer Logik der Solidarität und nicht des Austauschs folgt. Eine Personalratsvorsitzende erläutert:

»Ich habe seit circa sechs Jahren vor Ort keine Unterstützung mehr. Ich bin eher die Ansprechpartnerin für andere Personalräte und mache hier Gewerkschaftsarbeit, die eigentlich Gewerkschaftssekretäre machen sollten. Aber die kennen mich, weil ich [...] bis vor ein paar Jahren noch Seminare gemacht habe, so Einführung in das Personalvertretungsgesetz über das ver.di-Bildungswerk, und die kennen mich von Konferenzen [...]. Wo ich meine Inputs herhole, ist von der Bundesebene im Austausch und da bin ich auch sehr froh drum.« (PRV TH 2.1)

Auch wenn der eigene Personalrat inzwischen ohne Unterstützung auskommt und sie ihre Erfahrungen an andere Personalräte weitergeben und sich Anregungen durch direkte Kontakte zur ver.di-Bundesverwaltung organisieren kann, glaubt die langjährige Personalratsvorsitzende nicht, dass gute Personalratsarbeit ohne gewerkschaftliche Unterstützung möglich ist:

»Ich kann mir aber nicht vorstellen, dass ein Personalrat gut sein kann, der nicht gewerkschaftsmäßig angebunden ist. Es ist meine ganz grundlegende Einstellung, weil der Arbeitgeber hat Arbeitsrechtler, der hat Fachleute, der hat Personalleute, der hat Organisatoren, und wir müssen das alles alleine wuppen. Zusätzlich müssen wir noch die Psychologen sein für die Beschäftigten und das ist ohne Hilfe von außen aus meiner Sicht nicht möglich. Viele Personalräte nehmen ja auch die Fachkompetenz, die man intern hat. Die nehmen wir nie, nur von Normalbeschäftigten lassen wir uns was zuarbeiten, wenn die Hilfe brauchen, aber nicht von den Führungskräften und nicht vom Arbeitgeber. Wir fragen auch nicht offiziell an, weil das ist aus meiner Sicht der falsche Blickwinkel.« (PRV TH 2.1)

In der standardisierten Erhebung wird die Frage nach den Schwächen der gewerkschaftlichen Unterstützung eindeutig beantwortet: Die Hälfte aller befragten Personalräte nennt zu wenig Präsenz vor Ort als Schwäche; mit deutlichem Abstand folgt mit 19 Prozent die Kritik, dass Hauptamtliche schlecht erreichbar seien (siehe Tabelle 25). Weniger häufig gibt es auch Kritik an den Inhalten und der Qualität von Materialien und Seminaren.

Tabelle 25: Schwächen bei der Unterstützung durch die Gewerkschaft(en)

»Gibt es Schwächen bei der Unterstützung durch die Gewerkschaft(en)?«	alle Personalräte a)			Personalräte mit Gewerkschaftskontakten oder Nutzung von Materialien b)			nur Personalräte mit regelmäßigen Gewerkschaftskontakten c)		
	trifft zu	trifft teilweise zu	trifft nicht zu	trifft zu	trifft teilweise zu	trifft nicht zu	trifft zu	trifft teilweise zu	trifft nicht zu
zu wenig Präsenz vor Ort	50 %	31 %	19 %	47 %	33 %	20 %	34 %	41 %	26 %
schlechte Erreichbarkeit von Hauptamtlichen	19 %	38 %	43 %	16 %	38 %	46 %	13 %	35 %	52 %
Materialien oder Seminare oft ideologisch überfrachtet	15 %	37 %	48 %	14 %	36 %	50 %	4 %	30 %	66 %
Beratung nicht immer gut (etwa, weil überlastet)	13 %	41 %	46 %	11 %	41 %	48 %	11 %	40 %	49 %
Qualität von Materialien oder Seminaren nicht immer ausreichend	6 %	34 %	59 %	4 %	33 %	63 %	7 %	37 %	56 %

Anmerkungen: a) n = 493; b) n = 395 (Filter: nur Personalräte mit Gewerkschaftskontakten oder Nutzung von Materialien); c) n = 75 (Filter: nur Personalräte mit regelmäßigen Gewerkschaftskontakten), die Werte bei regelmäßigem Kontakt speziell zu ver.di weichen nur geringfügig ab; sortiert nach Häufigkeit von »trifft zu« bei a)
Quelle: eigene Erhebung und Darstellung

Betrachten wir nur die Angaben der Personalräte, die regelmäßig oder gelegentlich Kontakte zu einer Gewerkschaft pflegen oder Materialien nutzen, verbessern sich die Werte deutlich – allerdings nicht bei der Qualität der Beratung. Zwar können mitunter Betreuungsfehler von Hauptamtlichen vorkommen, die »ausgebügelt« werden können, aber generell ist die Unterstützungsschwäche der Gewerkschaften nicht ohne Weiteres zu beheben, da sie auf begrenzte Kapazitäten zurückzuführen ist. Die Forderung nach einer intensiveren Betreuung von Personalräten ist zu wohlfeil und schlicht, um als Problemlösung gelten zu können.

Auch wenn es aus der Perspektive der Personalräte gute Gründe für eine stärkere Betreuung gibt, ist es bei weiterem Mitgliederrückgang wahrscheinlich, dass sich das Betreuungsverhältnis weiter verschlechtern wird. Bei manchen Personalräten bestand allerdings die Hoffnung, dass sich Betreuung und Austausch nach dem Ende der Pandemie wieder verbessern würden. So schreibt ein Personalrat im Fragebogen:

»Seit der Corona-Pandemie sind die Vernetzungen bzw. der Austausch bei Personalrätekonferenzen und der Informationsfluss und die Unterstützung durch die Gewerkschaft ziemlich auf Eis gelegt. Es wäre wichtig, auch hier wieder mehr Präsenz zu zeigen.« (Antwort auf offene Survey-Frage)

Eine grundlegende Verbesserung ist jedoch eher nicht zu erwarten, da die geschilderten Probleme zumindest im Grundzug bereits vor der Pandemie bestanden und sich eher verschärfen werden, solange der Mitgliederrückgang nicht gestoppt werden kann. In einem Fragebogen findet sich auch ein Vorschlag, der von Kenntnis der Problematik zeugt und – falls durchsetzbar – tatsächlich zur Verbesserung der Situation beitragen würde:

»Evtl. wäre die Forderung nach Fördermitteln für die Kooperation Gewerkschaften und PR hilfreich, damit in der Fläche betreut werden kann. Man kann sagen, dass die Funktionsfähigkeit von PR in Kooperation mit Gewerkschaften gedacht war, das ist aber oft nicht der Fall, weil zu wenig Betreuungskapazität.« (Antwort auf offene Survey-Frage)

Manche Personalräte haben sich in der Praxis bereits andere Wege gesucht, um sich schulen und beraten zu lassen, z. B. kommerzielle Rechts- oder Organisationsberater. Die Frage, ob gewerkschaftliche Unterstützung durch den Einsatz von Beraterinnen und Beratern ersetzt werden kann, wird aber von immerhin 43 Prozent der Personalräte verneint. Nur 6 Prozent geben an, dass sie gute Erfahrungen mit Beraterinnen und Beratern als Ersatz für gewerkschaftliche Unterstützung gemacht haben. Allerdings antworten 48 Prozent der Befragten, dass gewerkschaftliche Unterstützung teilweise durch den Einsatz von Beratern ersetzbar sei.

8.2 Gewerkschaftliches Engagement von Personalräten

Wie bereits erwähnt, übernehmen manche gewerkschaftlich organisierten Personalratsmitglieder Funktionen in ihrer Gewerkschaft bis hin zur Mitgliedschaft in Tarifkommissionen oder Vorständen. Solche Aktivitäten sind wesentliche Elemente des Austauschprozesses zwischen Personalräten und Gewerkschaft, obwohl sie seitens der Personalräte oft nicht als Austausch, sondern als klassisches gewerkschaftliches Engagement verstanden werden.

Formal gesehen nehmen Personalratsmitglieder gewerkschaftliche Aufgaben wie die Rekrutierung von Mitgliedern oder die Mithilfe bei Tarifkonflikten und Kampagnen gerade nicht in ihrer Funktion als Personalrätinnen und -räte wahr; andererseits sind solche Aktivitäten jedoch auf mindestens zweifache Weise von hoher Wichtigkeit für die Personalratsarbeit:

- Erstens haben gerade Personalräte, die sich der Mitarbeit und der Unterstützung der Gewerkschaft verweigern, vor dem Hintergrund der oft manifesten Überlastung des hauptamtlichen gewerkschaftlichen Apparats kaum Chancen, Unterstützung zu erhalten, insbesondere wenn sie nicht einmal Mitglied sind. In der Regel werden sich Hauptamtliche primär um gewerkschaftlich aktive Personalräte kümmern.
- Zweitens trennen viele Beschäftigte nicht klar zwischen den Aktivitäten des Personalrats und der Gewerkschaft – soweit beide vor Ort präsent sind und kooperieren. Daraus kann für die Gewerkschaft der Vorteil erwachsen, vor Ort durch Personen präsent zu sein, die sozusagen das Gesicht der Gewerkschaft darstellen – gerade für Beschäftigte, die nicht an Gewerkschaftsversammlungen teilnehmen und deren Bild von Gewerkschaftsarbeit ansonsten durch teilweise spärliche und nicht immer positive Medienberichte geprägt ist.

Auch wenn Tarifpolitik und Mitgliederrekrutierung kein offizielles Tätigkeitsfeld von Personalräten sind, können solche Aktivitäten durchaus dazu beitragen, dass sie von den Beschäftigten als aktive Vertretung wahrgenommen werden. So bejahen immerhin 32 Prozent der Personalräte die Frage, ob Tarifkonflikte dazu beitragen, dass Beschäftigte auch die Arbeit der Personalräte wichtiger nehmen. 6 Prozent verneinen und vertreten die Position, dass Tarifkonflikte der Anerkennung des Personalrats bei den Beschäftigten eher schaden; 62 Prozent sehen weder einen positiven noch einen negativen Zusammenhang zwischen Tarifkonflikten und der Wahrnehmung des Personalrats durch die Beschäftigten.

Es darf nicht überraschen, dass es Personalräte gibt, deren Image eher im Widerspruch zu Tarifkonflikten steht. Wenn deutlich mehr als die Hälfte der Personalräte allerdings weder positive noch negative Effekte der Tarifpolitik auf die Wahrnehmung des Personalrats ausmacht, spricht dies dafür, dass Beschäftigte und auch manche Personalräte die beiden Säulen der Arbeitsbeziehungen oft nicht wirklich zusammendenken – jedenfalls soweit Gewerkschaften vor Ort nicht präsent sind.

Personalräte, die Kontakt zu Gewerkschaften pflegen und Gewerkschaftsmitglieder in ihren Reihen haben, unterstützen die Gewerkschaften vor allem durch Mobilisierung bei Tarifrunden (71 Prozent der Befragten mit Kontakt zu Gewerkschaften), Mitgliederwerbung (61 Prozent) und die Mitarbeit in gewerkschaftlichen Gremien (57 Prozent) – Aktivitäten, die das duale System der Arbeitsbeziehungen stabilisieren. Die Übernahme gewerkschaftlicher Funktionen eröffnet zudem die Chance, bei beruflich ungünstigen Voraussetzungen über die Tätigkeit als Personalrat bzw. Personalrätin hinaus eine »Alternativkarriere« zu machen, die meist ehrenamtlich ist und sich weniger materiell als in sozialer Anerkennung auszahlen kann.

9 Prozent der Personalräte, die Kontakte zu den Gewerkschaften pflegen, engagieren sich als Referentinnen und Referenten oder arbeiten anderweitig bei Schulungen mit (siehe Tabelle 26). Es liegt auf der Hand, dass diese Gruppe nicht sonderlich groß ist, da nicht alle Personalratsmitglieder über die nötigen Erfahrungs- und Wissensbestände verfügen, aber immerhin 34 Prozent der Personalräte mit Gewerkschaftskontakten berichten auch von der Mitarbeit ihrer Mitglieder bei gewerkschaftlichen Vertrauensleuten oder Betriebsgruppen – kein geringer Anteil angesichts des Umstandes, dass lediglich in 28 Prozent aller Kommunalverwaltungen mit Gewerkschaftsmitgliedern in der Belegschaft gewerkschaftliche Vertrauensleute oder Betriebsgruppen existieren.

Auch wenn die Beziehung zu den Gewerkschaften, insbesondere zu ver.di, bei einem relevanten Teil der Personalräte durchaus eng ist, kann von einer »zuverlässigen Folgebereitschaft« gegenüber der Gewerkschaft, wie sie Artus und Röbenack (2021, S. 483) mit Blick auf Betriebsräte etwa bei Tarifauseinandersetzungen für nötig erachten, bei Personalräten in den meisten Fällen nicht die Rede sein.

Tabelle 26: Unterstützung der Gewerkschaftsarbeit durch Personalratsmitglieder

»Unterstützen Mitglieder des Personalrats (in ihrer Rolle als Gewerkschaftsmitglieder) auch die Gewerkschaftsarbeit?«	
durch Mobilisierung bei Tarifrunden	71 %
durch das Werben von Gewerkschaftsmitgliedern	61 %
durch Mitarbeit in gewerkschaftlichen Gremien	57 %
durch Mitarbeit bei Vertrauensleuten bzw. gewerkschaftlicher Betriebsgruppe	34 %
durch Referententätigkeit und Mitarbeit bei Schulungen	9 %

Anmerkungen: n = 216 (Fragebogenfilter: falls regelmäßige oder gelegentliche Kontakte zu Gewerkschaften; Mehrfachantworten möglich); sortiert nach Häufigkeit der Nennung
Quelle: eigene Erhebung

Selbst in gewerkschaftlich orientierten Personalräten wird der Einfluss der Gewerkschaften als eher gering erachtet. Aus der Sicht aller befragten Personalräte wird den Gewerkschaften zu 59 Prozent kein Einfluss und zu 20 Prozent nahezu kein Einfluss auf die Entscheidungen des Personalrats zugebilligt. Lediglich sieben Prozent sehen einen starken und ein Prozent einen sehr starken Einfluss. Der geringe gewerkschaftliche Einfluss ist nicht zuletzt eine Konsequenz der schwachen Betreuungskapazitäten, die wiederum Folge gesunkener Mitgliederzahlen sind (siehe Kapitel 8.1).

Der gewerkschaftliche Organisationsgrad in den Kommunalverwaltungen liegt nach Schätzung der Personalräte bei insgesamt 20 Prozent – der Organisationsgrad von ver.di bei 13 Prozent, der von Komba bei 4 Prozent und der von sonstigen Gewerkschaften bei 2 Prozent.[1] Bei diesem geringen Organisationsgrad ist in der Regel nicht damit zu rechnen, dass der Einfluss und das Wahlverhalten gewerkschaftlich organisierter Beschäftigter eine stärkere gewerkschaftliche Orientierung des Personalrats bewirken können.

Allerdings sollte trotz der negativen Effekte von rückläufigen gewerkschaftlichen Mitgliederzahlen auf die Zusammenarbeit von Personalrat

---

1 | Angaben der Befragten gewichtet nach Beschäftigtenzahlen. Es steht zu vermuten, dass auch fehlende Angaben häufig für einen unauffälligen oder geringen Organisationsgrad stehen, sodass der tatsächliche Organisationsgrad noch ein oder zwei Prozentpunkte darunter liegt.

Kapitel 8

und Gewerkschaft nicht übersehen werden, dass unter den Personalräten, die keinen Kontakt zu Gewerkschaften pflegen, nur wenige die Zusammenarbeit mit einer Gewerkschaft grundsätzlich ablehnen (2 Prozent) oder darin keinen Nutzen sehen (6 Prozent; siehe Tabelle 27). Hier hätte man angesichts der oft nur schwach ausgeprägten Kontakte zwischen Personalräten und Gewerkschaften durchaus einen höheren Anteil erwarten können.

Tabelle 27: Gründe für nicht vorhandenen Kontakt zur Gewerkschaft

»Warum pflegt der Personalrat keinen Kontakt zu Gewerkschaftsvertreter/innen?«	
Wir lehnen gewerkschaftliche Einmischung grundsätzlich ab	2 %
Wir sehen keinen praktischen Nutzen in einer Zusammenarbeit	6 %
Bisher hat sich keine Gewerkschaft aktiv um uns bemüht	20 %
Die Ablehnung ist nicht grundsätzlich, aber es hat sich einfach nicht ergeben	73 %

Anmerkung: n = 281 (Fragebogenfilter: falls keine Kontakte zu Gewerkschaften)
Quelle: eigene Erhebung

20 Prozent der Personalräte nennen als Grund, warum sie keinen Kontakt zu Gewerkschaften pflegen, dass sich bisher keine Gewerkschaft aktiv um sie bemüht habe; 73 Prozent geben an, dass sie Gewerkschaften nicht grundsätzlich ablehnen, aber sich Kontakte »einfach nicht ergeben« hätten. Somit darf für 93 Prozent aller Personalräte ohne Gewerkschaftskontakte gesagt werden, dass sie die Zusammenarbeit mit einer Gewerkschaft nicht generell ausschließen. Es gibt also ein erhebliches Potenzial an Personalräten, die für eine Kooperation mit Gewerkschaften gewonnen werden könnten, allerdings stellt sich hier erneut das Problem der gewerkschaftlichen Präsenz in der Fläche.

Auch bei den Beschäftigten kann von einer ausgeprägten Mitbestimmungsfeindlichkeit nicht die Rede sein, wie Wilkesmann et al. bereits vor längerer Zeit unter anderem für den öffentlichen Dienst erhoben haben:

»Es lässt sich kein neoliberales Milieu finden, welches aus politischer Überzeugung oder sonstigen Gründen überhaupt nichts vom Thema Mitbestimmung hält.« (Wilkesmann et al. 2011, S. 170)

Dieser Befund zeigt zudem, dass die meisten der nicht gewerkschaftlich orientierten Personalräte die Gewerkschaften nicht als Interessenvertretungskonkurrenz betrachten und insofern das duale System der Arbeitsbeziehungen akzeptieren. Allerdings gibt es mitunter eigenwillige Vorstellungen davon, wie diese Beziehung beider Säulen ausgestaltet werden könnte:

»Um gute Arbeit zu leisten, ist eine gute Fortbildung wichtig. Gewerkschaften locken mit einer Beratung für Personalräte. Die Praxis zeigt aber oft, dass eine personenbezogene Beratung nur möglich ist, wenn die entsprechende Person auch Mitglied in der Gewerkschaft ist. Ich würde mir wünschen, dass ich als Personalratsvorsitzende und Mitglied der ver.di immer Zugriff auf eine gute Rechtsberatung habe.« (Antwort auf offene Survey-Frage)

Diese Aussage stellt einerseits eine implizite Kritik an einer Members-only-Strategie dar, wenn auch Nicht-Gewerkschaftsmitgliedern Rechtsberatung zugutekommen soll, und enthält andererseits den Wunsch nach einer Art Funktions- oder Gremienmitgliedschaft für Personalräte, durch die Rechtsberatung auch für Nichtmitglieder abgerufen werden kann. Die Idee einer Kollektivmitgliedschaft für Personalratsgremien oder stellvertretend für den Vorsitz begegnete uns mehrfach. Dahinter steckt zum einen die Einsicht, dass gewerkschaftliche Unterstützung hilfreich für Personalräte ist, zum anderen werden Gewerkschaften als Dienstleister und nicht als kollektiver Zusammenschluss betrachtet.

Manchmal wird die Situation von Personalräten mit der des Arbeitgebers verglichen, so etwa in der folgenden Aussage:

»Die Dienststelle ist Mitglied beim KAV. Der Personalrat hat keine vergleichbare Alternative. Ungerechtigkeit und keine Chancengleichheit bei der Informations- und Rechtsberatung. PR-Mitglieder müssen halbe Juristen sein, um sich bei strittigen Themen wehren zu können.« (Antwort auf offene Survey-Frage)

Ein anderer Personalrat fordert die

»Finanzierung der Mitgliedschaft in einer Gewerkschaft durch den Arbeitgeber. Unser Vorsitz ist in keiner Gewerkschaft, da er für die gewerkschaftliche Hilfe die Mitgliedsbeiträge aus eigener Tasche (prozentual von seinem Gehalt) bezahlen muss, um die vollumfängliche Hilfe und Unterstützung in Anspruch nehmen zu können. Er ›zahlt‹ dann für die Beratung in Einzelfragen zu Angelegenheiten personalvertretungsrechtlicher Art von Beschäftigten. Die Refinanzierung über den Arbeitgeber geht nicht. Alternativ evtl. die Schaffung einer Mitgliedschaft für den ganzen Personalrat einer Behörde und nicht als Einzelmitgliedschaft. Ähnlich wie der Arbeitgeber Mitglied im KAV ist.« (Antwort auf offene Survey-Frage)

Hier handelt es sich zwar nur um die Ideen weniger Personalräte, doch das dahinterstehende Amtsverständnis und das instrumentelle Verhältnis zur Gewerkschaft sind nicht selten. Auch in einem Interview wurde erzählt, dass der Vorsitzende Mitglied einer Gewerkschaft sei, um von dieser Informationen zu erhalten (Artus/Röbenack/Kraetsch 2019 sprechen in ähnlichen Fällen von einer »Scharnierperson«), und es wird kritisiert, dass er den Mitgliedsbeitrag aus eigener Tasche bezahlen müsse.

Eine institutionelle Mitgliedschaft von Personalratsgremien trüge das Risiko in sich, dass die Bereitschaft zur individuellen Mitgliedschaft noch stärker leiden würde, und ist deshalb aus gewerkschaftlicher Perspektive keine Option. Obwohl in den meisten Personalräten keine fundamentale Gegnerschaft zu Gewerkschaften besteht, ist doch damit zu rechnen, dass die potenziellen Partner mitunter unterschiedliche Vorstellungen von einer Zusammenarbeit haben.

So wichtig die gewerkschaftliche Betreuung und Beratung auch ist, einfach auf deren Ausweitung zu setzen, kann vor dem Hintergrund der Mitgliederentwicklung vorerst keine hinreichende Strategie darstellen – oder nur dann, wenn sie über die Kommunen refinanziert würde. Ohnehin gehören Beratung und Schulung zu einem erheblichen Teil nicht mehr zur Arbeit hauptamtlicher »Alleskönner«, sondern sind in spezialisierter Form organisiert, z. B. bei ver.di durch die ver.di Bildung + Beratung gGmbH. Größere Effizienzgewinne durch eine weitere Arbeitsteilung sind unwahrscheinlich.

Nicht auszuschließen ist allerdings, dass zumindest für Personalräte, die bereits an gewerkschaftlichen Angeboten interessiert sind, im Zuge der Digitalisierung niedrigschwellige Schulungsangebote entwickelt werden. Allerdings haben digitale Schulungen auch erhebliche Defizite, wenn es um die sozialen Funktionen des Kennenlernens und des Austauschs und um die gewerkschaftliche Sozialisation geht. Deshalb werden digitale Angebote wahrscheinlich auch nach der Corona-Pandemie lediglich eine Ergänzung bleiben.

Wo Vorsitzende oder andere erfahrene Mitglieder eines Personalrats allerdings Seminare im Grundsatz selbst durchführen können, könnten digitale Module zur Ergänzung von Inhouse-Seminaren dazu beitragen, gewerkschaftliche Impulse zu geben und die inhaltliche Qualität und Effektivität selbst organisierter Angebote zu verbessern.

Die direkte Zusammenarbeit und gegenseitige Unterstützung von Personalräten stellt einen gewissen Ersatz oder zumindest eine Ergänzung zur Betreuung durch Gewerkschaften dar. Immerhin 51 Prozent der befragten Personalräte geben an, direkt mit Personalräten anderer Kommunalverwaltungen zusammenzuarbeiten. Deutlich am häufigsten ist dabei der Erfahrungsaustausch mit Nachbarkommunen und die Unterstützung von deren Personalräten.

96 Prozent der Personalräte, die mit Personalräten anderer Kommunen zusammenarbeiten, tun dies in Form von Erfahrungsaustausch und Unterstützung benachbarter Personalräte (siehe Tabelle 28). Mit Abstand folgen Personalräte-Netzwerke von Gewerkschaften (29 Prozent), gewerkschaftsunabhängige Personalräte-Netzwerke (25 Prozent) und spezielle Personalräte-Netzwerke etwa für Großstädte (20 Prozent) sowie die Referententätigkeit bei Schulungen anderer Personalräte (6 Prozent).

Tabelle 28: Zusammenarbeit mit Personalräten anderer Kommunen

»Wie findet diese Zusammenarbeit mit Personalräten anderer Kommunen statt?«	
Erfahrungsaustausch mit und Unterstützung von Personalräten in Nachbarkommunen	96 %
Personalräte-Netzwerk einer Gewerkschaft	29 %
gewerkschaftsunabhängiges Personalräte-Netzwerk (z. B. LAG Schleswig-Holstein)	25 %
Personalräte-Netzwerk für besondere Gruppen (etwa für Großstädte)	20 %
durch Referententätigkeit bei den Schulungen anderer Personalräte	6 %

Anmerkungen: n = 271 (Fragebogenfilter: falls Zusammenarbeit mit Personalräten anderer Kommunen); Mehrfachantworten möglich; sortiert nach Häufigkeit der Nennung
Quelle: eigene Erhebung

8.3 Netzwerke

Eine Möglichkeit gewerkschaftlicher Unterstützung von Personalratsarbeit besteht darin, deren wechselseitige Zusammenarbeit und Unterstützung zu fördern. Abgesehen davon, dass viele Personalratsmitglieder wichtige gewerkschaftliche Aufgaben ehrenamtlich übernehmen (s. o. Tabelle 26)

Kapitel 8

und damit zur Betreuung von Personalräten beitragen, können dabei auch die wechselseitige Unterstützung von Personalräten sowie Netzwerke von Personalräten eine Rolle spielen.

Eine personalvertretungsrechtlich institutionalisierte Zusammenarbeit unter Personalräten besteht mit der »Landesarbeitsgemeinschaft der Personalräte in Schleswig-Holstein« (LAG), die sich auf das dortige Mitbestimmungsgesetz gründet:

»Die Personalräte und Gesamtpersonalräte bei Gebietskörperschaften können überregionale Arbeitsgemeinschaften bilden.« (§ 83,3 MBG Schl.-H.)

Teilweise gibt es ähnliche Vereinigungen oder zumindest Ansätze dazu auch in anderen Bundesländern. Dieselben Ziele verfolgt die »Landesarbeitsgemeinschaft der kommunalen Personal- und Betriebsräte Mecklenburg-Vorpommern« und zumindest ähnlich scheint auch die Arbeitsweise der Kooperation der Personalräte der Städte in Niedersachsen zu sein.

Die LAG in Schleswig-Holstein wurde bereits 1947 von der britischen Militärverwaltung als Mitbestimmungsinstrument installiert und hatte im Januar 2021 108 Personalräte als Mitglieder. Erklärte Ziele sind neben der Vernetzung die Förderung des Informations- und Erfahrungsaustauschs sowie Beratung und Unterstützung, gemeinsame Stellungnahmen, Arbeitsgruppen zu ausgewählten Themen und eine »kooperative und enge Zusammenarbeit u. a. mit Gewerkschaften, dem Kommunalen Arbeitgeberverband (KAV) und anderen Landesverbänden« (LAG o. J.).

Gewöhnlich werden zweimal im Jahr Tagungen durchgeführt, bei denen sich die Möglichkeit für nicht gewerkschaftlich orientierte Personalräte und Gewerkschaften bietet, miteinander in Kontakt zu kommen. Der Vorstand der LAG besteht überwiegend aus ver.di-Mitgliedern und auf den regelmäßigen Tagungen sind auch Gewerkschaftsvertreterinnen und -vertreter präsent.

Einer der interviewten Personalräte beschreibt die Kontakte, die durch die LAG zu Personalräten aus vielen kleinen Gemeinden bestehen:

»Kleine Personalräte aus Gemeinden, aus Kreisen, aus Landkreisen und die sind oftmals nicht organisiert. Wenn wir so in Arbeitsgruppen Fachthemen dann besprechen bei unseren jährlichen Tagungen, dann stelle ich immer wieder fest, dass wir, die gewerkschaftlich informiert oder organisiert sind, auch besser informiert sind, über unsere Rechte, die wir haben. Wenn man hört, was so vor Ort manchmal so vor sich geht und wie wenig die Kolleginnen und Kollegen von ihren Rechten und Pflichten eigentlich wissen, ist das schon grausam. Und da leistet ver.di doch einen sehr großen Beitrag zur Qualität und zur Aus- und Fortbildung, ja.« (GPRV SH 3.4)

Er betont zwar, dass »eine vernünftige Personalratsarbeit ohne eine starke Gewerkschaft im Hintergrund« seines Erachtens nicht funktioniere; die LAG hält er gleichwohl für sinnvoll:

»Also, das ist durchaus sinnvoll, denn [...] über Gewerkschaftsgruppen erreichen wir ja auch nicht alle und über die LAG, das ist eine neutrale Interessengemeinschaft quasi, kann man besser Austausch machen, da bekommt man die wirklich alle zu fassen. Und wie gesagt, viele im Umland, in den kleinen Gemeinden und Kommunen, die sind überhaupt nicht organisiert und somit profitieren sie von dem Wissen natürlich, was wir dann auch auf diesen Veranstaltungen an Erfahrung dort verbreiten. Dort besteht viel Austausch und die nehmen viel mit. Und als LAG sind wir [...] Ansprechpartner gegenüber dem Land auch, wenn es also landesweite Themen gibt, wie zum Beispiel Mitbestimmungsgesetz, solche Dinge, dann sind wir als kommunale Vertreter über diese LAG Ansprechpartner.« (GPRV SH 3.4)

Während die oft nicht organisierten Personalräte aus meist kleinen Kommunen von der Zusammenarbeit in der LAG profitieren, sind die Nebeneffekte für die Gewerkschaft umstritten. Positive Auswirkungen auf den gewerkschaftlichen Organisationsgrad sind uns zwar nicht bekannt, allerdings stellte ver.di zum Zeitpunkt der Erhebung im Jahr 2020 den kompletten Vorstand der LAG. Dies ist jedoch nicht das Ziel des LAG-Vorstandes, denn man bemühe sich, auch Komba einzubeziehen, die ebenfalls in der LAG vertreten ist, und versuche, »gewerkschaftsneutral, wenn's irgend geht, zu agieren« (GPRV SH 3.4).

Vereinigungen wie die LAG stoßen bei ver.di auf gewisse Bedenken. Zum einen können Personalräte durch solche Arbeitsgemeinschaften indirekt von gewerkschaftlicher Expertise profitieren, ohne sich selbst gewerkschaftlich zu organisieren (»Free Rider«-Problematik); zum anderen kann durch solche Vereinigungen eine zumindest partielle Konkurrenz zu gewerkschaftlicher Organisierung entstehen. Trotz dieser Vorbehalte findet die LAG auch die Unterstützung des ver.di-Landesbezirks:

»Wir hatten nach Jahren den Vorsitz dieser Arbeitsgemeinschaft an die Komba verloren. Wir stellen im Vorstand alle Mitglieder, natürlich auch den Vorsitzenden jetzt, [...] zurückerkämpft und das ist ganz gut. [...] wir haben jetzt ein pragmatisches Vorgehen und die fragen uns auch immer: Habt ihr Referenten? [...] Ja, also wir arbeiten gut mit denen zusammen.« (ver.di-Vertreter SH)

Es gelinge der LAG besser als ver.di, Personalräte aus kleinen Kommunen einzubeziehen. Ver.di habe selbst versucht,

»für die kleinen Verwaltungen in jedem Bezirk [...] so Personalratsnetzwerke zu machen, die dann insbesondere zur Unterstützung der Personalräte in den kleinen Kommunen gedacht [waren]. Das ist noch schwieriger, als man denkt, und aufgrund auch der engeren Ressourcen bei ver.di ist das nicht immer gelungen. [...] wo es gelungen ist, ist das gut, aber wir haben es nicht überall hingekriegt. Das muss man selbstkritisch sagen.« (ver.di-Vertreter SH)

Aus gewerkschaftlicher Sicht wäre ein Personalräte-Netzwerk, das mit der eigenen Organisation verknüpft ist, grundsätzlich vorzuziehen, um die eigenen Positionen klarer einbringen zu können. Gelingt dies jedoch nicht oder nur bei Rückzug aus der Fläche, lautet die Alternative faktisch nicht »gewerkschaftliches oder unabhängiges Netzwerk«, sondern entweder, weitere Einschränkungen der gewerkschaftlichen Kontakte zu Personalräten hinzunehmen, oder aber zu versuchen, in einem unabhängigen Netzwerk inhaltlich Einfluss zu nehmen und damit auch bisher nicht organisierte Personalräte zu erreichen.

In gewisser Weise stellen sich angesichts eines solchen Netzwerks frühere Kritiken an der Etablierung von Betriebs- und Personalräten als gewerkschaftsunabhängigen Vertretungsorganen erneut auf überregionaler Ebene. Ob insgesamt und auf längere Sicht die Vor- oder die Nachteile für Gewerkschaften, Personalräte und Beschäftigte der Kommunen überwiegen, ist nicht leicht zu entscheiden. Allerdings liegt hier eine durchaus interessante Frage für die Unterstützung der Personalratsarbeit und gewerkschaftliche Strategien im Umgang mit Personalräten vor.

Zusammenfassend lässt sich konstatieren, dass eine enge Beziehung zur Gewerkschaft eine Machtressource für Personalräte darstellt und Personalräte umgekehrt eine wichtige Unterstützung für die Gewerkschaft sein können. Beide können sich wechselseitig stärken und zu Machtressourcen für den jeweils anderen werden. Die Beziehung zwischen Personalräten und Gewerkschaft ist zwar selten durch Abneigung geprägt, aber aufgrund begrenzter Kapazitäten aufseiten der Gewerkschaften oft nur lose. Im Interesse einer regelkonformen Umsetzung der Personalvertretungsgesetze ist hier über staatlichen Unterstützungsbedarf nachzudenken.

Auch ein institutionalisiertes, nicht an eine Gewerkschaft gebundenes Netzwerk stellt eine Informations- und Unterstützungsressource dar. Diese kommt in jedem Falle gewerkschaftsfernen Personalräten zugute, doch angesichts der begrenzten gewerkschaftlichen Betreuungskapazitäten können auch gewerkschaftsnahe Personalräte davon profitieren. Allerdings stellt ein solches Netzwerk eine Arena dar, in der um Hegemonie gerungen werden muss.

9 Einflussfaktoren und Machtressourcen

Bereits in Kapitel 1.3 haben wir ein Konzept mit fünf Machtressourcen bzw. Einflussfaktoren für die Personalratsarbeit eingeführt und dabei im Anschluss an die Literatur zwischen strukturellen, organisationalen, institutionellen, gesellschaftlichen und politischen Machtressourcen unterschieden. Einflussfaktoren und potenzielle Machtressourcen verstehen wir in dem Sinne, dass sie sowohl als abhängige als auch als unabhängige Variablen (Mayntz/Scharpf 1995, S. 43 ff.) wirken können. Auch Machtressourcen können dann als umkämpfte Arenen betrachtet werden: deshalb die begriffliche Doppelung in Machtressourcen und Einflussfaktoren.

Wir nahmen bereits Bezug auf Faktoren, die die Personalratsarbeit beeinflussen und (potenzielle) Machtressourcen der Personalratsarbeit darstellen. Wir wollen jedoch abschließend die fünf Machtressourcen bzw. Einflussfaktoren noch einmal explizit in den Blick nehmen und ihre Bedeutung diskutieren.

9.1 Strukturelle Machtressourcen

Fragt man die Personalräte, wie erfolgreich sie ihre eigene Arbeit insgesamt einschätzen, ergibt sich ein durchwachsenes, aber eher positives Bild. Während 12 Prozent der Personalräte ihre Arbeit für eher wenig oder »wenig erfolgreich« halten, geben immerhin 54 Prozent an, ihre Arbeit sei eher oder sogar »sehr erfolgreich« (siehe Abbildung 16). Das restliche Drittel der Personalräte bewegt sich zwischen diesen beiden Einschätzungen.

Kapitel 9

Abbildung 16: Einschätzung des Erfolgs der Personalratsarbeit (differenziert nach Arbeitsmarkt und Haushaltslage)

»Halten Sie die Arbeit des Personalrats insgesamt betrachtet für erfolgreich?«

alle Personalräte [a]

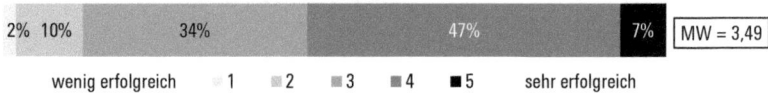

Entwicklung der Beschäftigtenzahl: zugenommen [b]

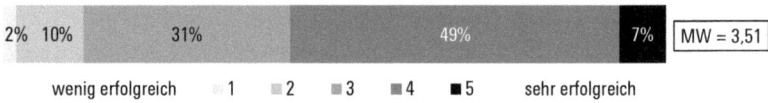

Entwicklung der Beschäftigtenzahl: unverändert [b]

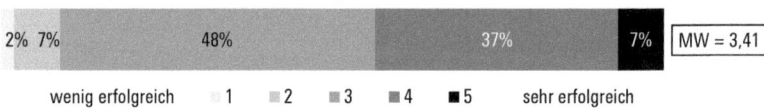

Entwicklung der Beschäftigtenzahl: abgenommen [b]

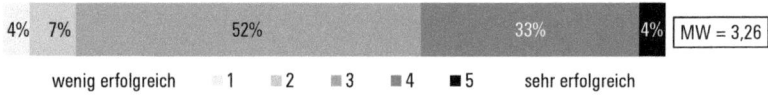

finanzielle Situation im Vergleich zu anderen kommunalen Arbeitgebern: (eher) besser [c]

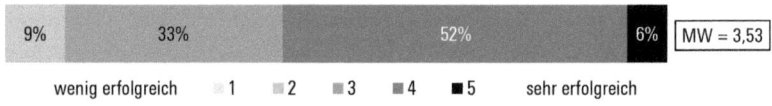

finanzielle Situation im Vergleich zu anderen kommunalen Arbeitgebern: weder besser noch schlechter [c]

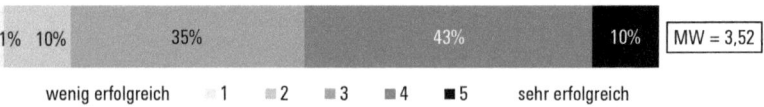

finanzielle Situation im Vergleich zu anderen
kommunalen Arbeitgebern: (eher) schlechter [c]

Anmerkungen: a) n = 565; b) n = 560 (Filter: Entwicklung der Beschäftigtenzahlen
in den letzten fünf Jahren); c) n = 554 (Filter: Beurteilung der finanziellen Situation
[Verschuldung, Rücklagen] im Vergleich zu anderen kommunalen Arbeitgebern);
Ausprägungen 2–4 nicht verbalisiert
Quelle: eigene Erhebung und Darstellung

Nun ist bei der Frage nach dem Erfolg der eigenen Tätigkeit immer auch mit einem gewissen Maß an positiver Verzerrung zu rechnen, aber es gibt auch Grund zur Annahme, dass sich die strukturellen Voraussetzungen im Sinne von Durchsetzungschancen für die Personalräte positiv verändert haben. In der Vergangenheit, vornehmlich bis zur Finanzmarktkrise 2007–2009, stand es um die strukturellen Machtressourcen der Personalräte nicht besonders gut. Privatisierung, Personalabbau und Sparpolitik beeinflussten ihre Handlungschancen negativ, Machtressourcen waren in den meisten Fällen nicht zu erkennen.

Inzwischen hat der massive Druck durch die Haushaltskonsolidierung nachgelassen und Personalabbau wurde durch Personalsuche ersetzt. 84 Prozent aller Personalräte geben an, dass in ihrer Verwaltung in den letzten fünf Jahren ein Personalzuwachs stattgefunden hat (11 Prozent unverändert, 5 Prozent abgenommen). Manche Arbeitgeber wären sogar bereit, bei Neueinstellungen höhere Verdienste anzubieten, während etliche Personalräte dies mit dem Hinweis auf die geltenden Regeln ablehnen, um Ungerechtigkeiten gegenüber bisherigen Beschäftigten zu vermeiden (s. o. Tabelle 17).

In den Interviews wurde deutlich, dass viele Personalräte die Personalknappheit zwar bedauern, insbesondere da sie zu einer zusätzlichen Belastung und zum Teil zur Überlastung des vorhandenen Personals führt. Doch ihre normative Ausrichtung auf Gerechtigkeit und Regelloyalität steht einer strategischen Nutzung der Personalknappheit, um bessere Verdienste im Rahmen einer sukzessiven Aufwertungsstrategie durchzusetzen, oftmals entgegen.

Stärker als beim Entgelt wirkt sich die Personal- und Fachkräfteknappheit aus Sicht der Befragten auf die Durchsetzungschancen des Personalrats

Kapitel 9

bei Arbeitszeitregelungen aus. Nur wenige Personalräte sehen hier negative, 51 Prozent hingegen positive Auswirkungen auf die Durchsetzungschancen (siehe Abbildung 17). Beim Entgelt werden größere Chancen eher gesehen als genutzt. Während 26 Prozent der Personalräte hier positive Auswirkungen auf die Durchsetzungschancen sehen, nutzen nur 18 Prozent dies offensiv (s. o. Tabelle 15).

Abbildung 17: Auswirkungen von Personal- und Fachkräfteknappheit

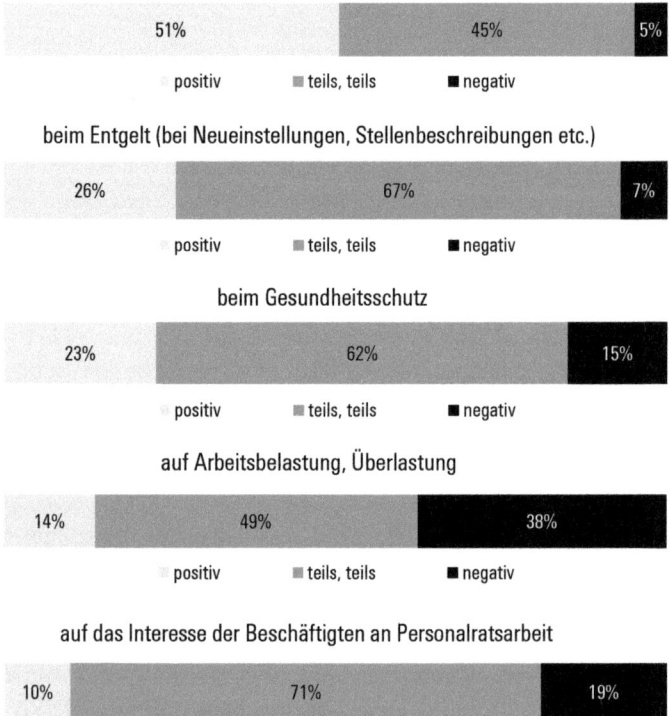

Anmerkungen: n = 521; sortiert nach Häufigkeit von »positiv«
Quelle: eigene Erhebung und Darstellung

Wo die Beschäftigtenzahlen in den vergangenen Jahren zugenommen haben, bewerten Personalräte ihre Arbeit gleichwohl positiver als andernorts (s. o. Abbildung 16). Dieser Zusammenhang ist jedoch nicht zwangsläufig als Kausalbeziehung in dem Sinne zu deuten, dass mehr Personalbedarf immer auch zu größeren Handlungschancen für Personalräte führt. Personalzuwachs kann auch umgekehrt eine unmittelbare Folge erfolgreicher Personalratsarbeit sein, weshalb eine Angebotsschwäche auf dem Arbeitsmarkt nicht zwingend als notwendige Machtressource zu verstehen ist, die eine erfolgreiche Vertretungsarbeit erst ermöglichen würde.

Auch beim Gesundheitsschutz sehen die Personalräte durch die Personal- und Fachkräfteknappheit etwas bessere Durchsetzungschancen, doch dürfte dies als unmittelbare Folge des erhöhten Bedarfs zu deuten sein, da Arbeitsbelastung und Überlastung unter anderem infolge des Personalmangels vielerorts zunehmen. Ebenfalls aufgrund der Zunahme der Arbeitsbelastung wirkt sich die Personalknappheit negativ auf das Interesse der Beschäftigten an Personalratsarbeit aus. Man hat, so lässt sich aus den Interviews schließen, ohnehin weniger Zeit und außerdem das Gefühl, die Kolleginnen und Kollegen im Stich zu lassen, würde man sich für Personalratsarbeit engagieren (s. o. Tabelle 11).

Wir fragten die Personalräte auch direkt nach weiteren Faktoren, die ihres Erachtens wichtig für ihre Durchsetzungschancen sind. Mit 48 Prozent halten weniger als die Hälfte der Personalräte die Haushaltslage für wichtig; 37 Prozent halten sie für weniger wichtig und 14 Prozent sogar für unwichtig (siehe Tabelle 29). Personalknappheit und Haushaltslage beeinflussen zwar nach Ansicht einiger Personalräte den Kontext des Personalratshandels, aber viele Personalräte sehen sie nicht gezielt als Ansatzpunkte, um eigene größere Projekte zu initiieren, etwa indem sie Re-Kommunalisierungen fordern.

Die Einschätzung zur finanziellen Lage der Kommunalverwaltung im Vergleich zu anderen Kommunen steht allerdings nur eingeschränkt in Beziehung zum Erfolg der Personalratsarbeit (siehe Abbildung 17). Dies hängt wahrscheinlich damit zusammen, dass Personalräte ihren Maßstab zur Beurteilung des eigenen Erfolgs den real bestehenden Möglichkeiten auch finanzieller Art anpassen.

Tabelle 29: Wichtige Faktoren für die Durchsetzungschancen des Personalrats

»Welche der folgenden Faktoren sind wichtig für die Durchsetzungschancen des Personalrats?«	wichtig	weniger wichtig	unwichtig	nicht vorhanden
Rückhalt bei den Beschäftigten	89 %	10 %	1 %	0 %
gutes Personalvertretungsrecht	87 %	12 %	0,4 %	0,4 %
bestehende gute Dienstvereinbarungen	85 %	14 %	0,2 %	1 %
arbeitnehmerfreundliches Klima in Gesellschaft und Politik	58 %	32 %	8 %	2 %
gute Haushaltslage	48 %	37 %	14 %	1 %
gewerkschaftlicher Organisationsgrad der Belegschaft	17 %	30 %	40 %	13 %
Betriebsgruppe, Vertrauensleute	16 %	38 %	17 %	30 %
Unterstützung durch Bürgerinnen und Bürger	4 %	18 %	40 %	38 %

Anmerkungen: n = 530; sortiert nach Häufigkeit von »wichtig«
Quelle: eigene Erhebung

Abschließend ist daran zu erinnern, dass die Auswirkungen von Haushaltslage und Arbeitsmarktsituation auf das Personalratshandeln auch durch die ausgeprägte Verrechtlichung begrenzt werden, weshalb selbst eine günstige Konstellation von guter Haushaltslage und Fachkräftemangel nur eingeschränkt als Machtressource genutzt werden kann, und dass zudem auch das Gerechtigkeitskonzept von Bedeutung ist, das die Personalräte jeweils vertreten.

9.2 Organisationale Machtressourcen

Die Relevanz der Gewerkschaften für Schulung und Beratung, aber auch die oft fehlende oder wenig intensive Beziehung zwischen Personalräten und Gewerkschaften wurde bereits in Kapitel 8 beschrieben. Vor diesem Hintergrund darf es nicht überraschen, dass nur eine Minderheit von 17 bzw. 16 Prozent der Personalräte den gewerkschaftlichen Organisationsgrad der Beschäftigten bzw. gewerkschaftliche Vertrauensleute oder Betriebsgruppen wichtig für die eigenen Durchsetzungschancen finden (siehe Tabelle 29), denn nicht vorhandene oder nicht genutzte Ressourcen können kaum von Relevanz sein.

Differenzieren wir bei der Frage nach dem Erfolg der eigenen Arbeit danach, ob die Personalräte regelmäßig, selten oder gar nicht mit Gewerkschaften zusammenarbeiten, zeigt sich allerdings durchaus ein Effekt regelmäßiger Zusammenarbeit, auch wenn bei der Erfolgsfrage eine Verzerrung durch die eigenen Bewertungsmaßstäbe möglich ist. 63 Prozent der Personalräte, die regelmäßig mit einer Gewerkschaft zusammenarbeiten, halten ihre Arbeit für erfolgreich oder »sehr erfolgreich« (siehe Abbildung 18), während dies nur bei 51 Prozent der Personalräte der Fall ist, die keinen Kontakt zu Gewerkschaften zu haben.

Ähnlich positive Auswirkungen auf die Bewertung der eigenen Arbeit finden sich auch, wenn man danach differenziert, ob der bzw. die Personalratsvorsitzende gewerkschaftlich organisiert ist oder nicht. Auch wenn man erfolgreiche Personalratsarbeit an der Frage festmacht, wie viel Einfluss der Personalrat im Allgemeinen auf die Entscheidungen des Arbeitgebers hat, wirkt sich regelmäßige Zusammenarbeit mit Gewerkschaften positiv aus, während fehlende Gewerkschaftskontakte den Einfluss auf Arbeitgeberentscheidungen verringert. Ähnlich positiv ist der Einfluss allerdings auch bei denjenigen, die zwar Materialien der Gewerkschaften nutzen, aber keine Kontakte pflegen – mitunter ein Erfolg des professionellen »Free Riding«.

Darüber hinaus wurde bereits dargelegt, dass die Beschäftigten ein wichtiger Einflussfaktor auf die Personalratsarbeit sind, da sie durch ihr Wahlverhalten die Zusammensetzung des Gremiums bestimmen und auch die Kandidatinnen und Kandidaten für die Wahlen aus den Reihen der Beschäftigten hervorgehen. Entsprechend wird der Rückhalt bei den Beschäftigten von einer großen Mehrheit der Personalräte (89 Prozent) als wichtiger Faktor genannt, der sich auf die Durchsetzungschancen des Personalrats auswirkt (siehe Tabelle 29).

Damit stellt der Rückhalt in der Belegschaft aus Sicht der Personalräte die wichtigste Machtressource dar, dicht gefolgt von einem guten Personalvertretungsrecht und guten Dienstvereinbarungen. In diesem Zusammenhang ist es bemerkenswert, dass immerhin 11 Prozent der Personalräte den Rückhalt in der Belegschaft für »weniger wichtig« oder sogar »unwichtig« halten.

Kapitel 9

Abbildung 18: Einschätzung des Erfolgs der Personalratsarbeit (differenziert nach Zusammenarbeit mit Gewerkschaften)

alle Personalräte a)

Zusammenarbeit mit Gewerkschaften: regelmäßig b)

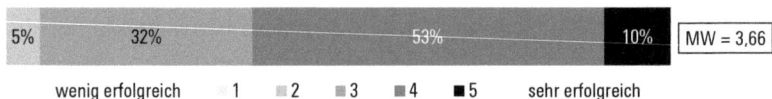

Zusammenarbeit mit Gewerkschaften: eher selten b)

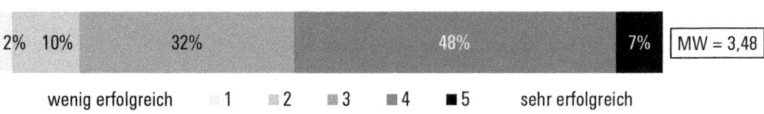

Zusammenarbeit mit Gewerkschaften: Materialien, doch keine Kontakte b)

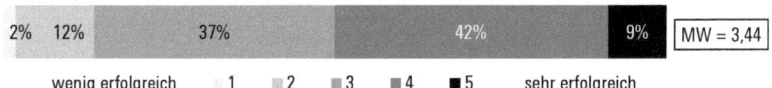

Zusammenarbeit mit Gewerkschaften: keine Kontakte, keine Materialien b)

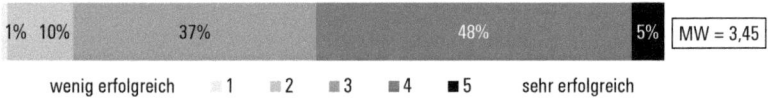

Anmerkungen: a) n = 565; b) n = 537 (Filter: Zusammenarbeit mit Gewerkschaften); Ausprägungen 2–4 nicht verbalisiert
Quelle: eigene Erhebung und Darstellung

Die Durchsetzungskraft von Personalräten nimmt zu, wenn die Belegschaft deren Arbeit unterstützt. Besonders deutlich wird dieser Zusammenhang im umgekehrten Fall, nämlich dann, wenn die Belegschaft einem Personalrat

Einflussfaktoren und Machtressourcen

die Unterstützung entzieht. In der Regel kommt dies nur bei einzelnen Personalratsmitgliedern vor, mitunter auch bei dem bzw. der Vorsitzenden oder einzelnen Listen, aber nicht gegenüber dem Personalrat als Gesamtgremium. Bei Unzufriedenheit mit der Personalratsarbeit ist davon auszugehen, dass der Dissens bereits dann innerhalb des Gremiums einzieht, wenn die Unzufriedenheit noch nicht die gesamte Belegschaft erfasst hat. Oft stehen deshalb bereits Alternativen zur Verfügung, bevor es zu einem völligen Anerkennungsverlust des Personalrats als Gremium kommt. Allerdings kann die Anerkennung auch ohne größere Konflikte nachlassen (siehe Kapitel 10.2.3). In den Interviews ist zwar des Öfteren von Unzufriedenheit unter den Beschäftigten die Rede, aber in der Regel geht es dabei vor allem um personelle und weniger um grundlegende inhaltliche Veränderungen.

Wie wichtig die soziale Anerkennung des Personalrats dafür ist, ob dieser seine eigene Arbeit als erfolgreich einschätzt, zeigt sich, wenn wir bei der Erfolgsfrage danach differenzieren, ob der Personalrat sich als mehr oder weniger anerkannt bei den Beschäftigten sieht. Der Mittelwert der Erfolgsfrage auf einer Fünferskala liegt bei 3,49 (siehe Abbildung 18), aber Personalräte, die sich als hoch anerkannt bei den Beschäftigten sehen, erreichen einen Mittelwert von 3,92 (siehe Tabelle 30; ein höherer Wert bringt größeren Erfolg zum Ausdruck). In noch stärkerem Maße stimmt die Einschätzung des eigenen Erfolgs mit der Anerkennung durch die Dienststellenleitung überein; hier liegt der Mittelwert bei hoher Anerkennung bei 4,16.

Tabelle 30: Einschätzung des Erfolgs der Personalratsarbeit nach Grad der Anerkennung

»Halten Sie die Arbeit des Personalrats insgesamt betrachtet für erfolgreich?«[a]	»Wie anerkannt ist der Personalrat bei Beschäftigten und Dienststellenleitung?«[b]				
	1 (hoch anerkannt)	2	3	4	5 (wenig anerkannt)
bei den Beschäftigten[e]	3,92	3,59	3,24	3,13[e]	2,00[e]
bei der Dienststellenleitung[d]	4,16	3,66	3,31	3,08	2,83

Anmerkungen: a) Mittelwerte auf einer Skala von 1 (wenig erfolgreich) bis 5 (sehr erfolgreich), Ausprägungen 2–4 nicht verbalisiert; b) s. o. Abbildung 13, Ausprägungen 2–4 nicht verbalisiert; c) n = 521; d) n = 523; e) nicht aussagekräftig, weil sehr wenige Fälle
Quelle: eigene Erhebung

Kapitel 9

Nur 10 Prozent der Personalräte geben an, bei den Beschäftigten eher hoch oder »hoch anerkannt«, aber bei der Dienststellenleitung eher wenig oder »wenig anerkannt« zu sein; und nur eine kleine Minderheit von 0,4 Prozent gibt an, bei der Dienststellenleitung eher hoch oder »hoch anerkannt«, aber bei den Beschäftigten eher wenig oder »wenig anerkannt« zu sein. In der Regel geht die Anerkennung bei der Dienststellenleitung also mit der Anerkennung bei den Beschäftigten einher und umgekehrt. Das Ansehen bei den Beschäftigten und das Ansehen bei der Dienststellenleitung korrelieren; zudem korrelieren beide auch mit der Selbsteinschätzung der Personalräte, erfolgreiche Arbeit zu leisten. Von einem antagonistischen Anerkennungssystem kann somit keine Rede sein.

Beim Rückhalt in der Belegschaft handelt es sich allerdings nicht um »organisationale« Macht dem Wortsinne nach, denn neben der Zugehörigkeit zur Kommunalverwaltung ist damit keine eigene Form der Organisation oder Mitgliedschaft verbunden. Nichtsdestotrotz kann Rückhalt in der Belegschaft eine Art funktionales Äquivalent für gewerkschaftlichen Organisationsgrad darstellen (siehe Kapitel 6.3), wobei sich ein hoher gewerkschaftlicher Organisationsgrad in der Regel günstig auf den Rückhalt des Personalrats in der Belegschaft auswirkt und oft ein Ausdruck aktiver und gewerkschaftsnaher Personalratsarbeit ist.

Über eigene Mitarbeiterinnen und Mitarbeiter, die ebenfalls zu den organisationalen Machtressourcen zählen, verfügen die meisten Personalräte nicht, aber wenn dies der Fall ist, halten sie die Anzahl der Mitarbeiterinnen und Mitarbeiter überwiegend für ausreichend.

Ein knappes Drittel der befragten Personalräte verfügt nicht über eigene Räume oder ausreichende räumliche Möglichkeiten. Für etwas mehr als die Hälfte der Personalräte sind die zur Verfügung stehenden Räumlichkeiten hingegen nach eigenem Ermessen ausreichend.

Auch die technische Ausstattung schätzen die meisten Personalräten als ausreichend ein, wobei der Zugang zu Video-Meetings, Intranet und/ oder Internet und die Ausstattung mit PCs, Tablets etc. (67 bzw. 69 Prozent »ausreichend«) noch immer nicht überall hinreichend sind. Selbst in der Kategorie »Telefon, Fax, Kopierer« mangelt es mancherorts noch immer (siehe Abbildung 19). Am besten sehen sich die Personalräte mit Fachliteratur, Zeitschriften und Handbüchern ausgestattet, doch auch hier gibt es noch den ein oder anderen Mangel, wenn 15 Prozent über keinen ausreichenden und 4 Prozent über gar keinen Zugang zu solchen Printmedien verfügen.

Einflussfaktoren und Machtressourcen

Abbildung 19: Ressourcenausstattung des Personalrats

»Verfügt Ihr Personalrat über folgende Ressourcen?«

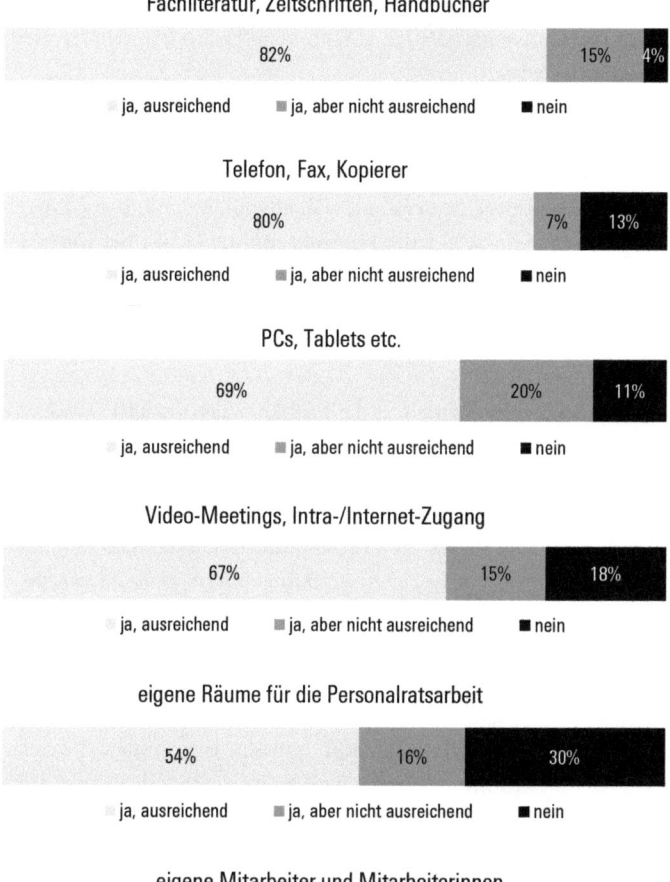

Fachliteratur, Zeitschriften, Handbücher

82% | 15% | 4%

ja, ausreichend   ja, aber nicht ausreichend   nein

Telefon, Fax, Kopierer

80% | 7% | 13%

ja, ausreichend   ja, aber nicht ausreichend   nein

PCs, Tablets etc.

69% | 20% | 11%

ja, ausreichend   ja, aber nicht ausreichend   nein

Video-Meetings, Intra-/Internet-Zugang

67% | 15% | 18%

ja, ausreichend   ja, aber nicht ausreichend   nein

eigene Räume für die Personalratsarbeit

54% | 16% | 30%

ja, ausreichend   ja, aber nicht ausreichend   nein

eigene Mitarbeiter und Mitarbeiterinnen

28% | 8% | 63%

ja, ausreichend   ja, aber nicht ausreichend   nein

Anmerkungen: n = 528; sortiert nach Häufigkeit von »ja, ausreichend«
Quelle: eigene Erhebung und Darstellung

Man kann angesichts dieser Ergebnisse nicht von katastrophalen Zuständen sprechen, doch insbesondere bei Räumen und IT-Technik besteht in etlichen Kommunen noch Verbesserungsbedarf. Angesichts der Komplexität der Personalratsarbeit wären auch Mitarbeiterstellen hilfreich, wobei in manchen Fällen eine wissenschaftlich vorgebildete Fachreferentin bzw. ein Fachreferent sinnvoll wäre.

Eine größere Zahl von Personalratsmitgliedern und Freistellungen erleichtert die Arbeit der Personalräte. In größeren Kommunen ist es möglich, dass die Arbeitsbedingungen trotz sinkender Betreuungsrelation gegenüber den Beschäftigten besser sind, weil allgemeine, nicht auf Einzelfälle bezogene Prozesse nicht in jeder Hinsicht mit der Größe der Kommunen zunehmen (Skaleneffekte). Auch eine personalvertretungsrechtliche Änderung der Anzahl der Personalratsmitglieder wirkt sich auf die Handlungsfähigkeit des Personalrats aus, wird aber nur von wenigen Personalräten gefordert.

In jedem Fall bleibt für Personalräte das Problem, dass sie der Verwaltung keine vergleichbare Manpower entgegensetzen können. Manche Personalräte beziehen deshalb auch die Ersatzmitglieder regelmäßig in die Arbeit mit ein. Ein weiterer Weg, die überlegene Arbeitskapazität der Dienststelle etwas ausgleichen, besteht darin, dass Personalräte auch die Kompetenzen von Beschäftigten, die nicht dem Personalrat angehören, gezielt nutzen.

Die Nutzung der Fachkompetenz arbeitgebernaher Kräfte, insbesondere von Vorgesetzten, birgt zweifelsfrei Risiken. Doch wahrscheinlich kommt es nicht selten vor und ist oft auch kaum vermeidbar, dass sich die Arbeitgeber- und Arbeitnehmerseite von denselben Personen beraten lassen, etwa den verwaltungseigenen IT-Kräften, wenn es komplexe Prozesse zu beurteilen gilt. Dysfunktional wird dies dann, wenn sich Personalräte implizit auch dann arbeitgebernah beraten lassen, wenn sie dabei sind, ihre eigenen Positionen zu entwickeln.

9.3 Institutionelle Machtressourcen

Bei der Frage, wie wichtig institutionelle Machtressourcen für die Durchsetzungschancen des Personalrats sind, schätzen Personalräte ein gutes Personalvertretungsrecht (87 Prozent »wichtig«) und bestehende gute Dienstvereinbarungen (85 Prozent »wichtig«) ausgesprochen hoch ein (s. o. Tabelle 29).

Da es auch ein zentraler Befund der qualitativen Erhebung ist, dass die Arbeit von Personalräten erheblich vom Personalvertretungsrecht geprägt ist, ist die Bedeutung institutioneller Einflussfaktoren als sehr hoch zu veranschlagen.

Auch weitere rechtlich oder tarifvertraglich verbindlich geregelte Vorgänge wie Eingruppierung, Arbeitsschutz etc. prägen die Personalratsarbeit wesentlich. Personalräte arbeiten in einem institutionellen Feld, das rechtlich stark strukturiert ist und sowohl Handlungschancen eröffnet als auch Spielräume begrenzt. Dies gilt in ähnlicher Weise auch für die Kommunalverwaltungen selbst, auch wenn die Dienststelle innerhalb der Arbeitsbeziehungen die stärkere Stellung gegenüber dem Personalrat einnimmt.

Arbeitsschutzgesetze, Datenschutzbestimmungen, Gleichstellungs- und Antidiskriminierungsregeln etc. sowie nicht zuletzt Tarifverträge und das Personalvertretungsrecht liefern eine unverzichtbare rechtliche Basis für die Personalratsarbeit, ohne die sogar die Existenz von Personalräten gefährdet wäre.

Da über das Personalvertretungsrecht, das für die Kommunen gültig ist, auf Länderebene entschieden wird, differieren die rechtlichen Voraussetzungen der kommunalen Arbeitsbeziehungen. Allerdings halten sich die in Interviews geschilderten Unterschiede, die mit der unterschiedlichen Ausgestaltung des Personalvertretungsrechts in Zusammenhang stehen, eher in Grenzen – erinnert sei hier auch an die nicht gerade häufige Anrufung der Einigungsstelle (siehe Kapitel 7.3).

Auch die in Thüringen seit 2019 gültige Allzuständigkeit führte bislang in der Praxis der Personalratsarbeit nur zu begrenzten Unterschieden – zumindest waren zum Zeitpunkt unserer Erhebungen, die 2020 begannen und bis ins Jahr 2022 reichten, keine ausgeprägten Unterschiede auszumachen, auch wenn in den späteren Interviews von einem dadurch begründeten Bedeutungszuwachs der Personalräte berichtet wird.

Im Großen und Ganzen habe, so wird aus einer Thüringer Kommune berichtet, »die Allzuständigkeit hier sehr gut eingeschlagen«, »kein negatives Echo der Dienststellenleitung« ausgelöst, jedoch die Autorität des Personalrats »schon deutlich gestärkt«. Nicht zuletzt wird das neue Personalvertretungsgesetz als ein Zugewinn an sozialer Anerkennung gesehen: »[…] dass man sagt: ›Okay, wir sind wer und wir können uns auch durchaus was rausnehmen‹« (Stellv. PRV TH 1.1).

Kapitel 9

Nach den Wirkungen der Allzuständigkeit gefragt, berichtet der Personalrat einer anderen thüringischen Stadt, der dort über eine starke Stellung verfügt, dass für beide Seiten gelte, dass der Umgang mit dem neuen Gesetz noch gelernt werden müsse. Obwohl die Ausweitung der Mitbestimmungsrechte eindeutig positiv bewertet wird und ein weiterer Ausbau grundsätzlich begrüßt würde – auch »die volle Mitbestimmung« sei ja im Endeffekt »keine richtige« – wird mit der Allzuständigkeit insofern vorsichtig umgegangen, als man sich nicht um jede Kleinigkeit kümmern könne und möchte (siehe Kapitel 7.3).

In manchen Kommunen wird ein größeres Aufgabenvolumen durchaus ein Problem darstellen, denn »Sie müssen natürlich auch die Leute haben, die sich der Rechte bewusst sind und diese durchsetzen« (Stellv. PRV TH 1.1). Diese Feststellung, die zunächst banal klingen mag, gilt für alle Machtressourcen, die sich Personalräte zunutze machen können, und selbstverständlich auch für die Veränderung des Personalvertretungsrechts in Thüringen.

In Interviews mit Thüringer Personalräten spielte das neue Personalvertretungsrecht nicht immer eine nennenswerte Rolle. Die Praxis scheint sich bei etlichen Personalräten nicht oder allenfalls langsam zu ändern, aber wo Personalräte die erweiterten Mitbestimmungsmöglichkeiten zu nutzen suchen, entfaltet die Allzuständigkeit ihre Wirkung. In einem 2022 geführten Interview betont ein Personalratsvorsitzender die Vorteile der neuen Regelungen:

»Und das ist eben eine sehr gute Sache für uns, weil die Dienststelle dann schon gezwungen ist, eigentlich fast immer gezwungen ist, auf uns zuzugehen und das Gespräch zu suchen, weil eigentlich sind wir ja mitbestimmungsberechtigt in allen personellen, sozialen, innerdienstlichen Geschichten. Und da wird dann immer in Verhandlung mit der Dienststellenleitung gesehen, wie wir's denn händeln, also in Form von Dienstvereinbarungen oder von Absprachen, denn grade die letzten zwei Jahre, die Pandemie, die hat ja an alle Seiten ganz schöne Herausforderungen gestellt.« (PRV TH 6.1)

Auf die Frage, ob das neue Personalvertretungsrecht mehr Arbeit mache, konstatiert der Vorsitzende, dass man vieles mittels einer Dienstvereinbarung grundsätzlich regeln könne und es auch darauf ankomme, wie das Verhältnis zwischen Dienststellenleitung und Personalrat sei. Wenn man alles vor dem Verwaltungsgericht oder der Einigungsstelle austragen müsse, »dann ist das natürlich kaum noch zu händeln« (PRV TH 6.1). Das Personalvertretungsrecht darf zwar zu den institutionellen Machtressourcen gezählt werden, ist jedoch, wie die Entstehungsgeschichte zeigt, ein Resultat politischer Auseinandersetzungen. Auch die Allzuständigkeit im Thüringer Personalvertretungsgesetz von 2019 ist günstigen politischen Umständen zu verdanken und könnte im Falle eines Wechsels der Landesregierung wieder zur Disposition stehen.

Letztlich sind einzelne Personalräte politisch motivierten Veränderungen des Personalvertretungsrechts zwar ausgeliefert, aber sie werden – etwa im Kontext gewerkschaftlichen Engagements – durchaus konsultiert und können zu geplanten Veränderungen Stellung nehmen. Gelegentlich besteht sogar die Chance, Veränderungen auch auf der Ebene der Gesetzgebung anzustoßen. So ergriff ein Personalrats- und LAG-Vorsitzender, der inzwischen nicht mehr im Amt ist, selbst die Initiative:

»Und eins, was ich auch mal so ein bisschen mit Stolz erzähle: Ich habe es geschafft, im letzten Jahr eine Änderung des Mitbestimmungsgesetzes zu erreichen. [...] vor drei Jahren muss es schon gewesen sein, da hatten wir bei uns im Hause die Jugendversammlung mit den Auszubildenden und Jugendlichen, und der damalige JAV-Vorsitzende hatte dann eben thematisiert, dass wir ja in Schleswig-Holstein im Mitbestimmungsgesetz eine Altersgrenze haben, dass eben zur JAV nur kandidieren kann [...], wer jünger als 25 ist. Und das ist mittlerweile wirklich antiquiert, weil wir ganz viele Auszubildende oder Anwärter haben, die deutlich über 25 sind [...]. Das war mir bis dahin gar nicht so bewusst und ich habe dann gesagt: ›[...] ich kümmere mich mal‹, und bin also durch diese Netzwerke dann mal ein bisschen aktiv geworden, habe mich dann auch mal durchtelefoniert und bin in der Staatskanzlei gelandet und habe mit den zuständigen Referenten darüber gesprochen, dass das doch eigentlich nicht sein kann und wie man das dann hinkriegen kann, [...] das zu ändern.« (PRV SH 5.1)

Mit Unterstützung von ver.di und dem DGB – der anfangs zögerte, da er nicht am Mitbestimmungsgesetz Schleswig-Holstein rühren wollte, um das Risiko negativer Veränderungen zu vermeiden – erreichte er, dass es keine Altersgrenze mehr gibt, wie dies auch in anderen Bundesländern der Fall ist. Wenn er gefragt werde, was denn ein »Highlight« seiner Personalratsarbeit gewesen sei, dann sage er, dass dieser Erfolg sicherlich dazugehöre.

9.4 Gesellschaftliche Machtressourcen

Arbeit und Existenz der Personalräte sind – vermittelt über gesetzliche und tarifvertragliche Regeln – von politischen Entscheidungen und letztlich gesellschaftlichen Entwicklungen geprägt. Diese bestimmen neben den Aufgaben auch das Tätigkeitsfeld der Personalräte in hohem Maße, das auf ihre innerbetriebliche Funktion ausgerichtet ist. Vor dem Hintergrund des Gebots der vertrauensvollen Zusammenarbeit mit der Dienststellenleitung betrachten etliche Personalräte unmittelbare Kontakte zu Bürgerinnen und Bürgern über die Grenzen der Dienststelle hinaus als unangemessen, wobei das Selbstverständnis als ausschließlich verwaltungsintern orientierte und agierende Personalvertretung der Nutzung gesellschaftlicher Machtressourcen entgegensteht.

Die hohe Relevanz gesellschaftlicher Einflussfaktoren bei zugleich geringer Nutzung gesellschaftlicher Machtressourcen kommt auch in der Befragung der Personalräte zum Ausdruck. Bei der Frage nach wichtigen Faktoren für die Durchsetzungschancen des Personalrats geben 58 Prozent der Personalräte an, dass ein arbeitnehmerfreundliches Klima in Gesellschaft und Politik wichtig sei, 32 Prozent halten dies für weniger wichtig und 8 Prozent für unwichtig (s. o. Abbildung 19).

Fragt man hingegen nach der Unterstützung durch Bürgerinnen und Bürger, dann unterscheiden sich die Zahlen deutlich. Nur 4 Prozent der Personalräte halten eine solche Unterstützung für wichtig, 18 Prozent halten sie für weniger wichtig, 40 Prozent für unwichtig und 38 Prozent geben an, diese sei nicht vorhanden.

Vielen Personalräten fiel in den Interviews auf die Frage nach gesellschaftlicher Unterstützung für die Personalratsarbeit wenig ein. Allenfalls erinnert man sich an Reorganisationsprozesse etwa bei Privatisierungen oder Re-Kommunalisierung, bei denen es Unterstützung durch Bürgerinnen und Bürger gegeben habe, z. B. im Falle von Kita-Schließungen in der Vergangenheit. Mitunter wird auch von bürgerschaftlicher Unterstützung bei Tarifkonflikten berichtet, an denen man als Gewerkschaftsmitglied beteiligt war:

»In den vielen Jahren, wo das gelaufen ist auch mit den Privatisierungen und alles [der Nachwendezeit], hatten die alle mit sich selber zu tun. Also mir fällt da nichts ein, wo ich jetzt sagen kann, da war irgendwie eine Bürgerbewegung mitbeteiligt. Die Eltern natürlich, als es um die Kindertagesstätten ging, ja. Das war ... die waren auch immer mit beim Stadtrat mit den Kindern und so, also da hatte man Unterstützung. Auch 2015 bei unserem sechswöchigen Streik bei den Erzieherinnen damals, wo der S- und E-Tarifvertrag eingeführt worden ist. Da war der Elternsprecherratsvorsitzende regelmäßig bei unseren Veranstaltungen und hat gesprochen, hat uns unterstützt.« (PRV TH 2.1)

Selbst in der Vergangenheit war die Nutzung gesellschaftlicher Machtressourcen somit selten. Aus der Arbeit eines anderen Personalrats einer westdeutschen Kommune wird auf die Frage nach der Unterstützung durch Bürgerinnen und Bürger Ähnliches berichtet:

»Hat es gegeben [...], dass Kitas auch unterstützt werden durch Bürgerinnen und Bürger, wo man dann auch gesagt hat: ›Wir brauchen auch gute Bezahlung, um gute Leute zu haben, damit unsere Kinder gut betreut werden‹, und dann hatte man auch Verständnis für Streiktage [...] in Corona-Zeiten. Wo man noch viel positive Rückmeldung kriegt, [...] hat man Verständnis dafür, dass da nicht alles geht [...], aber wenn ich persönlich meinen Pass brauche, dann haben sie gefälligst auch einen Termin zu haben. [...] Also ich würde nicht sagen, dass es da jetzt große Unterstützung der Öffentlichkeit gibt [...]. Also SKJ [Sozial-, Kinder- und Jugendhilfe], da hat es mal Unterstützung von Kitas gegeben, aber ansonsten fällt mir jetzt nichts ein.« (PRV SH 3.1)

Vor allem, wenn es nicht um Privatisierungen oder einen Abbau von Dienstleistungen geht, sondern um die eher alltägliche Praxis, stehen sich Bürgerwünsche und die Interessen der Beschäftigten in den Kommunen bisweilen entgegen, etwa bei den Öffnungszeiten von Behörden.

Obwohl gesellschaftliche Machtressourcen wenig genutzt werden, sind gesellschaftliche Einflüsse relevant, was sich auch bei der Unterscheidung zwischen West- und Ostdeutschland zeigt. Westdeutsche Personalräte beurteilen ihre Arbeit als erfolgreicher als ihre Kolleginnen und Kollegen in den ostdeutschen Bundesländern. Erstere bewerten ihre Arbeit zu 56 Prozent als erfolgreich oder »sehr erfolgreich«, bei ostdeutschen Personalräten sind es lediglich 48 Prozent. Auch sind 11 Prozent der befragten westdeutschen Personalräte der Auffassung, die eigene Arbeit sei eher wenig oder »wenig erfolgreich«, während dies 13 Prozent der ostdeutschen Personalräte so sehen.

Auch der Einfluss auf Arbeitgeberentscheidungen ist nach Selbsteinschätzung der Personalräte im Westen etwas höher, die sich zu 25 Prozent eher viel oder »viel Einfluss« zuschreiben, als in Ostdeutschland mit 20 Prozent. Eher wenig oder »wenig Einfluss« schreiben sich in den westdeutschen Bundesländern 30 Prozent der Personalräte zu, in den ostdeutschen Bundesländern 39 Prozent.

Obwohl wir auch in Brandenburg und Thüringen ausgesprochen engagierte, überzeugende und erfolgreiche Personalräte fanden, sind die Rahmenbedingungen für Personalratsarbeit und gewerkschaftliches Engagement in Ostdeutschland etwas schlechter. Dafür spricht auch der gewerkschaftliche Organisationsgrad, der in den westdeutschen Kommunen mit 20 Prozent etwas höher liegt als in den ostdeutschen Kommunen mit 18 Prozent (Angaben der Personalräte gewichtet nach Beschäftigtenzahlen; siehe Kapitel 8.2).

In einer Zeit, in der die Effizienz des öffentlichen Dienstes durch gesellschaftliche und politische Diskurse bezweifelt und infrage gestellt und damit dessen Entwicklung massiv beeinflusst wurde, stand die Gesellschaft den Personalräten nur sehr begrenzt als Machtressource zur Verfügung. Die Gesellschaft ist als Einflussfaktor, als *societal effects* (Maurice/Sorge 2000), von großer Relevanz, fällt aber als Machtressource für die Personalratsarbeit weitgehend aus. Obwohl man sich bei ver.di der Relevanz gesellschaftlicher Unterstützung bei gewerkschaftlich getragenen Tarifauseinandersetzungen durchaus bewusst ist, ist die Idee, gesellschaftliche Unterstützung zu nutzen, bei den meisten Personalräten nicht oder allenfalls marginal vorhanden.

Auf gesellschaftliche Aufwertungsdiskurse, die mit Blick auf manche Berufs-gruppen stattfinden, können sich grundsätzlich auch Personalräte stützen. Allerdings bleiben die Ansatzpunkte, um reale Verbesserungen zu erreichen, begrenzt – nicht zuletzt, weil die Beschäftigten der Kernverwaltung bisher weitgehend von der »neuen Anerkennung« ausgeschlossen blieben.

Wahrscheinlich werden gesellschaftliche Aufwertungsdebatten vor dem Hintergrund des demografischen Wandels und der Verknappung von Arbeitskräften in nächster Zeit nicht verstummen. Die erneute Verschuldung aufgrund der diversen Krisen und der Inflation lässt sich jedoch samt ihren Auswirkungen auf die Ressource Arbeitsmarktmacht noch nicht einschätzen.

Kita-Streiks, die Entdeckung »systemrelevanter« Dienstleistungsberufe und die Erschöpfung neoliberaler Diskurse begünstigen heutzutage, dass auch Personalräte die gesellschaftliche Arena in ihr strategisches Arsenal aufnehmen. Bisher jedoch nutzen nur wenige Personalräte gesellschaftliche Machtressourcen, sodass es sich lediglich um eine »potenzielle Machtressource« handelt.

Es läge im Interesse eines offenen, partizipativen Staatsverständnisses wie auch eines beteiligungsorientierten Umgangs mit den Beschäftigten und deren Vertretungen, die restriktive Binnenorientierung im Personalvertretungsrecht aufzugeben und Personalräte zu sichtbaren Akteuren zu machen, die im gesellschaftlichen Austausch stehen. Gerade im Kontext der drohenden Klimakatastrophe läge eine Beteiligung von engagierten Personalräten an gesellschaftlichen Diskursen nicht nur im Interesse der Beschäftigten, sondern auch im gesellschaftlichen Interesse.

9.5 Politische Machtressourcen

Nicht zuletzt die wiederkehrenden Veränderungen im Personalvertretungsrecht zeigen die hohe Relevanz politischer Entscheidungen für die Arbeit der Personalräte, doch bis auf wenige Ausnahmen beschränkt sich die Chance kommunaler Personalräte, politische Machtressourcen zu mobilisieren, in der Regel auf die politischen Akteure der kommunalen Ebene. Zu diesen Ausnahmen zählt die gelegentliche Mitwirkung bei der Beratung von Gesetzesnovellierungen etwa auf gewerkschaftlichen Vorschlag hin – eine Situation, in die die meisten Personalratsmitglieder nie kommen – und die in Kapitel 9.3 beschriebene Initiative zum JAV-Wahlrecht in Schleswig-Holstein.

Manche Personalräte pflegen durch eine gemeinsame Parteimitgliedschaft Beziehungen zu bestimmten Ratsfraktionen oder auch dem (Ober-)Bürgermeister bzw. der (Ober-)Bürgermeisterin (»Parteischiene«), andere bemühen sich um einen parteiübergreifenden Austausch mit allen oder mehreren Ratsfraktionen, um Unterstützung für ihre Anliegen zu gewinnen. Auch hier gibt es erfolgreiche Beispiele insbesondere bei der Verhinderung von Privatisierung und Outsourcing. Öfter verhält es sich jedoch umgekehrt und die Ratsfraktionen kommen auf den Personalrat zu:

»Also [...] die Politik insgesamt geht mit uns auch fair um [...] ich habe am meisten Kontakt natürlich logischerweise zur SPD, die immer wieder auf uns zukommen und uns auch um Rat fragen, bevor sie im Rat Beschlüsse fassen. Die rufen mich an. Ich habe jetzt auch Telefonkonferenzen mit denen gemacht zum Thema

Kapitel 9

Telearbeit, wo sie Fragen hatten, weil sie das unterstützen wollen, dass hier was neu passiert. Das schon, aber die CDU fragt uns auch manchmal und, gut, mit der AfD wollen wir möglichst nichts zu tun haben, aber die sind auch von sich aus noch nicht auf uns zugekommen.« (PRV SH 3.1)

In diesem Fall sind alle Personalratsmitglieder bei ver.di organisiert. Dort hat die zitierte Person auch Funktionen inne, legt aber Wert darauf, nicht Mitglied einer politischen Partei zu sein, um »besser neutral zu sein in der Rolle, weil wir ja mit jedem sprechen müssen« (PRV SH 3.1). Eine mögliche Einheit von SPD und Gewerkschaften wird in diesem Falle verneint. Ein ebenfalls positives Bild der kommunalpolitischen Situation wird in einem anderen Fall gezeichnet, wo sowohl der Oberbürgermeister als auch der Gesamtpersonalratsvorsitzende SPD-Mitglieder sind. Neben der SPD ist es insbesondere in ostdeutschen Kommunen meist auch Die Linke, die den Kontakt zu Personalräten sucht.

Alle Personalräte, mit denen wir gesprochen haben, lehnen eine Zusammenarbeit mit der AfD ab. Das Verhältnis der Personalräte zur CDU ist keineswegs immer schlecht, was auch für das Verhältnis zur FDP gilt, etwa zu einem Oberbürgermeister, der dieser Partei angehört. Oft sind die Personen in der Kommunalpolitik tatsächlich wichtiger als die Parteizugehörigkeit.

Allerdings kommt es eher selten vor, dass Personalräte die Kommunalpolitik offensiv als Machtressource nutzen. Zum einen gilt dies manchen Personalräten als Überschreitung der ihnen zugewiesenen Arena, zum anderen beeinträchtigt die politische Orientierung der Ratsmehrheit und des (Ober-)Bürgermeisters bzw. der (Ober-)Bürgermeisterin in den Augen mancher Personalräte die Erfolgschancen im politischen Feld (siehe Abbildung 20).

Viele Personalräte halten für ihre Arbeit allerdings weder die politische Orientierung der Verwaltungsspitze noch die politischen Mehrheitsverhältnisse in der Ratsversammlung für relevant – entweder weil sie ohnehin darauf verzichten, politische Machtressourcen zu nutzen, oder weil sie darum bemüht sind, mit (nahezu) allen Parteien im Gespräch zu sein.

Personalräte haben zwar die Chance, durch direkte Gespräche mit Mitgliedern der Ratsfraktionen oder vermittelt durch ihre Parteizugehörigkeit Einfluss auf kommunale politische Entscheidungen zu nehmen. Allerdings verträgt sich bei etlichen Personalräten die Einflussnahme auf politische Gremien nicht mit einem als parteipolitisch neutral definierten Selbstbild

Einflussfaktoren und Machtressourcen

– ganz im Sinne des Personalvertretungsrechts – oder auch mit der Loyalität gegenüber dem Dienstherrn. Viele Personalräte könnten politische Machtressourcen, die im Erfolgsfall zumindest auf kommunaler Ebene rasch Wirkung entfalten können, intensiver nutzen, zumindest wenn sie rechtlich dazu ermuntert würden. Selbstverständlich beeinflussen nicht nur die rechtlichen Möglichkeiten der Konfliktaustragung, sondern auch die Entscheidung des Personalrats, diese Rechte auch nutzen zu wollen, das Handeln der beteiligten Akteure.

Abbildung 20: Politische Orientierung der Verwaltungsspitze und Mehrheitsverhältnisse im Rat

»Spielt die politische Orientierung der Verwaltungsspitze (z. B. OB) für die Durchsetzungschancen des Personalrats eine Rolle?« a)

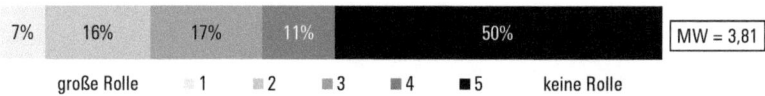

»Sind die politischen Mehrheitsverhältnisse im Gemeinderat oder Kreistag wichtig für die Durchsetzungschancen des Personalrats?« b)

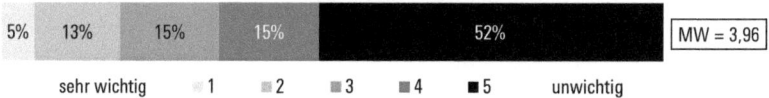

Anmerkungen: a) n = 523; b) n = 526; Ausprägungen 2–4 nicht verbalisiert
Quelle: eigene Erhebung und Darstellung

215

10 Typologie und Wandlungsmuster von Personalräten

Da sich zwischen Personalräten trotz erheblicher Unterschiede auch gewisse Regelmäßigkeiten finden, bietet sich über die Beschreibung exemplarischer Fälle, die Herausarbeitung von Orientierungs- und Handlungsmustern und die Quantifizierung einzelner Phänomene hinaus die Bildung einer Typologie von Personalräten an. Diese soll im Folgenden entlang der bisher behandelten Merkmale von Personalratsarbeit entwickelt werden. Dabei werden die unterschiedlichen Ausprägungen als Unterscheidungskriterien verwendet, um verschiedene Typen voneinander abzugrenzen.

Allerdings sind komplexe Sinnzusammenhänge von qualitativ beschriebenen Idealtypen in standardisierten Erhebungen nicht immer gut abzubilden, da sie in ein zu komplexes Variablensystem gefasst werden müssten. Eine Häufigkeitsbestimmung der einzelnen Typen wird deshalb nur unzureichend gelingen. Soweit möglich, werden wir jedoch Hinweise zum quantitativen Vorkommen bestimmter Typen aufgreifen und Schätzungen vornehmen, die allerdings eher hypothetischen Charakter haben und nur der groben Orientierung dienen.

Um zu einer Typologie zu gelangen, haben wir die folgenden sieben Kriterien an die Personalräte und ihre Arbeit angelegt:

- das Kriterium der strategischen Orientierungen, Ziele und Inhalte der Personalratsarbeit sowie verschiedene Interaktionsdimensionen der Personalräte:
  - die interne Interaktion unter den Personalratsmitgliedern,
  - die Interaktion mit dem Arbeitgeber,
  - die Interaktion mit den Beschäftigten,
  - die Interaktion mit den Gewerkschaften,
  - die Interaktion mit der Gesellschaft und
  - die Interaktion mit der Politik.

Die letzten fünf Merkmale stehen auch für das Gewicht der fünf Einflussfaktoren bzw. deren Nutzung als Machtressourcen durch den Personalrat (siehe Kapitel 9).

Um an unsere Befunde anschließen zu können, wenden wir somit jene Kriterien auf die Typenbildung an, die durchgehend untersuchungsleitend waren. Deshalb orientieren wir uns zunächst nicht an der Personalratstypologie von Greifenstein und Kißler (2002), um zu diskutieren, inwiefern diese Typologie heute noch zutrifft bzw. wo sie aus heutiger Sicht modifiziert oder ergänzt werden müsste, sondern wir entwickeln auf der Basis unserer Analyse eine eigene Typologie und fragen erst im Anschluss daran nach Übereinstimmungen.

Dieses Vorgehen gilt insbesondere für die verschiedenen Betriebsratstypologien (etwa Müller-Jentsch/Seitz 1998; Bosch et al. 1999 und Artus et al. 2001; Kotthoff 1994; Minssen/Riese 2007), da unser Ziel nicht ist, die Angemessenheit von Betriebsratstypologien für den öffentlichen Dienst zu prüfen – und diese Hypothese dann möglicherweise mehr oder weniger zu verwerfen. Vielmehr wollen wir aus dem empirischen Material eine dem öffentlichen Dienst und insbesondere den Kommunen angemessene Typologie entwickeln.

Nichtsdestotrotz haben wir die genannten Typologien konsultiert und verdanken ihnen eine Reihe von Anregungen, teilweise bis hin zu den letztlich gewählten Bezeichnungen. Schlussendlich fanden sich dann auch größere Überschneidungen mit der Personalrätetypologie von Greifenstein und Kißler (2002, S. 40 f.) als zunächst erwartet.

Indem wir die genannten Kriterien anlegen, unterscheiden wir in Kapitel 10.1 sechs Typen von Personalräten, die unseres Erachtens zumindest die wichtigsten Varianten abdecken. Diese Typen sind im Sinne von Idealtypen zu verstehen, in denen die Handlungslogik der einzelnen Varianten in reiner Form hervortritt, während sich in der empirischen Realität durchaus Inkonsistenzen und Mischformen finden. In diesem Sinne unterscheiden wir zwischen den folgenden Typen von Personalräten:

1. die anerkannte gewerkschaftsorientierte Schutzmacht,
2. der mitgestaltende Modernisierer,
3. die regelorientierte Kontrollinstanz,
4. der parlamentarisierte Personalrat,
5. der Vermittler und Kümmerer und
6. der ignorierte Personalrat.

Im Anschluss an die Darstellung der Typen betrachten wir in Kapitel 10.2 – um kein allzu statisches Bild zu zeichnen und die Chancen und Risiken von Veränderungen aufzuzeigen –, in welcher Weise sich Personalräte typischerweise verändern und skizzieren sechs Muster des Wandels von Personalratstypen. Diese Wandlungsmuster sind

1. gradueller Wandel,
2. interner Konflikt,
3. Erosion,
4. Anerkennungskampf,
5. Anpassung und
6. Neuanfang.

10.1 Typologie der Personalräte

Tabelle 31 stellt eine Übersicht zur Typologie der Personalräte dar.

10.1.1 Die anerkannte gewerkschaftsorientierte Schutzmacht (Typ 1)

Der erste Personalratstypus wird vollständig oder zumindest stark von den Mitgliedern einer Gewerkschaft dominiert – meist von ver.di, mitunter auch von Komba –, weil alle oder die überwiegende Zahl der Personalratsmitglieder Mitglied dieser Gewerkschaft sind. In der Regel ist die Zusammenarbeit mit der Dienststellenleitung kooperativ, die akzeptiert, dass der Personalrat seine Funktion im Interesse der Beschäftigten wahrnimmt sowie gesetzliche und tarifvertragliche Regelungen respektiert, aber versucht, diese im Interesse der Beschäftigten umzusetzen.

Dass Interessenunterschiede zwischen Arbeitgeber und Beschäftigten – prinzipiell inklusive der Beamtinnen und Beamten – bestehen, ist beiderseits grundsätzlich anerkannt. Konflikte kommen vor und werden gewöhnlich in geregelten Bahnen ausgetragen. Dass der Personalrat bzw. dessen Mitglieder in ihrer Rolle als Gewerkschafterinnen und Gewerkschafter in Tarifrunden Stellung beziehen und die Mobilisierung bei Streiks unterstützen, ist selbstverständlich.

Personalräte dieses Typs erfüllen darüber hinaus wichtige Funktionen für die Gewerkschaft bei der Rekrutierung von Mitgliedern und als De-facto-

Tabelle 31: Typologie der Personalräte

Merkmale \ Typen	Typ 1: Anerkannte gewerkschaftsorientierte Schutzmacht	Typ 2: Mitgestaltender Modernisierer
Strategie, Ziele und Inhalte	Schutz von Beschäftigteninteressen	Mitgestaltung
Interne Interaktion	Team	Team
Interaktion mit dem Arbeitgeber	Kooperation und Konflikt	Kooperation und Anerkennung
Interaktion mit Beschäftigten	Repräsentation (und Partizipation)	Repräsentation (und Partizipation)
Interaktion mit Gewerkschaften	ausgeprägt, meist wechselseitig; Mitgliederlogik	kommt häufig vor; z. T. wechselseitig, z. T. Austauschlogik
Interaktion mit Politik	kommt öfter vor	Ausnahme
Interaktion mit Gesellschaft	gelegentlich	sehr selten

Repräsentantinnen und -Repräsentanten vor Ort. Inhaltlich kümmert sich ein solcher Personalrat im Rahmen seiner Möglichkeiten um alle Themen, bei denen Interessen der Beschäftigten verletzt oder konkrete Verbesserungen erreicht werden können, etwa Arbeitszeitregelungen, Überlastungsanzeigen, Eingruppierungsfragen und Datenschutz.

Das Ausmaß an Konflikten mit dem Arbeitgeber kann variieren; gewöhnlich sind diese aber nicht so gravierend, dass dem Personalrat arbeitgeberseitig die grundsätzliche Legitimität aberkannt und die soziale Anerkennung entzogen würde.

Vor allem in Westdeutschland liegt der Aufbau eines Personalrats als »anerkannte gewerkschaftsorientierte Schutzmacht« in vielen Fällen lange zurück, sodass seine aktuellen Mitglieder keine Aufbauarbeit mehr zu leisten hatten. Insbesondere in den ostdeutschen Bundesländern finden sich bei diesem Typ aber mitunter noch Personalratsmitglieder, die am Neu-

Typ 3: Regelorientierte Kontrollinstanz	Typ 4: Parlamentarisierter Personalrat	Typ 5: Vermittler und Kümmerer	Typ 6: Ignorierter Personalrat
Kontrolle der Regeleinhaltung	divergierend	Ausgleich, Hilfe, Vermittlung	variierend, eher fehlend
Gremium a)	Parlament	divergierend	unklar
Kooperation und Konflikt	variierend	Zugehörigkeit, Mediation	marginal
Repräsentation	Krise der Repräsentation	Betreuung	marginal
variierend; primär Austauschlogik	oft ausgeprägt, aber kompetitiv	kommt vor, eher marginal	meist fehlend
fehlend	selten, divergierend	fehlend	fehlend
fehlend	sehr selten	fehlend	fehlend

Anmerkung: a) Mit »Gremium« ist hier ein Personalrat gemeint, der sich weder nach Listen fraktioniert noch einen sozialen Zusammenhang ausbildet, der als »Team« verstanden werden kann
Quelle: eigene Erhebung (qualitativ und standardisiert)

anfang (Wandlungsmuster 6) eines solchen vertretungsstarken Personalrats beteiligt waren, der dort frühestens mit der Wende erfolgen konnte.

Der Typus der »anerkannten gewerkschaftsorientierten Schutzmacht« weist eine gewisse Ähnlichkeit mit der »traditionellen Interessenvertretung« von Greifenstein und Kißler (2002, S. 41 f.) auf. Primär geht es beiden Typen zwar um Schutzaufgaben, die die »traditionelle Interessenvertretung« aber in Reaktion auf das Arbeitgeberhandeln verfolgt, während unser Typ 1 sich nicht nur »reaktiv« auf die Schutzinteressen der Belegschaft konzentriert.

Auch wenn Schutzaufgaben im Mittelpunkt stehen, handelt es sich zumindest in größeren Städten, wo dieser Typus hauptsächlich vorkommt,

Kapitel 10

oft um Personalräte, auf die neue Steuerungsmodelle nicht ohne Einfluss geblieben sind. Mitunter haben sie sogar eine Phase als »progressive Interessenvertretung« (Greifenstein/Kißler 2002, S. 41) oder »Co-Manager« (Minssen/Riese 2007) hinter sich, haben sich aber – im Einklang mit Diskussionen bei ver.di – aus Enttäuschung über die Folgen der Privatisierungs- und Sparpolitik wieder von einer solchen Orientierung verabschiedet.

Nach inzwischen fast drei Jahrzehnten Verwaltungsreform und New Public Management (NPM) bzw. Neuem Steuerungsmodell (NSM), aber auch nach vier Jahrzehnten rückläufiger gewerkschaftlicher Organisationsgrade spricht heute wenig dafür, einen Personalratstyp noch als »traditionell« zu bezeichnen. Mitunter stellt ein solcher Personalrat als gewerkschaftsorientierte Schutzmacht sogar eine Art Post-NSM-Typus dar, der einen Prozess der reflexiven Modernisierung durchlaufen hat. In jedem Fall hat ein solcher Personalrat heute eine Geschichte gradueller Modifikation hinter sich, weil er ansonsten seine Anerkennung beim Arbeitgeber, aber auch bei den Beschäftigten eingebüßt hätte.

58 Prozent der Personalräte halten eine Rollenbeschreibung als »Kontroll- und Schutzorgan für die Interessen der Beschäftigten« für vollkommen zutreffend (s. o. Abbildung 12); 33 Prozent können dieser Charakterisierung immerhin in der Tendenz etwas abgewinnen. Darunter sind jedoch auch Personalräte, die weder regelmäßig mit Gewerkschaften kooperieren noch sich selbst als anerkannt oder hoch anerkannt beschreiben. Die Anzahl der Personalräte, die sich sowohl als Kontroll- und Schutzorgan als auch als von der Dienststellenleitung anerkannt sehen und zudem regelmäßig mit Gewerkschaften zusammenarbeiten, liegt bei 12 Prozent aller befragten Personalräte.

Damit ist der Anteil dieses Typus zwar nicht exakt bestimmt, da alle Angaben auf der Perspektive der Befragten beruhen, doch zumindest als Untergrenze des Vorkommens dürfte dieser Prozentwert gut getroffen sein. Zugleich bleibt festzuhalten, dass die Kontroll- und Schutzfunktion auch bei den meisten anderen Personalratstypen eine mehr oder weniger große Rolle spielt. Typischerweise kommt das Selbstverständnis von Personalräten als Kontroll- und Schutzorgan in größeren Kommunalverwaltungen vor (siehe Tabelle 32), die starke gewerkschaftliche Unterstützung erfahren.

Tabelle 32: Selbstverständnis von Personalräten als Kontroll- und Schutzorgan nach Verwaltungsgröße

Beschäftigtenzahl	1–100	101–200	201–500	501–1000	>1000
Rolle als »Kontroll- und Schutzorgan für die Interessen der Beschäftigten« trifft voll zu	45 %	53 %	58 %	66 %	73 %

Anmerkung: n = 322
Quelle: eigene Erhebung

Manchmal, aber längst nicht immer, weisen Personalräte vom Typ 1 eine Vorgeschichte in einem sozialdemokratisch-gewerkschaftlichen Kontext auf und gelegentlich nutzen sie die Chance, politische Entscheidungen durch politische Nähe zum (Ober-)Bürgermeister bzw. zur (Ober-)Bürgermeisterin oder durch Kontakte zu Ratsfraktionen im Interesse der Beschäftigten zu beeinflussen.

Eine gute Haushaltslage stärkt die Durchsetzungskraft des Personalrats, ist jedoch keine zwingende Voraussetzung für diesen Typus. Die Beziehung zur Gewerkschaft ist meist auch für einzelne Personalratsmitglieder eine Quelle der sozialen Anerkennung, insbesondere für Vorsitzende, die nicht selten auch in lokalen oder regionalen Gewerkschaftsvorständen oder Tarifkommissionen zu finden sind.

Gewerkschaftsmitgliedschaft wird bei diesem Personalratstypus mehr oder weniger erwartet. Neue Personalratsmitglieder sind entweder bereits gewerkschaftlich organisiert oder werden spätestens nach der Wahl an die Gewerkschaftsmitgliedschaft herangeführt. Vor dem Hintergrund abnehmender gewerkschaftlicher Mitgliederzahlen erodiert dieser Typus zwar, kann sich aber gelegentlich auch auf eine wieder wachsende Akzeptanz gewerkschaftlicher Orientierung stützen.

Soweit dieser Personalratstypus intakt ist, passt das Wandlungsmuster »gradueller Wandel« zu ihm (Muster 1). Soweit er an Anerkennung verliert – etwa weil es innerhalb oder außerhalb des Personalrats einen Sachkonflikt oder einen Konflikt um Führungsstile gibt, der zu verschiedenen Haltungen in der Belegschaft führt – kann auch das Wandlungsmuster »interner Konflikt« auftreten (Muster 2). Ist das Nachfolgemanagement wenig erfolgreich, etwa vor dem Hintergrund eines abnehmenden Interesses an Gewerkschaft und Interessenvertretung, ist auch das Wandlungsmuster »Erosion« nicht ausgeschlossen (Muster 3).

10.1.2 Der mitgestaltende Modernisierer (Typ 2)

Von der »anerkannten gewerkschaftsorientierten Schutzmacht« (Typ 1) unterscheidet sich der Typus des »mitgestaltenden Modernisierers« zum einen dadurch, dass er sich gegenüber der Dienststelle in stärkerem Maße als Initiator und Modernisierer versteht. Zum anderen kommt eine ausgeprägte gewerkschaftliche Orientierung zwar auch bei diesem Typus vor, ist für diesen aber nicht konstitutiv. Bei starker gewerkschaftlicher Orientierung nehmen Personalräte dieses Typs oftmals auch im gewerkschaftlichen Kontext die Rolle des Modernisierers ein, zumindest ihrem Selbstverständnis nach.

In jedem Fall möchte dieser Personalratstypus die Verwaltung auf die Höhe der Zeit bringen – oft auch gemeinsam mit der Dienststellenleitung – und erhofft sich davon sowohl eine höhere Anerkennung des öffentlichen Dienstes bei den Bürgerinnen und Bürgern als auch positive Effekte für das Volumen der öffentlichen Dienstleistungserbringung, die Motivation der Beschäftigten sowie die Sicherheit und Qualität der Arbeitsplätze. Manche Personalräte dieses Typs sehen sich angesichts nicht ganz so flexibler Verwaltungsspitzen auch als die eigentliche Avantgarde der Modernisierung, obwohl sie diesen Anspruch angesichts ihrer begrenzten Möglichkeiten nicht wie intendiert einlösen können.

Thematisch will dieser Personalratstypus heute weniger als früher auf dem Feld der Organisationsreformen gestalterisch tätig sein, im Fokus steht vielmehr die Digitalisierung. Dabei geht es Typ 2 im Gegensatz zu Typ 1 nicht primär um Datenschutz, sondern darum, die Digitalisierung von Verwaltungsvorgängen voranzubringen, um die Effizienz im Interesse von Bürgerinnen und Bürgern sowie der Beschäftigten zu steigern.

Der Personalratstypus des »mitgestaltenden Modernisierers« ähnelt dem in der bisherigen Literatur angesprochenen Typ der »progressiven Interessenvertretung« bzw. des »Co-Managers«, doch ist er nicht identisch mit diesen früheren Typen, bei denen die Hoffnungen der frühen Verwaltungsreformen – vor deren Umschlag in die Politik der Austerität – noch eine entscheidende Rolle spielten. Die Modernisierungseuphorie hat unter den zurückliegenden Erfahrungen gelitten und der Versuch, die Beschäftigten vor den Folgen von Privatisierung, Ausgliederung und Sparpolitik zu schützen, ist bei vielen, insbesondere gewerkschaftsorientierten Personalräten dieses Typs zu einem relevanten Teil der Personalratsaufgaben geworden. Auch weniger stark gewerkschaftlich orientierte Personalräte, die die Modernisierung ihrer Verwaltungen heute mitgestalten wollen, handeln vor dem Hintergrund der früheren Erfahrungen von Sparpolitik und Personalabbau. Obwohl dieser Hintergrund nicht mehr überall präsent bzw. durch neue Erfahrungen überlagert worden ist, ist er bei vielen Personalräten noch wirksam. Die Differenzierung zwischen reaktiver Schutzpolitik und aktivem Co-Management ist deshalb heute weniger trennscharf als in der Vergangenheit, da sich Typ 1 und Typ 2 infolge der beschriebenen Erfahrungen ähnlicher geworden sind.

Der demografische Wandel und der damit verbundene Arbeits- und Fachkräftemangel bietet inzwischen nicht nur eine Chance, dass sich strukturelle Machtressourcen zugunsten der Personalräte verschieben, sondern trägt auch dazu bei, dass unter Personalräten nicht mehr die Befürchtung vorherrscht, dass Rationalisierungseffekte durch Digitalisierung einen starken Personalabbau zur Folge haben könnten. Derzeit verzögert sich die Digitalisierung in den Kommunen oft gerade wegen des Mangels an IT-Spezialistinnen und -Spezialisten, was manche Personalräte der Typen 1 und 2 bisweilen dazu nutzen, sich für eine bessere Ausstattung und Bezahlung in den IT-Bereichen einzusetzen.

Die beiden bisher betrachteten Personalratstypen sind überwiegend kooperativ orientiert und werden von der Arbeitgeberseite respektiert, was insbesondere auf den »mitgestaltenden Modernisierer« zutrifft. Allerdings sind beide Typen auch bereit, in Einzelfällen temporäre Konflikte einzugehen, weshalb das klassische Begriffspaar »kooperativ versus konfliktorientiert« – das auch in der Betriebsratsforschung nicht immer als Gegensatz betrachtet wird – nicht zur Differenzierung zwischen den beiden Typen beiträgt.

Personalräte, bei denen Konfliktorientierung von größerer Bedeutung ist, finden sich ausgesprochen selten und selbst bei Personalräten, zu deren strategischem Arsenal auch das Eingehen von Konflikten gehört, dominiert die Kooperation. Zentral sind Konflikte, wenn sich Personalräte in der Phase des »Anerkennungskampfs« befinden (Wandlungsmuster 4), d. h. die Voraussetzungen für eine akzeptable Form der Kooperation noch etablieren müssen.

Zumindest terminologisch lässt sich das Selbstbild als Management auf Arbeitgeberseite und Co-Management auf Personalratsseite gelegentlich auch in Kommunen finden, schließlich ist auch das Selbstverständnis von Personalräten nicht unbeeinflusst von sozialwissenschaftlichen Konstruktionen geblieben. Dennoch sind beide Kategorien im öffentlichen Dienst nicht wirklich angemessen, nicht zuletzt, weil sowohl die Kommunalverwaltung als auch der Personalrat in starkem Maße an rechtliche Vorgaben gebunden sind. Der Begriff des Co-Managements scheint uns zu stark an Unternehmen und die Betriebsratsforschung angelehnt und zudem eher zeittypisch geprägt.

8 Prozent der Personalräte geben an, dass eine Charakterisierung als »Mitgestalter, der möglichst überall mitwirkt und sich überall einmischt« auf sie voll zutrifft (s. o. Abbildung 12), aber von diesen arbeiten nur 14 Prozent regelmäßig mit Gewerkschaften zusammen. Weitere 28 Prozent der Personalräte halten diese Rollenbeschreibung für eher zutreffend; auch von diesen arbeiten weniger als ein Fünftel regelmäßig mit Gewerkschaften zusammen.

Damit ist die Verbindung der Gewerkschaften zu diesem Typus – anders als wir dies vor dem Hintergrund früherer Erfahrungen vermutet hätten – keineswegs besonders eng. Wahrscheinlich tritt der Typus des »mitgestaltenden Modernisierers« heute weniger in Gewerkschaftsnähe auf, weil ver.di inzwischen eine gewisse Distanz zu Verwaltungsreformen eingenommen hat und weil die Modernitätsidee sich allmählich – sozusagen in einer Art Trickle-down-Effekt – auch unter Personalräten kleinerer Kommunen verbreitet (siehe Tabelle 33).

Tabelle 33: Selbstverständnis von Personalräten als Mitgestalter nach Verwaltungsgröße

Beschäftigtenzahl	1–100	101–200	201–500	501–1000	>1000
Rolle als »Mitgestalter, der möglichst überall mitwirkt und sich überall einmischt« – trifft voll zu [a]	6%	6%	7%	11%	14%
Rolle als »Mitgestalter, der möglichst überall mitwirkt und sich überall einmischt« – trifft eher zu [b]	33%	23%	27%	25%	38%

Anmerkungen: a) n = 45; b) n = 154
Quelle: eigene Erhebung

Gleichwohl tritt auch dieser Typus eher in größeren Kommunen auf, denn intensive Mitgestaltung wird durch Freistellungen erheblich erleichtert und oft erst ermöglicht. Personalräte dieses Typs erfahren eine oftmals hohe Anerkennung durch die Arbeitgeberseite, da sie gewöhnlich eine mit der Dienststellenleitung kompatible Herangehensweise haben und es ihnen nicht nur um die Interessen der Belegschaft, sondern auch um eine optimierte Funktionserfüllung bei der Erbringung kommunaler Dienstleistungen geht. Dies gilt zumindest, solange der Personalrat in seinem Bemühen, Avantgarde zu sein, die Arbeitgeberseite nicht zu sehr unter Druck setzt, was aber ohnehin nur in Ausnahmefällen gelingt.

Typ 2 steht zwar in geringerem Maße als Typ 1 in sozialdemokratisch-gewerkschaftlicher Tradition, doch gute Beziehungen zum politischen Bereich – also den Ratsfraktionen und dem (Ober-)Bürgermeister bzw. der (Ober-)Bürgermeisterin – erleichtern auch dem »mitgestaltenden Modernisierer« die Arbeit. Gelegentlich ist auch eine Zusammenarbeit mit der Gewerkschaft wichtig, zum einen als Quelle des Wissens durch Schulung und Beratung, zum anderen auch als Feld der eigenen sozialen Anerkennung.

Eine gute Haushaltslage eröffnet diesem Personalratstypus Gestaltungsspielräume und er hat gerade dann gute Chancen auf Anerkennung durch den Arbeitgeber, wenn dieser Unterstützung benötigt, weil es ihm schwerfällt, die Akzeptanz der Beschäftigten für Veränderungen zu gewinnen. Dies ist ein aus den Arbeitsbeziehungen in der Privatwirtschaft bekannter Effekt.

Mitgestaltende Modernisierungspolitik birgt für Personalräte das Risiko, dass sich Kritik der Beschäftigten an den negativen Auswirkungen von Veränderung oder auch generelle Vorbehalte gegenüber Modernisierung nicht nur gegen die Dienststellenleitung, sondern auch gegen den Personalrat richten. Wenn die Beschäftigten dem Personalrat Erfolglosigkeit oder »Kungelei« und »Mittäterschaft« zum Vorwurf machen, kann dies auch dazu führen, dass das Interesse der Beschäftigten an der Personalratsarbeit schwindet (Wandlungsmuster 3: Erosion) oder auch Opposition auf den Plan rufen (Wandlungsmuster 2: interner Konflikt).

Das Auftreten einer Opposition muss nicht immer eine inhaltliche Alternative bedeuten, vielmehr kann ein Konflikt auch die Form eines Generationenkonflikts annehmen oder lediglich durch die Forderung von mehr Distanz zwischen Personalrat bzw. dessen Vorsitz und (Ober-)Bürgermeister bzw. (Ober-)Bürgermeisterin auftreten. Nach einem Generationswechsel ist es durchaus möglich, dass der bisherige Typus fortgeführt wird (Rückkehr zu Typ 2), oder auch, dass ein Übergang zur »anerkannten gewerkschaftsorientierten Schutzmacht« (Typ 1) stattfindet.

Möglich ist aber auch, dass ein solcher Konflikt nicht überwunden wird, sondern sich als eine Art Dauerzustand etabliert, was insbesondere dann geschieht, wenn sich ein Konflikt in Form konkurrierender Listen institutionalisiert. Falls es sich dabei nicht nur um freie, sondern auch um gewerkschaftlich unterschiedlich orientierte Listen handelt, ist das Risiko einer dauerhaften Institutionalisierung des Konflikts in Form einer »Parlamentarisierung« des Personalrats besonders hoch (Übergang zu Typ 4). In einem weiteren Schritt ist dann eine generelle Schwächung des Personalrats nicht auszuschließen (Wandlungsmuster 3: Erosion); auch gradueller Wandel (Wandlungsmuster 1) ist möglich.

10.1.3 Der Personalrat als regelorientierte Kontrollinstanz (Typ 3)

Einen dritten Personalratstypus nennen wir regelorientierte Kontrollinstanz, und zwar vor dem Hintergrund, dass das Arbeitsfeld von Personalräten in starkem Maße rechtlich geprägt ist und sie viele Entscheidungen gemeinsam mit dem Arbeitgeber zu treffen bzw. zahlreiche Vorentscheidungen des Arbeitgebers zu kontrollieren haben. Da allein die Fülle an Entscheidungen einen erheblichen Aufwand bedeuten kann, orientieren manche Personalräte ihre Arbeitsweise in starkem Maße an der Abarbeitung von Arbeitgebervorlagen entlang der gesetzlichen oder tarifvertraglichen Regelungen.

Über die zweifelsfreie Legitimität einer primär regelorientierten Personalratspolitik hinaus bietet eine solche Arbeitsweise bei etlichen Entscheidungen – etwa bei Eingruppierungen und Einstufungen – auch den Vorteil, dass keine ausgeprägte Einzelfallbetrachtung erfolgen muss, weil alle Beschäftigten denselben Regeln unterworfen sind. Damit kann nicht nur eine juristische Legitimation, sondern auch eine Legitimität durch Gleichbehandlung, mithin ein gewisses Maß an Gerechtigkeit unter den Beschäftigten erzielt werden – freilich ohne Ungerechtigkeiten infrage zu stellen, die möglicherweise in die Regeln selbst eingeschrieben sind, oder Ziele wie Entgeltgerechtigkeit im Branchenvergleich oder eine veränderte Lohnquote zu verfolgen.

Zwar kann es in Einzelfällen auch zu Konflikten und Aushandlungsprozessen kommen, aber im vollen Sinne von »Bargaining« zu sprechen, ist gerade bei der Arbeitsweise dieses Personalratstyps nicht angemessen. Primär geht es hier weder um *integrative bargaining* noch um *distributive bargaining* (Walton/McKersie 1965), denn die Richtschnur des Handelns ist Regelkonformität. Allenfalls gibt es eine Art »Bargaining« um die Auslegung der Regeln.

Allerdings kann die Deutung einer Situation bzw. einer Regel auch bei diesem Personalratstypus im Beschäftigteninteresse gefärbt sein – ohne dass dies den Akteuren immer bewusst sein muss –, weshalb die Bedeutung von Regelkonformität in Einzelfällen zwischen Arbeitgeber und Personalrat durchaus umstritten sein und eine Einigung gelegentlich schwerfallen kann.

Konflikte sind somit auch bei diesem Typ nicht ausgeschlossen, allerdings geht es dabei primär gerade nicht um Interessenkonflikte, sondern um Konflikte bei der Befolgung oder Deutung von Regeln – oder zumindest um Divergenzen, die als Konflikte um die Regelbefolgung verstanden bzw. »geframt« werden. Auszutragende Interessenkonflikte werden durch zu klärende Deutungsunterschiede ersetzt – in der Regel durch Argumente, im Zweifelsfall aber auch durch ein Einigungsstellenverfahren.

Der Personalrat als »regelorientierte Kontrollinstanz« ist nicht mit einer »ausgleichenden Interessenvertretung« (Greifenstein/Kißler 2002, S. 41) gleichzusetzen. Intentional geht es ihm nicht primär um Ausgleichshandeln, sondern um die korrekte Durchsetzung der Regeln, auch wenn ein Rekurs auf gültige Gesetze und Tarifverträge – deren Funktion ja unter anderem darin besteht, weitere Konflikte durch einmal vereinbarte Regeln zu vermeiden – oft ausgleichend wirkt.

Typ 3 verlässt sich somit primär auf institutionelle Machtressourcen – auf die selbstverständlich auch die anderen Personalratstypen angewiesen sind. Diese Machtressourcen besitzen hohe Legitimität und bleiben in der Regel trotz wiederkehrender Modifikationen einigermaßen stabil, schränken jedoch die Handlungsmöglichkeiten von Personalräten erheblich ein, wenn diese sich sehr stark daran orientieren.

Die über die Gewerkschaft vermittelten organisationalen Machtressourcen sind bei diesem Typus allerdings insofern von Relevanz, als Schulungen das benötigte Rechtswissen vermitteln können. Da das Interesse an gesellschafts- und gewerkschaftspolitischen Themen aber bei Personalräten dieses Typus eher gering ist, erscheinen ihnen Gewerkschaftsschulungen oftmals durch die Angebote von Rechtsberaterinnen und -beratern ersetzbar. Somit kann Typ 3 mit und ohne Gewerkschaftsbezug vorkommen,

Kapitel 10

aber gegenüber gewerkschaftlichen und politischen Zielen halten Personalratsmitglieder zumindest in ihrer Rolle als Personalrätinnen und -räte Distanz.

Eine lineare Zuordnung zur Größe der Kommunalverwaltungen ist bei diesem Typus nicht zu erkennen (siehe Tabelle 34).

Tabelle 34: *Selbstverständnis von Personalräten als regelorientierte Kontrollinstanz nach Verwaltungsgröße*

Beschäftigtenzahl	1–100	101–200	201–500	501–1000	>1000
»Der Personalrat sorgt immer für die Einhaltung der gesetzlichen und tarifvertraglichen Regelungen, egal, wem das nützt« – trifft voll zu [a]	11%	8%	18%	18%	18%
»Der Personalrat sorgt immer für die Einhaltung der gesetzlichen und tarifvertraglichen Regelungen, egal, wem das nützt« – trifft eher zu [b]	31%	35%	27%	26%	25%

Anmerkungen: a) n = 82; b) n = 157
Quelle: eigene Erhebung

Auch bei starker Regelorientierung sind Interessendivergenzen gleichwohl nicht verschwunden. Nicht alle Situationen und Entscheidungen, die Arbeitnehmerinnen und Arbeitnehmer betreffen, sind bereits gesetzlich, tariflich oder durch Dienstvereinbarungen geregelt und trotz Gültigkeit wird nicht jede Regel von allen Beschäftigten akzeptiert, weshalb auch bei diesem Personalratstypus Spannungen zwischen Regelkonformität und Interessenorientierung auftreten können.

Typ 3 hat jedoch durchaus Chancen auf hohe Stabilität (Wandlungsmuster 1: gradueller Wandel), auch wenn es nicht immer gelingt, alle Streitfragen durch Regelbefolgung auszuräumen. Größere Spannungen zwischen Regelbefolgung und Interessenvertretung können vor allem dann auftreten, wenn einerseits Entscheidungen vergleichsweise wenig vorgeprägt sind und Spielräume bestehen – wie etwa bei der Entscheidung über die Einführung der Leistungsorientierten Bezahlung –, andererseits die Interessen von Beschäftigten deutlich beeinträchtigt werden, etwa bei Privatisierung,

Ausgründung oder Personalabbau. Dann können die Wandlungsmuster »interner Konflikt« (Muster 2) oder »Erosion« (Muster 3) wirksam werden. Mögliche Nachfolgetypen sind dann die »anerkannte gewerkschaftsorientierte Schutzmacht« (Typ 1), aber auch der »parlamentarisierte Personalrat« (Typ 4), wenn der Personalrat seine Homogenität durch Spannungen im Gremium, in der Belegschaft und bei der Personalratswahl verliert, also gewissermaßen im Wandlungsprozess stecken bleibt. Allerdings kann es auch vorkommen, dass sich ein Personalrat vom Typ 3 infolge von Interessendivergenzen ohne manifeste Konflikte in Richtung von Typ 1 entwickelt, was dann angesichts des letztlich starken Wandels kein »gradueller Wandel« mehr ist.

10.1.4 Der parlamentarisierte Personalrat (Typ 4)

Charakteristisch für den vierten Personalratstyp ist keine spezifische und insgesamt relativ einheitliche, wenngleich zwischen den Typen variierende Orientierung und Arbeitsweise, wie wir sie für die Typen 1–3 beschrieben haben. Typisch für den »parlamentarisierten Personalrat« sind vielmehr mehrere Orientierungen und Vorstellungen von Personalratsarbeit, die sich voneinander unterscheiden und innerhalb des Gremiums untereinander in Konkurrenz stehen.

Eine solche Konstellation findet sich in der Regel bei Personalräten, denen ein eindeutig dominantes Zentrum fehlt, insbesondere wenn bei Personalratswahlen verschiedene Listen kandidieren und gewählt werden und sich in der Folge mehr oder weniger deutlich voneinander abgegrenzte Fraktionen bilden, sozusagen eine »Parlamentarisierung« (Däubler/Kittner 2020, S. 511 mit Blick auf Betriebsräte) der Personalratsarbeit stattfindet. In einem parlamentarisierten Personalrat sind die Chancen erschwert, eine gemeinsame Orientierung zu erarbeiten, erfolgreiche Teambildung zu betreiben sowie eine gemeinsame Arbeitsweise und ein geschlossenes Auftreten gegenüber der Dienststelle zu entwickeln.

Wird Parlamentarisierung zum Dauerzustand, kann dies im günstigsten Fall dazu führen, dass die Personalratsmitglieder verschiedener Listen in einen fruchtbaren Wettbewerb um gute Interessenvertretungsarbeit treten (»Konkurrenz belebt das Geschäft«). Selbstverständlich verlangt eine solche Kooperation den Beteiligten einiges an Kompromissbereitschaft ab, die nicht immer gelingt, da die Orientierung an unterschiedlichen gewerkschaftlichen oder sonstigen Vorstellungen eine Verständigung auf gemeinsame Ziele erschwert und Konkurrenz zu Anerkennungsverletzungen führen kann. Es kann zwar gute Gründe geben, konkurrierenden Listen oder anderen Gewerkschaften im Interesse einer guten Interessenvertretungspolitik – jeweils im eigenen Sinne verstanden – möglichst wenig Einfluss zuzugestehen. Sind die Fraktionen zahlreich, wie es gelegentlich – wiederum primär in größeren Verwaltungen – vorkommt (Tabelle 35 zeigt ein Beispiel), sind eine wechselseitige Demontage sozialer Anerkennung sowie Abgrenzung und konkurrierende Bündnisse zwischen den Fraktionen auch dann kaum zu vermeiden, wenn man sich im Interesse der Sache und der alltäglichen Zusammenarbeit darum bemüht, kollegial miteinander umzugehen.

Tabelle 35: Beispiel eines »parlamentarisierten Personalrats« (Anzahl der Personalratsmitglieder)

Listen und Mandate	Beamtinnen und Beamte	Arbeitnehmerinnen und Arbeitnehmer	Freigestellte
ver.di (zwei Listen)	0	3	1 (Vorsitz)
Komba (zwei Listen)	2	1	2 (inkl. Stellvertreter/in)
GEW	0	2	1
Freie Liste 1 (Stimmführer)	0	3	0
Freie Liste 2 (Feuerwehr)	1	0	0
Freie Liste 3 (zwei Listen)	1	2	0
Summe			
6 Fraktionen, 9 Listen	4	11	4

Quelle: eigene qualitative Erhebung

Schlimmstenfalls etabliert sich ein Dauerkonflikt, der die Anerkennung des Personalrats durch den Arbeitgeber, aber auch durch die Beschäftigten auf längere Sicht beschädigt.

Nicht unerwähnt soll bleiben, dass es parlamentarisierte Personalräte auch ohne die Beteiligung gewerkschaftlicher Listen gibt. Sowohl Bereichs- und Berufsinteressen – manchmal auch nur eine daran anschließende Gruppen- oder Cliquenbildung – als auch in der Belegschaft kontrovers bewertete Ereignisse können dazu führen, dass sich ohne die Beteiligung von Gewerkschaften eine oder mehrere freie Listen konstituieren, zur Personalratswahl antreten und anschließend im Gremium vertreten sind.

Es kommt zwar auch in nicht fraktionierten Personalräten vor, dass nach den Wahlen ein Teil der Personalratsmitglieder gewerkschaftlich organisiert ist und ein anderer nicht, doch solche Fälle stehen der Teambildung meist nicht entgegen. Bei mehreren Listen hingegen entsteht eine komplexe Situation, in der sich gewerkschaftliche Zusammengehörigkeit, mikropolitische Interessenlagen – basierend etwa auf Bereichszugehörigkeit –, persönlichen Vorlieben und Vorbehalten überlagern können. Ein Personalratsmitglied berichtet:

»Also ich habe tatsächlich in meiner jugendlichen Naivität am Anfang auch gedacht: ›Okay, es gibt zwei Lager.‹ Das eine Lager habe ich tatsächlich verortet im Bereich DGB-Gewerkschaften und Freie Liste 1 und das zweite Lager: wir als Komba und die Freie Liste 2 [...]. Ich habe aber feststellen müssen, dass es deutlich komplizierter ist. [...] Okay, die freien Listen sind nicht zwingend immer pro Arbeitgeber und die Gewerkschaften sind nicht zwingend pro Arbeitnehmer. [...] das sind schon Ansichten, die da teilweise auch in den Personalrat getragen werden, die gehören eigentlich nicht in die Arbeitnehmervertretung, also schon sehr auch auf die etwas neoliberale Schiene teilweise und soziale Kälte gerichtet. [...] Meine Erfahrung ist wirklich, dass sich das von Thema und von Person zu Person unterscheidet. [...] in dem einen Zeitraum scheint es so, als wäre eine grenzenlose Harmonie zwischen allen im Personalrat, im nächsten Moment ist es dann wieder so, dass man sich denkt: ›Oh Gott, wieso gibt es jetzt Zerwürfnisse?‹« (Stellv. PRV TH 1.1)

In gewisser Weise könnte man hier auch von einem »desintegrierten Personalrat« sprechen. In anderen, meist weniger ausgeprägt fraktionierten und parlamentarisierten Personalräten funktioniert die Zusammenarbeit zwischen verschiedenen Listen allerdings oft besser.

Naturgemäß kommen mehrere Listen bei Personalratswahlen mit höherer Wahrscheinlichkeit in größeren Kommunalverwaltungen vor. Sofern es sich dabei (auch) um gewerkschaftlich gebundene Listen handelt, wird gewöhnlich gewerkschaftlich vermittelte organisationale Macht genutzt. Mitunter bemühen sich die Gewerkschaften besonders um Personalräte dieser Art, weil es dabei um zwischengewerkschaftliche Konkurrenz geht und sie einen Einflussverlust der eigenen Liste verhindern wollen.

Die institutionellen Machtressourcen, insbesondere das Personalvertretungsrecht, Tarifverträge und Arbeitsschutzbestimmungen, spielen bei Typ 4 eine wichtige Rolle – wie bei allen mehr oder weniger vertretungswirksamen Personalratstypen. Die hohe Verrechtlichung kann dazu beitragen, dass sich verschiedene Listen in der alltäglichen Personalratsarbeit auf eine gemeinsame Praxis verständigen können. Zwischen den Listen können allerdings auch Unterschiede im Hinblick auf die Nutzung verschiedener Machtressourcen bestehen. Relevant ist trotz oder gerade wegen der Fraktionierung, welche Liste den Personalratsvorsitz stellt.

Die Zusammenarbeit im Gremium und die Folgen für die Wirksamkeit der Interessenvertretung können in einer solchen fraktionierten Konstellation durchaus variieren. In manchen Fällen ist die Parlamentarisierung nur ein Übergangszustand, der zustande kam, weil ein Personalrat etwa der Typen 1–3 oder dessen Vorsitzender bzw. Vorsitzende an Rückhalt in der Belegschaft oder im Gremium verloren hat und sich statt eines »graduellen Wandels« (Wandlungsmuster 1) ein konflikthafter Wandel, möglicherweise ein Generationswechsel ereignet (Wandlungsmuster 2: »interner Konflikt«). Nach einer gewissen Zeit kann dann eine Restabilisierung oder ein »Neuanfang« (Wandlungsmuster 6) stattfinden.

Für den Fall, dass sich ein parlamentarisierter Personalrat in internen Dauerkonflikten verstrickt, ist »Erosion« (Wandlungsmuster 3) eine wahrscheinliche Folge. Sofern nicht alle Listen gleichermaßen an Anerkennung verloren haben, kann es einer Liste gelingen, eine Art »Neuanfang« (Wandlungsmuster 6) anzustoßen. Dann könnte Parlamentarisierung letztlich als eine Variante des »internen Konflikts« verstanden werden. Parlamentarisierung kann somit beides sein, entweder ein eigener Personalratstypus oder auch die Variante eines Wandlungsmusters – was eher zutrifft, hängt von der zeitlichen Dauer ab, aber in gewisser Weise auch von der Perspektive des Beobachters bzw. der Beobachterin.

Ist anzunehmen, dass sich am Zustand der Parlamentarisierung in absehbarer Zeit nichts ändern wird, sollte dies die beteiligten Listen dazu bringen, mit Heterogenität kooperativ umgehen zu lernen, woraus sich eine besondere Variante des »graduellen Wandels« ergeben kann. Besteht hingegen die Chance, den Zustand zu überwinden und beispielsweise zu den Personalratstypen 1 oder 2 überzugehen, kann dies ein durchaus erstrebenswertes Ziel für eine Liste sein, sodass diese bewusst weiter auf das Wandlungsmuster »interner Konflikt« setzt.

10.1.5 Der Vermittler und Kümmerer (Typ 5)

Personalräte sind einerseits Teil der Verwaltung, andererseits obliegt ihnen die Vertretung der Interessen der Beamten und Beamtinnen sowie der Tarifbeschäftigten. Mit diesem Spannungsverhältnis kann unterschiedlich umgegangen werden. Bei diesem Typus, den wir »Vermittler und Kümmerer« nennen, rückt das Selbstverständnis, Teil der Verwaltung zu sein, ins Zentrum der Orientierung, ohne sich deshalb gegen die Beschäftigten stellen zu wollen.

Auch wenn sich die Beziehung zwischen Dienststelle und Belegschaft in einer Kommune nicht mit dem Lohnverhältnis in privatwirtschaftlichen Unternehmen gleichsetzen lässt, gibt es durchaus Interessenunterschiede zwischen Arbeitgeber- und Arbeitnehmerseite. Diese können auch zu Konflikten führen, doch viele Personalräte und Beschäftigte deuten Vorkommnisse und Konflikte nicht in einem Rahmen, in dem sich betrieblich vornehmlich Arbeitgeber- und Arbeitnehmerinteressen gegenüberstehen.

Grundlegende Arbeitsbedingungen, insbesondere Entgelt und Wochenarbeitszeit, werden nicht in den einzelnen Kommunalverwaltungen, sondern auf sektoraler Ebene verhandelt und tarifvertraglich geregelt. Solange gesetzliche und tarifvertragliche Regelungen in der eigenen Kommunalverwaltung ohne größere Konflikte und eigenständiges Mitwirken des Personalrats zumindest weitgehend umgesetzt werden (Tarifautomatik), können auch verbleibende Probleme – etwa geringe finanzielle Spielräume und Personalmangel verbunden mit steigenden Leistungsanforderungen und Belastungen – in einem gewissen Maß als extern bzw. »von oben« induziert und gemeinsames Problem beider Betriebsparteien betrachtet werden.

Treten Konflikte vor Ort auf, etwa zwischen Vorgesetzten und Beschäftigten, können diese als persönliches Fehlverhalten Einzelner oder generell als »normale menschliche Schwäche« gedeutet werden und müssen nicht mit einem grundsätzlichen Interessengegensatz zwischen Arbeitgeber- und Arbeitnehmerseite in Verbindung gebracht werden. Während sich in Produktionshallen üblicherweise ein »*them and us*«-Verständnis etabliert, entspricht eine solche dichotome Perspektive kaum den Arbeitserfahrungen der Beschäftigten in einer hierarchischen Kommunalverwaltung, zumindest abgesehen von den ehemaligen Arbeiterbereichen.

Die meisten Personalräte – egal welchem Typ sie angehören – übernehmen die Aufgabe, bei Konflikten zwischen Beschäftigten und Vorgesetzten

Kapitel 10

oder bei Konflikten unter Kolleginnen und Kollegen zu vermitteln. Die Besonderheit des »Vermittlers und Kümmerers« besteht darin, dass diese Aufgabe meist implizit im Auftrag oder zumindest im Sinne der Dienststelle oder des Personalamts erfolgt – mitunter auch, um Defizite von Personalabteilung und Führungskultur zu kompensieren.

Damit bewegt sich Typ 5 nahe an einer besonderen Funktion des Personalmanagements. Personalräte dieses Typs können durchaus engagiert sein, Verstöße von Vorgesetzten oder Beschäftigten gegen gesetzliche Regeln registrieren und Korrekturen anmahnen. Doch diese Aktivitäten sind nicht oder allenfalls schwach mit der Intention verbunden, (materielle) Verbesserungen für die Beschäftigten zu erreichen oder die Regeln nötigenfalls auch gegenüber der Dienststellenleitung durchzusetzen.

Vielmehr geht es darum, im Interesse der Dienststelle und der Beschäftigten zu einem besseren Betriebsklima beizutragen. Fehler insbesondere der Personalführung sollen vermieden oder kompensiert werden; Konflikte sollen ausgeglichen oder vorbeugend verhindert werden – etwa indem man für die Dienststellenleitung zum »Ohr an der Belegschaft« wird, um Fehlentwicklungen und Akzeptanzprobleme frühzeitig wahrzunehmen und Spannungen vorzubeugen.

Darüber hinaus übernehmen Personalräte dieses Typs manchmal die Funktion, kollegiale Begegnungen wie Weihnachtsfeiern etc. zu organisieren und sich für die betriebliche Sozialintegration einzusetzen, beispielsweise durch Mitwirkung bei Dienstjubiläen etc. – Aufgaben, an denen auch andere Personalratstypen gelegentlich mitwirken, gegen die sich manche Personalräte aber erklärtermaßen sperren:

»Das Betriebsklima ist nicht Aufgabe des Personalrates, sondern der Dienststelle. Gerne werden diese Dinge abgeschoben.« (Antwort auf offene Frage im Online-Survey)

Oder drastischer:

»Man muss aufpassen, dass man nicht zum Mülleimer der Firma wird.« (Antwort auf offene Frage im Online-Survey)

Der »Vermittler und Kümmerer« betrachtet die Verwaltung als nach Hierarchiestufen und Tätigkeitsfeldern differenziert und nicht zuletzt als eine Ansammlung verschiedener Persönlichkeiten, innerhalb derer eine Fülle von persönlichen und mikropolitischen Konfliktmöglichkeiten zwischen Einzelnen oder Gruppen besteht, zwischen denen es im gemeinsamen Interesse zu vermitteln gilt. Auch Konflikte zwischen Arbeitgeber- und Arbeitnehmerseite kommen in dieser Perspektive mitunter vor, doch wird diesen keine besonders hervorgehobene Bedeutung zugeschrieben.

Dabei herrscht oft eine ausgeprägt pluralistische Sicht auf die Beziehungen in der Kommunalverwaltung vor – eine Konstellation, in der man Personalräte als Spezialistinnen und Spezialisten für sozialen und menschlichen Ausgleich durchaus gebrauchen kann. Da sich die Mehrheit aller Personalräte ebenso um Zusammenhalt und Betriebsklima bemüht (s.o. Abbildung 12), muss hier auf den Versuch einer quantitativen Bestimmung des Vorkommens dieses Typs verzichtet werden.

Obwohl sich der »Vermittler und Kümmerer« implizit auf institutionelle Machtressourcen stützt, da das Personalvertretungsrecht seine Existenz und Handlungsfähigkeit sichert, spielt die soziale Anerkennung, die ihm unmittelbar vom Arbeitgeber erteilt wird und die als geliehene Macht verstanden werden kann, bei diesem Typ eine wichtige Rolle. Auch wenn die Kooperation mit dem Arbeitgeber dem Personalrat die Möglichkeit einer gewissen informellen Einflussnahme eröffnet, impliziert diese geliehene Macht zwar Durchsetzungskraft gegenüber Beschäftigten und einzelnen Vorgesetzten, nicht aber gegenüber dem Arbeitgeber.

Personalräte vom Typ 5 können sowohl bei den Beschäftigten als auch der Dienststellenleitung akzeptiert und angesehen sein, da sie sich gewissermaßen im Bereich konsensfähiger Aspekte der Personalführung nützlich machen. Deshalb können sie sich durchaus auch über einen längeren Zeitraum hinweg stabil reproduzieren.

Sofern einzelne Gewerkschaftsmitglieder in der Belegschaft oder im Personalrat Vorstellungen von einer Personalratsarbeit entwickeln, die sich stärker als Interessenvertretung der Beschäftigten versteht, können sie damit kaum an die Erwartungen der Beschäftigten anknüpfen – zumindest solange keine Interessendivergenzen manifest werden, wie es etwa bei Privatisierungen der Fall sein kann. Treten deutliche Interessendivergenzen zwischen Arbeitgeber und Beschäftigten auf, kann entweder ein »interner Konflikt« auftreten (Wandlungsmuster 2) oder der Personalrat verliert – sofern er sich nicht darum kümmert – allmählich an Anerkennung und Unterstützung (Wandlungsmuster 3: »Erosion«).

Kapitel 10

10.1.6 Der ignorierte Personalrat (Typ 6)

Da die Einrichtung von Personalräten personalvertretungsrechtlich vorgesehen ist, erwartet wird und weitgehend gesichert ist, es dazu in der öffentlichen Verwaltung also gewöhnlich keines besonderen Engagements von Beschäftigten bedarf, bestehen in den allermeisten Kommunen Personalräte. Auch wenn es Kommunen ohne Personalrat gibt, etwa weil sich niemand zur Wahl stellt, sind Auseinandersetzungen zwischen Arbeitgebern und Beschäftigten über die Einführung einer Beschäftigtenvertretung, wie wir sie aus privatwirtschaftlichen Betrieben kennen, für Personalräte unwahrscheinlich. Bislang sind uns solche Vorgänge nicht begegnet und uns sind auch keine Belege dafür bekannt.

Das größere Risiko besteht unter diesen Voraussetzungen darin, dass es zwar einen Personalrat gibt, es diesem jedoch an ambitionierten Mitgliedern mangelt, von gewerkschaftlich engagierten Personalratsmitgliedern ganz zu schweigen. Gerade in kleineren Kommunalverwaltungen und damit in Personalräten mit wenigen Mitgliedern kann es vorkommen, dass ein klares Aufgabenverständnis nicht vorhanden ist. Personalräten vom Typ 6 fehlt es weitgehend an Zielen, die klar an der Vertretung von Beschäftigteninteressen orientiert sind. Auch Kompetenzen zur Kontrolle des Arbeitgeberhandelns anhand rechtlicher oder tarifvertraglicher Regeln sind wenig ausgeprägt, sodass auch die Funktion der regelorientierten Kontrollinstanz nicht wirksam erfüllt wird.

Diesen Typ nennen wir in Anlehnung an Kotthoff (1994, S. 133 ff.), der von einem »isolierten Betriebsrat« spricht, den »ignorierten Personalrat«, um nicht alle Kotthoff'schen Konnotationen übernehmen zu müssen. Personalräte dieses Typs genießen sowohl bei der Dienststelle als auch bei den Beschäftigten wenig Anerkennung. Dabei ist eine gewisse Beliebtheit mancher Personalratsmitglieder als Person, als »gute Kollegin« oder »guter Kollege« nicht ausgeschlossen, schließlich müssen auch sie einen Grund bieten, um gewählt zu werden.

Als Interessenvertretung oder Kontrollinstanz spielen sie jedoch keine relevante Rolle. Sie mögen als Personen anerkannt sein, aber nicht oder allenfalls marginal in ihrer Funktion als Personalrat, da sie an einer vertretungswirksamen Arbeit nicht interessiert oder damit überfordert sind.

Die Häufigkeit dieses Typs, von dessen Existenz wir primär aus Berichten von Personalräten anderer Verwaltungen wissen, kann seinem Charakter geschuldet eigentlich nur unterschätzt werden, denn die Bereitschaft zur Beteiligung an Erhebungen dürfte ebenfalls gering sein. In unserer Online-Erhebung gibt nur ein Prozent der Personalräte an, sowohl bei den Beschäftigten als auch bei der Dienststellenleitung eher wenig oder »wenig anerkannt« zu sein (siehe Tabelle 36).

Tabelle 36: Anerkennung des Personalrats bei Beschäftigten und Dienststellenleitung

»Wie anerkannt ist der Personalrat bei den Beschäftigten?« \ »Wie anerkannt ist der Personalrat bei der Dienststellenleitung?«	1 (hoch anerkannt) und 2	3	4 und 5 (wenig anerkannt)
1 (hoch anerkannt) und 2	44 %	14 %	10 %
3	11 %	14 %	6 %
4 und 5 (wenig anerkannt)	0,4 %	1 %	1 %

Anmerkungen: n = 522; Ausprägungen 2–4 nicht verbalisiert
Quelle: eigene Erhebung

Da eine Selbsteinschätzung als eher wenig oder »wenig anerkannt« schwerfällt, werden sich auch unter denen, die einen mittleren Wert angeben, weitere Fälle geringer Anerkennung finden, sodass der Anteil wenig anerkannter Personalräte höher liegen dürfte. Hätten wir kleine Kommunen unter 10.000 Einwohnerinnen und Einwohnern mit einbezogen, wäre dieser Anteil möglicherweise noch etwas größer ausfallen.

Allerdings ist geringe Anerkennung nicht in jedem Fall mit dem Typus des »ignorierten Personalrats« gleichzusetzen, denn Anerkennung kann beispielsweise auch infolge von Konflikten entzogen werden – dann wäre das Engagement von Personalräten die Ursache für ihre fehlende Anerkennung. Da Personalräte jedoch über Mitbestimmungsrechte verfügen, wird geringe Anerkennung sowohl bei der Dienststellenleitung als auch bei den Beschäftigten öfter auch eine Folge von geringem Engagement sein.

Charakteristisch für Typ 6 ist der Verzicht auf eine kontinuierliche oder konsequente Nutzung von Machtressourcen. Mitunter werden auch Freistellungen nicht wahrgenommen; allerdings sind die rechtlichen Voraussetzungen für Freistellungen oft auch gar nicht gegeben. Das Personalvertretungsrecht bleibt insofern relativ folgenlos, als keine Bereitschaft besteht, sich auch im Dissens darauf zu berufen und dabei Konflikte in Kauf zu nehmen.

Eine solche Personalratskonstellation ist nicht leicht zu verändern. Sehen wir von dem Fall ab, dass sich keine Kandidatinnen und Kandidaten für eine Personalratswahl finden, kommt als Wandlungsmuster in der Regel nur ein »Neuanfang« infrage (Wandlungsmuster 6), denn nur wenn ein deutliches Signal der Veränderung an die Beschäftigten und die Dienststelle ausgesandt wird, wird dem Personalrat entgegen der eingeübten Praxis (wieder) Beachtung geschenkt.

Bisweilen sind es Beschäftigte mit Erfahrung in der Personal- oder Betriebsarbeit aus anderen Kontexten, die einen solchen »Neuanfang« einfordern. Aber auch zugespitzte Konfliktkonstellationen wie Privatisierung, starke Arbeitsbelastung etc., die besondere Schutzbedürfnisse nach sich ziehen, kommen als Anstoß infrage, um die Personalratsarbeit inhaltlich und meist auch personell auf eine neue Grundlage zu stellen.

10.2 Wandlungsmuster

Personalräte sind nicht nur verschieden, sondern auch Veränderungen unterworfen, und zwar auf verschiedene Weise. Änderungen können extern oder intern induziert sein sowie graduell oder in Brüchen verlaufen. Dabei sind die Personalräte den Wandlungsprozessen nicht einfach ausgeliefert, sondern können versuchen, diese zu gestalten. Tabelle 37 skizziert die verschiedenen Wandlungsmuster.

10.2.1 Gradueller Wandel (Wandlungsmuster 1)

Ein allmählicher inhaltlicher Wandel der Personalratsarbeit ist bei funktionierenden Personalräten oft vonseiten der Personalratsmitglieder (zumindest mehrheitlich) und vonseiten des bzw. der Vorsitzenden intendiert und wird auch praktiziert. In diesem Fall findet ein eher kontinuierlicher personeller Wechsel statt, der bisweilen von einem systematischen Nachfolgemanagement begleitet wird. Im Anschluss an Streeck und Thelen (2005, S. 22 ff.), deren Darlegung zu Wandlungsprozessen als Anregung dienlich

Tabelle 37: Typologie der Wandlungsmuster

Wandlungs-muster	Verlauf	Interaktion mit dem Arbeitgeber	Interne Interaktion im Personalrat	Entwicklung der Personalratstypen
Muster 1: gradueller Wandel	graduell	kooperativ bis konfligierend	kooperativ	• Typ 1 → Typ 1 oder 2 • Typ 2 → Typ 2 oder 1 • Typ 3 → Typ 3 • Typ 5 → Typ 5
Muster 2: interner Konflikt	eher abrupt	variierend	konfligierend	• Typ 1 oder 2 → Typ 1, 2, 4, 6 (Muster 3) • Typ 3 → Typ 3, 1, 2, 4, 6 (Muster 3) • Typ 4 → Typ 4 • Typ 4 → Typ 1 oder 2 (Muster 3)
Muster 3: Erosion	schleichend	nachlassend	nachlassend	• Typ 1, 2, 3, 4 oder 5 → Typ 6 (Muster 6)
Muster 4: Anerkennungskampf	konflikthaft	konfligierend	kooperativ	• Typ 6 → Typ 1, 2 oder 3 (Muster 6)
Muster 5: Anpassung	kooperativ	adaptiv	unbestimmt	• Typ 1 oder 2 → Typ 3 oder 5 • Typ 6 → Typ 5
Muster 6: Neuanfang	divers	kooperativ bis konfligierend	kooperativ	• Muster 4 → Typ 1, 2 oder 3 • Muster 5 → Typ 5 oder Typ 6

Anmerkung: Typ 1: anerkannte gewerkschaftsorientierte Schutzmacht; Typ 2: mitgestaltender Modernisierer; Typ 3: regelorientierte Kontrollinstanz; Typ 4: parlamentarisierter Personalrat; Typ 5: Vermittler und Kümmerer; Typ 6: ignorierter Personalrat
Quelle: eigene Erhebung (qualitativ und standardisiert)

war, könnte man hier auch von *layering* sprechen; auch Züge einer dynamischen Reproduktion sind festzustellen.

Wissen und Erfahrungen werden einerseits weitergegeben, andererseits um neue Themen ergänzt – nicht selten durch eigene Schulungen des Personalrats, z.B. jährliche Klausuren, oder gewerkschaftliche Seminare. Bei diesem Muster findet kein Bruch in der Personalratsarbeit statt, doch es handelt sich auch nicht um bloße Kontinuität, die mittelfristig zu Erstarrung und letztlich zum Bruch führen würde, sondern um einen »graduellen Wandel«.

Hier kann die gewerkschaftliche Einbindung eines Personalrats eine Art Stützkorsett bieten, das den graduellen Wandel begünstigt und erleichtert, da beispielsweise ältere und jüngere Personalratsmitglieder durch gewerkschaftliche Seminare ähnliche Sozialisationseffekte erfahren.

Vom personellen Wandel ausgenommen bleibt oftmals die Funktion des bzw. der Vorsitzenden, da Arbeitgeber und Beschäftigte bei einem Wechsel einen Verlust an Erfahrung und Anerkennung befürchten, mitunter auch, weil sich Vorsitzende für unverzichtbar halten – manchmal angesichts der sich anbietenden personellen Alternativen durchaus aus guten Gründen –, nicht wieder in ihre alte Tätigkeit zurückkehren möchten oder Anerkennungsverluste fürchten.

Deshalb können bisweilen trotz des Bemühens um graduellen Wandel und Nachfolgemanagement gerade wichtige Punkte der Personalratsarbeit über längere Zeit hinweg unverändert bleiben, was zu einem (partiellen) Aufschub von Veränderung führt. Dann kann der Wandel nicht mehr graduell verlaufen und das Wandlungsmuster ändert sich.

10.2.2 Interner Konflikt (Wandlungsmuster 2)

Nicht immer gelingt Personalräten personeller und inhaltlicher Wandel im Stile hoher Stabilität bei gradueller Veränderung; mitunter kommt es auch zu einem personellen und/oder inhaltlichen Umbruch, der mit internen Konflikten verbunden ist – Streeck und Thelen (2005, S. 19 ff.) sprechen hier von »Displacement«. Hierfür kann es externe und interne Ursachen und Anlässe geben.

Erstens können veränderte gesetzliche Anforderungen oder ein Wechsel von Personen und Arbeitsstil auf Arbeitgeberseite – etwa infolge einer Neuwahl des (Ober-)Bürgermeisters bzw. der (Ober-)Bürgermeisterin oder eines Wechsels wichtiger Führungskräfte – dazu führen, dass eine ausgeprägte Veränderung von Kontext und Anforderungen an die Personalratsarbeit stattfindet, sodass die bis dahin eingeübte Arbeitsweise nicht mehr funktional ist. Langjährigen Personalratsmitgliedern fällt es mitunter schwer, sich auf eine solche Situation einzustellen und sie ohne größere Schwierigkeiten zu bewältigen.

In einem solchen Fall kann Unmut bei bis dahin eher randständigen Personalratsmitgliedern oder in der Belegschaft aufkommen, aus dem Konflikte innerhalb des Personalrats oder zwischen Personalrat und Beschäftigten resultieren. Brüche in der Zusammensetzung des Personalrats nach Wahlen oder auch Rücktritte während einer laufenden Amtszeit können die Folge sein.

Zweitens kann ein bruchloser Wandel misslingen, wenn der bzw. die Vorsitzende, andere wichtige Personalratsmitglieder oder der Personalrat insgesamt sich nicht hinreichend darum kümmern, graduelle Kontextänderungen durch ebenso graduelle Veränderungen der eigenen Arbeit zu bewältigen. Auch in einer sich nur allmählich ändernden Umwelt kann eine eingeübte Arbeitsweise zunehmend an Funktionalität einbüßen. In solchen Fällen ist es möglich, dass ein Generationswechsel aufgeschoben wird oder misslingt und personelle und inhaltliche Brüche nach sich zieht. Auch eine Abkehr von der gewerkschaftlichen Orientierung oder eine Hinwendung zu einer Gewerkschaft kann die Folge sein.

Drittens wäre es falsch, Brüche in der Personalratsarbeit allein auf einen inadäquaten Umgang des Personalrats mit einem sich graduell oder abrupt ändernden Kontext zurückzuführen. Die Fähigkeit von Personalräten, ihre eigene Reproduktion zu gestalten, sollte nicht überschätzt werden. Es kann durchaus der Fall auftreten, dass es Personalräten trotz allen Bemühens nicht gelingt, engagierten Nachwuchs für die Personalratsarbeit zu gewinnen – vornehmlich in kleineren Kommunalverwaltungen kommt dies öfter vor.

In Verwaltungen jeder Größe kann die Dienststelle darüber hinaus Entscheidungen treffen, denen Personalräte mit unzureichenden Machtressourcen (begrenzte Mitbestimmung etc.) nicht oder lediglich wenig erfolgreich entgegenwirken können. Beispielhaft seien hier Restrukturierungen und Privatisierungen genannt, auf die Personalräte meist wenig Einfluss nehmen können. Gelingt es ihnen nicht, Veränderungen abzuwehren, die für die Belegschaft oder Teile davon negative Auswirkungen haben, wird dies eventuell auch dem Personalrat zum Vorwurf gemacht. Konflikte, Brüche und personeller Wechsel können die Folge sein.

Drei Resultate dieses Wandlungsmusters kommen vor:

- Nach einer Phase des rapiden Wandels kann eine Rückkehr auf den Pfad des »graduellen Wandels« erfolgen, ohne dass damit ein Wechsel des Personalratstypus verbunden ist. In Anlehnung an die Regulationsschule könnte man hier von einer »kleinen Krise« sprechen.

- Es besteht die Möglichkeit, dass der Personalrat durch einen solchen Umbruch auf andere Gleise gestellt wird und ein Wechsel zwischen Personalratstypen erfolgt. Beispielsweise kann aus einer »regelorientierten Kontrollinstanz« eine »anerkannte gewerkschaftsorientierte Schutzmacht« werden oder umgekehrt.
- Es ist aber auch möglich, dass etablierte und opponierende Kräfte sich gegenseitig delegitimieren und einen Niedergang der Personalratsarbeit auslösen, auch wenn unter Umständen der Personalrat als Gremium durchgehend, aber weitgehend funktionslos weiterbesteht. Diese Entwicklung kann nicht mehr ohne Weiteres gestoppt werden, sondern allenfalls mittels eines Neuanfangs (Wandlungsmuster 6) behoben werden.

10.2.3 Erosion (Wandlungsmuster 3)

Nicht immer erfolgt ein Wandel der Personalratsarbeit im Sinne einer graduellen oder abrupten, letztlich jedoch gelingenden Anpassung an veränderte Anforderungen oder durch einen mit Konflikten und wechselseitiger Delegitimation der beteiligten Kontrahentinnen und Kontrahenten verbundenen Niedergang der Personalratsarbeit. Wenn ein Personalrat sich weder inhaltlich selbst erneuert, obwohl dies erforderlich wäre, noch eine opponierende Strömung dazu führt, dass bislang vernachlässigter Wandel nachgeholt wird, kann er seine Durchsetzungskraft auch wenig spektakulär und allmählich einbüßen. Er verliert dann seinen Elan und es gelingt ihm immer weniger, seine Ziele zu erreichen, auch weil seine Arbeitsweise und Ziele selbst anachronistisch geworden sind.

Personalratsarbeit kann in einen anhaltenden Niedergang, in eine Art von Erosion und Erschöpfung eintreten (vgl. Streeck/Thelen 2005, S. 29 f.: *exhaustion*). Hier geht es gewissermaßen um einen ins Negative gekehrten graduellen Prozess, einen Prozess des Sinnverlusts und der Erosion von Engagement – allerdings auch einen Prozess, der den formalen Fortbestand des Personalrats vor dem Hintergrund des Personalvertretungsrechts nicht unbedingt infrage stellt, auch wenn es schwieriger werden kann, Kandidatinnen und Kandidaten für die Personalratswahl zu finden.

Werden die gewerkschaftliche Orientierung und damit verknüpfte oder anderweitig erworbene Kompetenzen schwächer, weil engagierte Personalratsmitglieder ausscheiden und geeignete Nachfolgerinnen und Nachfolger fehlen, wird der Personalrat in seiner Handlungskompetenz geschwächt, ohne dass dies für die Beschäftigten immer sofort sichtbar wäre. Irgendwann wird dann deutlich, dass der Personalrat nur noch wenig im Interesse der Beschäftigten bewirkt, und es kann ein »Kipp-Punkt« erreicht werden, an dem der Personalrat an sozialer Anerkennung sowohl bei der Belegschaft als auch beim Arbeitgeber verliert und ein Übergang zum »ignorierten Personalrat« (Typ 6) wahrscheinlich wird. Im besten Falle gelingt ein Neuanfang (Wandlungsmuster 6), um erneut Vertretungswirksamkeit zu erlangen.

10.2.4 Anerkennungskampf (Wandlungsmuster 4)

Während Betriebsräte häufig Repressalien oder anderen feindlichen Maßnahmen ihres Arbeitgebers ausgesetzt sind (Stichwort »Betriebsrat-Bashing«), ist dies bei Personalräten nur selten der Fall. Die Personalvertretungsgesetze sichern ihre Existenz in starkem Maße ab; außerdem haben es Personalräte nicht mit privaten Eigentümerinnen und Eigentümern zu tun, sondern mit einer öffentlichen Verwaltung, in der die Leitung gewöhnlich unterschiedliche Akteure und politische Strömungen repräsentiert und einer übergeordneten politischen und juristischen Kontrolle unterliegt.

Skandalöses Verhalten öffentlicher Arbeitgeber gegenüber Personalräten und Beschäftigten muss zumindest latent mit öffentlicher Kritik aus den Reihen des Stadtrats sowie der Bürgerinnen und Bürger rechnen und kann ein unangenehmes Nachspiel beispielsweise für den (Ober-)Bürgermeister bzw. die (Ober-)Bürgermeisterin haben.

Gleichwohl kommt es auch in Kommunen vor, dass Personalräte vonseiten des Arbeitgebers nicht wie rechtlich vorgesehen als Personalvertretung mit eigenen Rechten anerkannt, sondern weitgehend ignoriert werden. In solchen Fällen werden sie unzureichend oder verspätet informiert, ihre Anliegen werden nicht aufgenommen und ihre Einwände so lange übergangen, wie es ihnen nicht gelingt, effektiv und auf eigene Machtquellen gestützt dagegen vorzugehen, um dem Arbeitgeber zumindest eine faktische Anerkennung abzuringen.

Wir sprechen in solchen Fällen von einem »Anerkennungskampf« als Wandlungsmuster, auch wenn nicht auszuschließen ist, dass die Phase des Kampfs um Anerkennung lange anhält. In einem unserer Fälle traf dies über Jahre hinweg zu und erst nach dem Ausscheiden des Personalratsvorsitzenden und einem Wechsel an der Verwaltungsspitze deutete sich eine allmähliche Stabilisierung des Personalrats als »anerkannte gewerkschaftsorientierte Schutzmacht« (Typ 1) an.

In solchen Fällen geht es nicht nur um Interessenkonflikte, vielmehr kommt hinzu, dass die Repräsentantinnen und Repräsentanten beider Seiten ihre Identität im Laufe der Zeit mit dem Konfliktverhalten verbinden. Wir haben gleichwohl darauf verzichtet, einen Personalratstyp »Dauerkonflikt« zu bilden, da wir davon ausgehen, dass bei einem solchen Typ im Gegensatz zu den anderen keine langfristige Stabilität möglich wäre. Zumindest ist anzunehmen, dass ein Personalrat, der um seine Anerkennung kämpft, dank seiner Machtressourcen allmählich auch ein gewisses Maß an Anerkennung erringen wird.

Wenn der Personalrat in seinem Anerkennungskampf erfolgreich ist, findet ein Übergang zur »anerkannten gewerkschaftsorientierten Schutzmacht«, zum »mitgestaltenden Modernisierer« oder zur »regelorientierten Kontrollinstanz« (Typen 1–3) statt. Wenn einer dieser Personalratstypen zumindest näherungsweise erreicht ist, endet der »Anerkennungskampf«. Sofern die davongetragenen Verletzungen nicht zu groß sind, beginnt mit dem Konfliktende auch eine Phase der Gewöhnung aller Beteiligten an die veränderte Situation.

Allerdings ist ein hinreichender Erfolg dieses Wandlungsmusters nicht garantiert. Personalräte können im »Anerkennungskampf« auch auf halbem Wege steckenbleiben und befinden sich dann irgendwo zwischen den skizzierten Personalratstypen. Scheitert der Anerkennungskampf, ist auch ein Übergang zum »ignorierten Personalrat« (Typ 6) vorstellbar.

10.2.5 Anpassung (Wandlungsmuster 5)

Trotz gelegentlicher Konflikte überwiegt bei den Personalräten in der Regel eine kooperative Orientierung. Gleichwohl kommt es vor, dass sie nicht adäquat anerkannt, sondern mehr oder weniger ignoriert oder auch behindert werden. Auch kann Personalräten nach personellen Veränderungen in der Dienststelle die bis dahin bestehende soziale Anerkennung durch die Arbeitgeberseite entzogen werden.

Der Personalrat kann sich dann auf seine Machtressourcen besinnen und diese nutzen, um dem Arbeitgeber auch gegen dessen Willen Anerkennung abzuringen, wie dies beim »Anerkennungskampf« (Wandlungsmuster 4) der Fall ist. Ein alternativer Weg, um zumindest eine gewisse Anerkennung durch den Arbeitgeber zu erlangen, besteht in der Anpassung der Personalratsarbeit an die Erwartungen der Dienststellenleitung.

Kein Personalrat kann dauerhaft auf jegliche Anpassung an die Arbeitgeberseite verzichten, da ansonsten keine kooperative Arbeitsweise möglich ist. »Anpassung« kann jedoch darüber hinaus auch als spezifisches Wandlungsmuster betrachtet werden, in dessen Rahmen eine bisherige »anerkannte gewerkschaftsorientierte Schutzmacht« (Typ 1) oder ein »mitgestaltender Modernisierer« (Typ 2) etwa zum »Vermittler und Kümmerer« (Typ 5) oder zur »regelorientierten Kontrollinstanz« (Typ 3) wird.

Das Wandlungsmuster »Anpassung« spielt bei vielen Personalräten zumindest eine gewisse Rolle und kann sich inhaltlich mit dem »graduellen Wandel« oder dem »internen Konflikt« (Muster 1 oder 2) überlagern. Anpassung stellt gewissermaßen die Handlungsalternative zum »Anerkennungskampf« (Muster 4) dar, wenn es darum geht, die Anerkennung der Arbeitgeberseite zu erzielen.

10.2.6 Neuanfang (Wandlungsmuster 6)

Von »Neuanfang« sollte nicht nur gesprochen werden, wenn es zu einem vollständigen Neuaufbau nach der vorherigen Auflösung des Personalrats infolge von Rücktritten oder Ähnlichem kommt. Anders als beim »internen Konflikt« (Wandlungsmuster 2) geht es nicht darum, dass sich eine neue Gruppe im Konflikt gegen diejenigen durchsetzt, die bis dahin die Arbeit des Personalrats geprägt haben. Bei einem »Neuanfang« ist die bisherige Personalratsarbeit so stark erodiert und erschöpft (Wandlungsmuster 3), dass bisherige Personalratsmitglieder entweder bereit sind abzutreten oder sich der Führung der Erneuernden anzuschließen.

Ein »Neuanfang« benötigt in der Regel einen erkennbaren Beginn, um auch den Beschäftigten eine signifikante Veränderung zu signalisieren; er muss jedoch nicht abrupt ablaufen und kann in mehreren Schritten erfolgen.

Falls die Arbeitgeberseite wenig Entgegenkommen gegenüber dem sich erneuernden Personalrat zeigt, kann sich ein Neuanfang durchaus dem »Anerkennungskampf« (Wandlungsmuster 4) annähern. Wird der Neuanfang jedoch arbeitgeberseitig anerkannt oder sogar gefördert, ist ein Übergang zur »anerkannten gewerkschaftsorientierten Schutzmacht«, zum »mitgestaltender Modernisierer« oder zur »regelorientierte Kontrollinstanz« (Typ 1–3) oder zumindest zum »Vermittler und Kümmerer« (Typ 5) wahrscheinlich.

11 Schlussfolgerungen für Forschung und Praxis

11.1 Heterogenität der Personalvertretung

Die weite Verbreitung und die spezifische Form der Beschäftigtenvertretung im öffentlichen Dienst sind ein grundlegender Effekt des Personalvertretungsrechts und der ausgeprägten Regelorientierung vieler Dienststellenleitungen. Personalräte arbeiten in einem durch Regelvorgaben und Vertretungsfunktion vorstrukturierten Feld und auch ihre Handlungsorientierungen bewegen sich zwischen Regelloyalität und Interessenvertretung.

Die Interviews mit Personalräten und unsere standardisierte Befragung machten aber auch deutlich, dass Personalratsarbeit ganz unterschiedlich aussehen kann. Hier ist Brehmer (2016, S. 291) beizupflichten, der »eine deutliche Spannweite bei der Umsetzung von Mitbestimmung« konstatiert. Doch bei aller Heterogenität ließen sich auch Regelmäßigkeiten finden. Die Varianten der Personalratsarbeit lassen sich in die sechs Personalratstypen »anerkannte gewerkschaftsorientierte Schutzmacht«, »mitgestaltender Modernisierer«, »regelorientierte Kontrollinstanz«, »parlamentarisierter Personalrat«, »Vermittler und Kümmerer« und »ignorierter Personalrat« fassen (siehe Kapitel 10.1).

Primär lässt sich die Unterschiedlichkeit der Personalräte allerdings nicht durch Unterschiede im Personalvertretungsrecht der Bundesländer erklären, denn auch innerhalb des Gültigkeitsbereichs einzelner Personalvertretungsgesetze variiert die Personalratsarbeit erheblich. Wirksam sind hier auch Einflussfaktoren wie die jeweilige Geschichte der Personalvertretung in der Kommune und die Nähe zu den Gewerkschaften. Nicht zuletzt machen auch die Personalrätinnen und -räte selbst mit ihren jeweiligen Kompetenzen und Zielen einen Unterschied. Diese wiederum sind davon abhängig, welche Möglichkeiten sie hatten, die Interessenlage der Beschäftigten und die Nutzung von Machtressourcen kennenzulernen.

Kapitel 11

Mitunter leidet Personalratsarbeit auch an inneren Konflikten. Dies kann mit der Präsenz verschiedener Gewerkschaften und Listen zusammenhängen, aber nicht selten gehen innere Konflikte, mitunter »Generationenkonflikte«, der Entstehung mehrerer Listen bereits voraus. Die meisten Personalräte begreifen sich selbst jedoch ohne Einschränkung oder allenfalls mit geringen Abstrichen »als wirklich gutes Team«. Spannungen zwischen den Repräsentantinnen und Repräsentanten der Beamtenschaft einerseits, die in den untersuchten Kommunen deutlich in der Minderheit sind, und der Tarifbeschäftigten andererseits kommen kaum vor. Förderlich für Teambildung und stabile Zusammenarbeit ist insbesondere das Bemühen um die Integration und Partizipation aller Personalratsmitglieder.

Manche Unterschiede zwischen den Personalräten erklären sich auch durch die Größe der Kommunen. Insbesondere die Anzahl der Personalratsmitglieder sowie Vorkommen und Anzahl von Freistellungen sind relevant, wobei beide Faktoren nur mittelbar von der Größe der Kommunen abhängen, weil in den Personalvertretungsgesetzen – leicht variierend – die Beschäftigtenzahl als Kriterium für die Anzahl von Personalratsmitgliedern und Freistellungen fungiert. Auch die Ressourcen, die den Personalräten für ihre Arbeit zur Verfügung stehen, sind von Belang, denn während manche Personalräte etwa über Räume und eigene Mitarbeiterinnen und Mitarbeiter verfügen, ist dies bei anderen nicht der Fall.

Bedeutsam für die Arbeit der Personalräte ist nicht zuletzt die Beziehung zur Arbeitgeberseite. Der Charakter dieser Beziehung ist nicht nur durch das Verhalten der Personalräte bestimmt, sondern auch dadurch, in welchem Maße die Dienststellenleitung den Personalrat zu respektieren und zu beteiligen bereit ist. Dabei begünstigen die ausgesprochen hohe Verrechtlichung des öffentlichen Dienstes und die verbreitete tarifvertragliche Regulierung eine beiderseitig ähnliche und kooperative Arbeitsweise. Allerdings sehen sich lediglich 55 Prozent der Personalräte als durch die Dienststellenleitung anerkannt oder hoch anerkannt.

Gelegentlich gibt es durchaus Konflikte mit der Dienststellenleitung und manchmal müssen Personalräte erst um ihre Anerkennung kämpfen, um gewissermaßen in einer Art abverlangtem *attitudinal structuring* (Walton/McKersie 1965, S. 184 ff.) ein respektvoll-kooperatives Verhältnis herzustellen. Mehrfach wurde in einer offenen Frage des Surveys der Wunsch geäußert, auch der Arbeitgeber möge zu kooperativer und vertrauensvoller Zusammenarbeit bereit sein; gewünscht wird »Zusammenarbeit auf Augenhöhe« statt – wie es einmal heißt –»Störung des Betriebsfriedens durch den Dienstherrn«.

11.2 Engagement und Anerkennung

Bei allen Unterschieden, die sich zwischen den Personalräten im doppelten Sinne des Wortes finden lassen – zwischen den verschiedenen Gremien wie auch zwischen den einzelnen Gremienmitgliedern –, engagieren sich die meisten Personalräte redlich, aber auf unterschiedliche Weise und mit unterschiedlichem Erfolg, damit die Belange der Beschäftigten im öffentlichen Dienst nicht unter den Tisch fallen und gesetzliche und tarifvertragliche Arbeitnehmerrechte beachtet werden.

Obwohl Personalräten laut den Personalvertretungsgesetzen Zeit eingeräumt werden soll, um ihren Aufgaben nachzukommen, und einzelne Mitglieder auch gänzlich von der Arbeit freigestellt werden können – was jedoch nicht immer umgesetzt wird –, bleibt Personalratsarbeit doch eine ehrenamtliche Aktivität (vgl. § 50 BPersVG). Es handelt sich um ein Engagement, das besonderer Kompetenzen bedarf, die man sich aneignen muss, und das in vielen Fällen dem beruflichen Fortkommen eher im Wege steht als ihm zuträglich zu sein. Eine »Alternativkarriere« via Personalrat kommt zwar gelegentlich vor, ist aber eher selten.

Soziale Anerkennung in der Dienststelle ist für Personalräte weder auf Arbeitgeberseite noch bei den Beschäftigten garantiert. Selbst für jahrelanges ehrenamtliches Engagement in der Personalratsarbeit ist gesellschaftliche Anerkennung, wie sie zivilgesellschaftlichem Engagement häufig gezollt wird, kaum zu erlangen. 82 Prozent der Personalräte, die sich an unserer standardisierten Befragung beteiligt haben, sind nicht nur der Auffassung, dass es an einer Würdigung fehle, sondern betonen auch, dass sich das ändern sollte.

Zwar bejahen auch 18 Prozent der Personalräte unsere Frage, ob Personalratsarbeit »in der Öffentlichkeit« hinreichend gewürdigt werde, aber dies bringt nicht unbedingt zum Ausdruck, dass eine solche Würdigung tatsächlich stattfindet, sondern mitunter auch die Auffassung mancher Personalräte, dass »Personalratsarbeit eine rein interne Angelegenheit ist und nichts in der Politik und der Öffentlichkeit zu suchen hat« (Antwort auf offene Frage im Online-Survey).

Nicht immer ist es einfach, Kandidatinnen und Kandidaten für die Personalratswahlen zu gewinnen. Im Falle des Ausscheidens einzelner Mitglieder fehlt es mitunter an Nachrückerinnen und Nachrückern, da nicht genügend Ersatzmitglieder gewählt werden konnten. Geringe gesellschaftliche Wahrnehmung und Wertschätzung machen es zuweilen schwer, Kolleginnen und Kollegen für die Personalratsarbeit zu gewinnen. Für gerechtigkeitsorientierte und engagierte junge Menschen ist es heute häufig naheliegender beispielsweise bei »Fridays for Future« aktiv zu werden, als sich im Personalrat oder einer Jugend- und Auszubildendenvertretung einzubringen – auch wenn sich beide Formen von Engagement natürlich nicht ausschließen.

Auch Gewerkschaftssekretärinnen und -sekretäre konstatieren bei Personalräten mitunter ein Wahrnehmungs- und Wertschätzungsproblem und sehen dies als änderungsbedürftig:

»Also gute Personalräte werden anerkannt von den Beschäftigten, von den ver.di-Leuten und auch letztlich, wenn sie wirklich gut sind, von den Kommunalarbeitgebern. So, aber sie brauchen noch eine weitere [Anerkennung], dass ihre Tätigkeit [...] als Teilelement wichtigen zivilgesellschaftlichen Engagements [gilt], das damit zur Demokratisierung einer harten Struktur – insoweit man die überhaupt demokratisieren kann – wie einer Betriebsrealität beiträgt. [...] Jeder, der schon einmal eine Rede gehalten hat vor einer Betriebs- oder Personalversammlung und da einen Arbeitgeber, der eine Zumutung für die Arbeitnehmer formuliert hat, mit Argumenten und Fakten auseinandergenommen hat, weiß: Auch wenn man gut vorbereitet ist, klopft dann das Herz ja bis zum Hals [...]. Es ist ja nicht so, dass unsere Personalräte da irgendwie Revolte-Typen sind, aber selbst für den normalen Widerstand, den man mitunter leisten muss, braucht man Mut und auch die Fähigkeit, das zu schaffen [...]. Das muss stärker gewürdigt werden.« (ver.di Landesbezirkssekretär)

Bei Kenntnis des Untersuchungsfeldes darf zweifellos davon ausgegangen werden, dass Personalräte allemal ein höheres Maß an gesellschaftlicher Wertschätzung verdienen, auch wenn unsere Analyse durchaus heterogene Praktiken der Personalratsarbeit offenbart.

11.3 Gesellschaftliche Öffnung

Eine stärkere gesellschaftliche Anerkennung von Personalratsarbeit würde nicht nur das »Nachwuchsmanagement« von Personalräten erleichtern, sondern Personalratsmitgliedern auch mehr Selbstbewusstsein verleihen, um ggf. Konflikte im Interesse der Beschäftigten durchstehen zu können.

Schlussfolgerungen für Forschung und Praxis

Zwar gibt es durchaus hoch engagierte und mitunter begeistert arbeitende Personalräte, aber bei stärkerer gesellschaftlicher Anerkennung würde es Personalräten generell leichter fallen, selbstbewusst aufzutreten, sich gewerkschaftlich zu organisieren und auch andere Beschäftigte auf eine Gewerkschaftsmitgliedschaft anzusprechen.

Allerdings steht die gesellschaftliche Sichtbarkeit von Personalratsarbeit in einem gewissen Widerspruch zu einem Staatsverständnis, das Demokratie primär durch eine ununterbrochene »Befehlskette« im Staatsapparat gewährleistet sieht und Mitbestimmung allenfalls bei internen Angelegenheiten zulassen will, weil sie sonst als demokratisch nicht legitimierte Einflussnahme auf staatliche Entscheidungen begriffen wird. Diesem Verständnis nach, das auch manche Personalräte teilen, hat Mitbestimmung genau wie Personalratsarbeit »nichts in der Politik und der Öffentlichkeit zu suchen«, um es mit den bereits zitierten Worten eines Personalrats zu sagen.

Selbst Kontakte zwischen Personalräten und Ratsfraktionen sind eher selten. Mehr als zwei Drittel der befragten Personalräte verneinen solche Kontakte; ein Drittel spricht von einem Austausch, aber lediglich ein Teil dieses letzten Drittels (fünf Prozent *aller* Personalräte) spricht darüber hinaus auch von einer Zusammenarbeit. Wenn aber ein intensiver Austausch stattfindet, liegt dieser sowohl im Interesse der Beschäftigten als auch der Ratsmitglieder auf der Suche nach einer Entscheidungsbasis. In solchen Fällen ist nicht etwa die Gefährdung der Demokratie die Folge, sondern eine gesellschaftliche Öffnung des Staates, die heutzutage angesichts von Politik- und Staatsverdrossenheit als Beitrag zur Demokratisierung und nicht als Gefahr verstanden werden sollte.

Obwohl das Verhältnis zwischen Personalräten und Dienststellenleitungen variiert, besteht seitens der meisten Personalräte eine große Bereitschaft zur Kooperation. Von einer Gefährdung von Rechtsstaat und Demokratie durch Mitbestimmung sind die Verhältnisse in den Kommunen weit entfernt. Uns ist kein Fall bekannt geworden, in dem ein Personalrat die staatliche Politik gegenüber den Bürgerinnen und Bürgern negativ beeinflusst hätte. Allerdings gibt es unzählige Beispiele, in denen Privatisierungsprozesse dazu führten, dass die demokratische Steuerung der kommunalen Dienstleistungserbringung weitgehend aus der Hand gegeben wurde.

Vor dem Hintergrund der empirischen Befunde spricht eine Nutzenabwägung für eine Stärkung der Möglichkeiten von Personalräten, sich mit den Ratsfraktionen und der kommunalen Öffentlichkeit auszutauschen. Selbstverständlich unterliegen insbesondere personelle Fragen einer Schweigepflicht – weshalb dies jedoch auch für Angelegenheiten gelten soll, die im öffentlichen Interesse liegen oder liegen sollten, lässt sich hingegen schwerlich mit dem Verweis auf demokratische Erfordernisse begründen.

Personalräte, die den Aktivismus einer Nichtregierungsorganisation ansatzweise in sich tragen, sind zwar im Personalvertretungsrecht nicht vorgesehen, würden der deutschen Kommunalverwaltung aber guttun. Damit ist nicht gemeint, dass die Beschäftigtenvertreterinnen und -vertreter die Beziehung zu den Dienststellenleitungen konfliktorientierter gestalten, sondern dass Personalräte mehr Möglichkeiten erhalten, Impulse der Beschäftigten nicht nur aufzugreifen, sondern auch erfolgreich in den Prozess des kommunalen Handelns einzuspeisen. Wenn Personalräte nicht als Störfaktor verstanden werden, dem mit Misstrauen zu begegnen ist, können sie ein wichtiger Akteur einer partizipativen kommunalen Kultur sein.

Personalräte sind auf einen rechtlichen und tarifvertraglichen Rahmen angewiesen, auf den sie sich berufen und dessen Beachtung sie einklagen können. Es schadet jedoch ihrem Wirken, wenn dieser rechtliche Rahmen der Nutzung eigener Machtressourcen und insbesondere dem Austausch mit Beschäftigten und Gewerkschaften im Wege steht. Manche Personalräte berichten etwa davon, dass die Intensität des Kontakts mit den Beschäftigten unter den Voraussetzungen von Schweigepflicht und vertrauensvoller Zusammenarbeit leide.

Zweifellos würde es manchen Personalräten helfen, wenn rechtlich klar geregelt wäre, dass die vertrauensvolle Zusammenarbeit mit der Dienststellenleitung der Weitergabe von Information an die Beschäftigten nicht so weit entgegenstehen darf, dass kein hinreichender Austausch zwischen den Beschäftigten und ihren Repräsentantinnen und Repräsentanten mehr stattfinden kann, zumal sich die große Mehrheit der Personalräte einig ist, dass der Rückhalt bei den Beschäftigten ihre wichtigste Machtressource darstellt.

11.4 Personalräte und Gewerkschaften

Personalräte sind erfolgreicher, wenn sie gut qualifiziert sind und ihnen der Rücken gestärkt wird. Diese Unterstützung leisten Gewerkschaften, indem sie die Personalräte beraten, tarifpolitisch informieren und arbeitsrechtlich schulen sowie auf Personalversammlungen referieren. Umgekehrt unterstützen gewerkschaftlich orientierte Personalräte die Gewerkschaft durch Mobilisierung bei Tarifrunden, Mitgliederrekrutierung und Mitarbeit in gewerkschaftlichen Gremien, Vertrauenskörpern und Betriebsgruppen.

Kurz: Die Zusammenarbeit von Personalräten und Gewerkschaften lohnt sich für beide Seiten und ist eine Win-win-Beziehung. Dies gilt zwar dem Prinzip nach, aber regelmäßige Kontakte zwischen Gewerkschaften und Personalräten sind keineswegs die Regel. Lediglich 14 Prozent der Personalräte arbeiten nach eigenen Angaben regelmäßig mit verwaltungsexternen haupt- oder ehrenamtlichen Gewerkschaftsvertreterinnen und -vertretern zusammen.

Dieser Umstand ist bei den meisten Personalräten ohne Gewerkschaftskontakte jedoch keineswegs auf eine grundsätzliche Ablehnung von Gewerkschaften zurückzuführen, sondern wird damit begründet, dass sich keine Gewerkschaft um Kontakte bemüht oder sich ein Kontakt einfach nicht ergeben habe. Alle Personalräte, ob mit oder ohne Gewerkschaftskontakte, sind sich darin einig, dass eine zu geringe Präsenz der Gewerkschaften vor Ort die größte Schwäche gewerkschaftlicher Unterstützung darstellt. Es ist insofern nur bedingt überraschend, dass 59 Prozent der Personalräte konstatieren, es gebe keinerlei gewerkschaftlichen Einfluss auf Personalratsentscheidungen, während nur 8 Prozent von einem starken oder sehr starken Einfluss berichten.

Beschränkt man die Betrachtung auf den tarifvertraglichen Deckungsgrad und die Verbreitung von Personalräten, trifft noch immer zu,»dass im öffentlichen Dienst das ›duale System der Interessenvertretung‹ verglichen mit der Privatwirtschaft hoch intakt ist« (Brehmer 2016, S. 299). Diese Aussage gilt jedoch nur noch mit erheblichen Einschränkungen, wenn man auch die Zusammenarbeit zwischen betrieblichen Personalvertretungen und Gewerkschaften betrachtet, die gemeinhin ebenfalls als Merkmal des dualen Systems gilt, doch in der Praxis häufig fehlt.

Die beiden Säulen des dualen Systems der Arbeitsbeziehungen – dual, sofern wir vom besonderen Dienstverhältnis der Beamtinnen und Beamten absehen – erfüllen zwar noch immer eine wichtige Funktion füreinander: Die sektorale Aushandlung von Tarifverträgen entlastet die betriebliche Personalvertretung davon, Entgelt und Arbeitsbedingungen selbstständig durchsetzen zu müssen.

Doch vor Ort sind es die Personalräte, die sich darum kümmern, dass die Tarifverträge korrekte Anwendung finden und nicht zulasten der Arbeitnehmerinnen und Arbeitnehmer ausgelegt werden. Somit erfüllen Gewerkschaften und Personalräte objektiv gesehen selbst dort Funktionen füreinander, wo keine direkte Zusammenarbeit zwischen beiden stattfindet. Sofern sich das duale System aber darin erschöpft, handelt es sich um eine defizitäre Version dualer Arbeitsbeziehungen ohne direkten Kontakt zwischen den Beschäftigtenvertretungen beider Säulen.

Personalräte ohne unmittelbare gewerkschaftliche Unterstützung büßen in der Regel an Kompetenz und Orientierung ein. Der Gewerkschaft wiederum gelingt es – vor dem Hintergrund rückläufiger Mitgliederzahlen und der daraus resultierenden schwächeren Präsenz in der Fläche – ohne die Unterstützung durch Personalräte immer weniger, Mitglieder auch dort zu gewinnen, wo man nicht ohnehin schon gut organisiert und streikfähig ist. Selbst die Personalvertretungsgesetze billigen den Gewerkschaften eine stärkere Rolle für die betriebliche Personalvertretung zu, als sie in vielen Fällen realisiert ist.

Doch auch wenn das duale System formal noch intakt ist, sind die Gewerkschaften als wichtige Akteure der Arbeitnehmerseite erheblich geschwächt. In einer Ende der 1970er Jahre erschienenen Studie zur Personalvertretung im öffentlichen Dienst, die Deutschland und Frankreich vergleicht, wurde konstatiert,

»daß allgemein die Rolle der Gewerkschaften im System der Personalvertretung unterschätzt wird und hieraus negative Funktionen für die Effektivität der Interessenvertretung folgen. In den Personalvertretungsgesetzen werden sie lediglich als externe Faktoren anerkannt, in der Praxis sind sie aber ein bestimmendes Merkmal für die Wirksamkeit der Interessenvertretung des Personals. Insbesondere für die Aus- und Fortbildung der Personalvertreter, die ohnehin in Deutschland nur sehr unzureichend betrieben wird, sind die Gewerkschaften der einzige Garant für ein Mindestmaß an Schulungsarbeit.« (Faber 1979, S. 208 f.)

Heute haben die Gewerkschaften diese laut Faber einst weitgehend unangefochtene Hegemonie bei der Qualifizierung und Beratung von Personalräten verloren: Auch neu gewählte Personalratsmitglieder besuchen häufig die Seminare freier Beraterinnen und Berater, deren Angebote ähnlich oft genutzt werden wie die der Gewerkschaften. Auch vom Arbeitgeber organisierte Seminare werden in zehn Prozent der Fälle für solche Zwecke genutzt. In organisationsschwachen Landesbezirken scheinen gewerkschaftliche Schulungs- und insbesondere Beratungsangebote viele Personalräte gar nicht erst zu erreichen.

Tabelle 38 zeigt, wo nach Selbsteinschätzung der Personalräte Qualifizierungsbedarf besteht. Dabei wird es der neuen Entgeltordnung geschuldet sein, dass der Bedarf beim Thema Tarifregelungen an der Spitze rangiert – eine Thematik mit starkem Interessenbezug, die aus Arbeitnehmerperspektive am besten auf Gewerkschaftsschulungen aufgehoben ist. Bei welchen Themen die Befragten ansonsten Qualifizierungsbedarf konstatieren, ist wenig überraschend, handelt es sich dabei doch zum großen Teil um Rechtsfragen und um Kompetenzen wie Führung und Mediation.

Tabelle 38: Qualifizierungsbedarf von Personalräten

»Wie groß ist Ihrer Ansicht nach auf folgenden Gebieten der Qualifizierungsbedarf in Ihrem Personalrat?«	groß	weniger groß	gering
Tarifregelungen, Tarifrecht, Entgelt	68 %	27 %	5 %
Arbeitsrecht	65 %	30 %	5 %
Personalvertretungsrecht	57 %	36 %	8 %
Informationstechnik und Digitalisierung	51 %	41 %	8 %
Konfliktmanagement, Mediation	51 %	43 %	6 %
Dienstrecht	51 %	40 %	8 %
Gesundheits- und Arbeitsschutz	45 %	50 %	4 %
Verhandlungskompetenz, Präsentation, Auftreten	43 %	47 %	10 %
Strategiebildung	34 %	47 %	19 %
Führung der Personalratsgeschäfte	34 %	49 %	18 %
Verwaltungsrecht	31 %	51 %	18 %
Arbeiten im Team und Sitzungsleitung	23 %	54 %	24 %
politische Bildung	7 %	50 %	44 %

Anmerkungen: n = 525; sortiert nach Häufigkeit von »groß«
Quelle: eigene Erhebung

Dass ein vergleichsweise geringer Bedarf an »politischer Bildung« gesehen wird, kann überraschen, passt jedoch zum Selbstverständnis vieler Personalräte, denn hier sehen sowohl (gewerkschafts-)politisch bewanderte Personalräte wenig Bedarf als auch solche, die ihre Funktion explizit als unpolitisch begreifen – wenn auch aus konträren Gründen. Qualifizierungsbedarf in Sachen »Strategiebildung« nehmen Personalräte, die regelmäßig mit Gewerkschaften zusammenarbeiten, deutlich häufiger wahr als Personalräte ohne Gewerkschaftskontakt.

Die Arbeitsweise der meisten Personalräte war bereits in der Vergangenheit kooperativ und der gewerkschaftliche Einfluss auf die Personalratsarbeit – trotz damals umfangreicherer gewerkschaftlicher Kapazitäten – nicht sonderlich ausgeprägt. In seiner Studie zu Personalräten in den Kommunen Baden-Württembergs konstatiert bereits Kübler Anfang der 1980er Jahre, dass der gewerkschaftliche Einfluss auf die Personalräte »bescheiden« sei:

»Engere gewerkschaftliche Kontakte gibt es nur bei den größeren Städten. Aber auch dort verstehen sich die Personalratsmitglieder nicht als verlängerter Arm der Gewerkschaften.« (Kübler 1981, S. 15)

Der Rückgang der gewerkschaftlichen Mitgliederzahlen und die damit verbundene Schwächung haupt- und ehrenamtlicher gewerkschaftlicher Strukturen schränkt die Möglichkeiten deutlich ein, Personalräte regelmäßig zu unterstützen, insbesondere in den nicht großstädtisch geprägten Bundesländern. Zwar kann es gelingen, einen Teil der Angebote für Personalräte auszugründen, zu professionalisieren und durch Seminarbeiträge zu finanzieren – und damit von der Finanzierung durch Mitgliedsbeiträge abzukoppeln –, aber das Problem der Präsenz in der Fläche ist damit nicht gelöst.

Vielen Personalräten ist bewusst, dass sich der Rückgang gewerkschaftlicher Mitgliederzahlen negativ auf die Unterstützung durch die Gewerkschaften auswirkt und sofern sie Gewerkschaftsmitglieder sind, bemühen sich etliche darum, neue Mitglieder zu gewinnen. Oft finden sich die aktivsten – und manchmal auch die einzigen – Gewerkschaftsmitglieder einer Dienststelle im Personalrat. Laut unserem Survey liegt der Organisationsgrad unter Personalräten mit 41 Prozent doppelt so hoch wie bei den Beschäftigten (20 Prozent). Ähnliches gilt für den ver.di-Organisationsgrad, der mit 29 Prozent unter Personalräten deutlich höher ist als bei den Beschäftigten (13 Prozent).

Ohne die Unterstützung durch Personalratsmitglieder ist gewerkschaftliche Mitgliederrekrutierung vielerorts praktisch unmöglich, weshalb noch immer – und wahrscheinlich mehr denn je – zutrifft, dass die »Gewerkschaften stark auf Betriebs- und Personalräte angewiesen [sind]; nicht zuletzt auch bei der Werbung neuer Gewerkschaftsmitglieder« (Brehmer 2016, S. 34). Behrens (2008) konstatiert mit Bezug auf Betriebsräte:

»Union support had a positive association not only with works councils' recruitment activity, but also with the growth of union membership among the plant-level work force.«

Daraus schließt er:

»These findings also indicate that most general concepts, such as ›membership organizing‹, take on distinct meanings depending on the industrial relations institutions they are embedded in. In the German context, the dual system of industrial relations moderates the effects of servicing in the sense that it generates rather than replaces recruitment activity.« (Behrens 2008, S. 288)

Ohne eine enge Kooperation zwischen Personalräten und Gewerkschaften leidet die Qualität der Personalratsarbeit und auch die Gewinnung von Gewerkschaftsmitgliedern. Ein bewusster Verzicht der Gewerkschaften auf die Unterstützung von Personalräten – wie Artus und Röbenack (2021) dies unter gewissen Umständen bei Betriebsräten für erwägenswert halten – mit der Begründung, dass diese Unterstützung ohnehin nicht mehr überall geleistet werden kann, würde zwar der Qualität der Arbeit von Personalräten schaden, aber deren Existenz nicht gefährden – den Gewerkschaften hingegen ginge damit ein wichtiger und in vielen Kommunen nicht zu ersetzender Rekrutierungsweg verloren.

Neue Impulse für diese Zusammenarbeit sind jedoch dringend erforderlich. Die Forderung nach einer intensiveren gewerkschaftlichen Betreuung der Personalräte greift allerdings zu kurz, da das Problem gewerkschaftlicher Mitgliederverluste und schrumpfender Betreuungskapazitäten nicht einfach übergangen werden kann. Die Bedeutung einer Gewerkschaftsmitgliedschaft könnte jedoch auch im öffentlichen Dienst stärker ins Bewusstsein gerückt werden, was durch die Diskussion und Praxis von Organizing-Ansätzen befördert wird.

Konzepte wie die »bedingungsgebundene Tarifarbeit« (Dilcher/Gröschl-Bahr 2013) bieten sich unter den Voraussetzungen eines Flächentarifvertrags allerdings nicht an. In diesem von ver.di entwickelten Konzept werden erst dann Verhandlungen mit einem Arbeitgeber aufgenommen, wenn im Betrieb genügend Kraft zur Durchsetzung von Beschäftigtenforderungen erreicht ist, insbesondere ein hinlänglicher gewerkschaftlicher Organisationsgrad, um vor Ort über eigene organisationale Machtressourcen zu verfügen.

Ein Schritt, um die Sichtbarkeit von Personalratsarbeit zu verbessern, könnte sein, die Ergebnisse von Personalratswahlen – inklusive Wahlbeteiligung, getrennter oder gemeinsamer Wahl, Listen- oder Personenwahl, gewählten Listen etc. – per Meldepflicht zu erheben und der Öffentlichkeit zugänglich zu machen, wie es nicht nur bei Bundestags-, Landtags- und Kommunalwahlen, sondern auch bei Sozialversicherungswahlen der Fall ist.

Damit wäre eine Datenbasis geschaffen, die es den Gewerkschaften ermöglicht, ihre Unterstützungsarbeit evidenzbasiert zu verbessern. Darüber hinaus wird die wissenschaftliche Aufmerksamkeit für Mitbestimmung und die Anliegen der Beschäftigten im öffentlichen Dienst durch vollständige und amtlich vorgelegte Daten gefördert, was sich positiv auf die Arbeitsbedingungen auswirken könnte und angesichts der demografischen Entwicklung auch für den Staat als Arbeitgeber von Vorteil wäre.

Soweit möglich, sollte auch die horizontale Zusammenarbeit zwischen Personalräten gewerkschaftlich unterstützt und ausgebaut werden. Dadurch wird auch der Gedanke ehrenamtlicher Solidarität und gewerkschaftlichen Engagements gestärkt; begrenzte hauptamtliche Betreuungskapazitäten könnten entlastet bzw. gebündelt eingesetzt werden. Eine Zusammenarbeit unter Personalräten verschiedener Kommunen findet bereits öfter statt, ist jedoch nicht immer gewerkschaftlich angebunden – auch dies eine Folge der begrenzten Betreuungskapazitäten.

Mitunter artikulieren Personalräte Interesse an einer Art gewerkschaftlicher Kollektivmitgliedschaft als Gremium – »ähnlich wie der Arbeitgeber Mitglied im KAV ist«. Auch wenn dies nicht mit den Organisationsprinzipien einer Gewerkschaft als individuellem Zusammenschluss abhängig Beschäftigter in Einklang zu bringen ist, kommen in dieser Vorstellung gleichwohl Bedarf und Interesse an der Verbindung mit einer Gewerkschaft zum Ausdruck.

Das Personalvertretungsrecht Schleswig-Holsteins hat mit der Landesarbeitsgemeinschaft der Personalräte (LAG) eine Institution geschaffen, die zwar nicht dem Ideal eines gewerkschaftlich organisierten Personalrätenetzwerks entspricht, aber gleichwohl die Chance bietet, eine größere Zahl von Personalräten in Kontakt mit der Gewerkschaft zu bringen.

Sofern es dieser nicht hinreichend gelingt, die Personalratsarbeit vor Ort zu betreuen oder gewerkschaftliche Netzwerke aufzubauen, könnte die Institutionalisierung einer LAG nach dem Vorbild Schleswig-Holsteins auch in anderen Personalvertretungsgesetzen eine realistische Alternative sein, um die Qualität der Vertretungsarbeit auf betrieblicher Ebene im Interesse der Beschäftigten zu gewährleisten.

Manche Personalräte plädieren dafür, die gewerkschaftliche Beratungstätigkeiten für Personalräte ähnlich wie bei Schulungen finanziell zu fördern, um so eine bessere Betreuung in der Fläche zu ermöglichen. Eine solche Förderung ließe sich durchaus begründen, trägt sie doch dazu bei, dass die Gewerkschaften auch in der Lage sind, ihre personalvertretungsrechtlich vorgesehene Rolle zu erfüllen.

Allerdings müsste darauf geachtet werden, dass damit keine stillschweigende »Verstaatlichung« der Gewerkschaften einhergeht. Die Betreuung von Personalräten muss auch der Mitgliederwerbung und damit dem Aufbau organisationaler gewerkschaftlicher Macht dienen dürfen, um eine ausschließlich institutionelle gewerkschaftliche Macht zu vermeiden und den Teufelskreis von Mitgliederverlust und Betreuungsabbau zu durchbrechen.

11.5 Anmerkungen zum Personalvertretungsrecht

Bei den Antworten auf die Frage, welche Änderungen im Personalvertretungsrecht Personalräte für sinnvoll halten, dominiert eindeutig die Forderung nach Mitbestimmung bei der Personalbemessung. Danach folgen mit Abstand die Forderungen nach einem Letztentscheidungsrecht der Einigungsstelle, einer Ausweitung der Mitbestimmung im Sinne der Allzuständigkeit, einer klareren Regelung der Ressourcen für Personalräte und die Forderung nach mehr Freistellungen (siehe Tabelle 39).

Eine Vergrößerung der Personalräte gehört nicht zu den drängenden Forderungen; mehr Freistellungen hingegen fordern viele, doch längst nicht alle Personalräte – ein Umstand, der nicht überrascht, gelingt es doch nicht immer, alle Freistellungen personell zu besetzen. Die Forderungen von ver.di und DGB nach Allzuständigkeit und einem Letztentscheidungsrecht der Einigungsstelle als Mittel zur Stärkung der Mitbestimmung werden von einer Mehrheit der Personalräte geteilt.

Tabelle 39: Änderungsbedarf beim Personalvertretungsrecht aus Sicht von Personalräten

»Sehen Sie Änderungsbedarf beim Personalvertretungsrecht?«	wichtig	weniger wichtig	unwichtig
Mitbestimmung bei der Personalbemessung	82 %	18 %	0,2 %
Oberste Dienstbehörden sollten Einigungsstellenbeschlüsse nicht aufheben können	59 %	31 %	10 %
Volle Mitbestimmungsrechte sollten überall für alle Themen gelten (»Allzuständigkeit«)	55 %	39 %	6 %
Die dem Personalrat zustehenden Mittel (z. B. Notebooks) sollten klarer geregelt sein	50 %	38 %	12 %
Die Zahl der Freistellungen sollte erhöht werden	47 %	43 %	11 %
Die Zahl der Personalratsmitglieder insgesamt sollte erhöht werden	17 %	62 %	22 %

Anmerkungen: n = 523; standardisierte Antwortvorgaben; sortiert nach Häufigkeit von »wichtig«
Quelle: eigene Erhebung

Auch wenn die bereits Ende der 1970er Jahre getroffene Feststellung von Faber, dass der »gesellschaftspolitische Dissens zwischen Personalvertretern und politischer Führung« »unbedeutend oder überhaupt nicht vorhanden« sei (Faber 1979, S. 208), heutzutage etwas zugespitzt wäre, ist die Befürchtung, dass Rechtsstaat und Demokratie durch eine Ausweitung der Mitbestimmung von Personalräten gefährdet seien, bei Berücksichtigung der empirischen Evidenz wenig plausibel. Vielmehr gibt es im Sinne eines partizipativ-demokratischen Staates, der sich nicht nur durch den Wechsel des Souveräns vom Obrigkeitsstaat unterscheidet, gute Argumente für eine Ausweitung der Mitbestimmung.

Die Forderung nach Mitbestimmung bei der Personalbemessung erläutert ein befragter Personalrat in der Antwort auf eine offene Frage folgendermaßen:

»Fachkräftemangel und immer mehr Aufgaben führen zu Überlastung der Mitarbeiter, zu weiteren Krankheitsausfällen und zu Abwanderung in die freie Wirtschaft. Neue Stellen werden von den Gemeinderäten eher abgelehnt und die Aufsichtsbehörde mischt sich sogar in die Bewertungen ein und genehmigt die

Haushalte nicht mehr, sodass Überlastung der Mitarbeiter immer massiver wird. Wichtig wäre daher z. B. Mitbestimmung beim Stellenplan.« (Antwort auf offene Frage im Online-Survey)

Angesichts der im öffentlichen Dienst seit Jahren steigenden Leistungsanforderungen, die durch den sich zuspitzenden Fachkräftemangel infolge des demografischen Wandels weiter zunehmen werden, muss ein Schutzmechanismus in die Stellenplanung eingebaut werden, der der Haushaltssicherungslogik von Kommunen und Aufsichtsbehörden etwas entgegensetzen kann. Eine Mitbestimmung bei der Personalbemessung könnte hier ein wirksames Instrument sein, um das elementare Interesse der Beschäftigten an akzeptablen Arbeitsbedingungen hinreichend zu berücksichtigen.

Ein mitbestimmter Stellenplan mit adäquater Besetzung und entsprechender materieller Ausstattung, was Stellenbeschreibungen, Anforderungen und Entgeltgruppen angeht, ist auch dann hilfreich, wenn es gelingen soll, die voraussichtlich eklatanten Personalengpässe der kommenden Jahre zumindest abzumildern und die Funktionsfähigkeit des öffentlichen Dienstes zu erhalten, der ohnehin durch eine langjährige Sparpolitik ausgedünnt ist.

Selbstverständlich wäre es auch sinnvoll, die im neuen Bundespersonalvertretungsgesetz 2021 enthaltenen Verbesserungen – wie das zumindest rudimentär eingeräumte digitale Zugangsrecht für Gewerkschaften (Verlinkung laut § 9 Abs. 3 BPersVG 2021) – in die Landespersonalvertretungsgesetze zu übernehmen.

Im Interesse des gesellschaftlichen Zusammenhalts spricht auch viel dafür, die Regeln des Personalvertretungsrechts zu Mitbestimmung, Freistellungen, Zuständigkeit der Gerichte etc. an das Betriebsverfassungsrechts anzugleichen, zumal sich die Personalvertretungsgesetze ohnehin immer wieder wandeln und die Differenzierung zwischen Betriebsverfassungsgesetz bzw. Betriebsräten einerseits und Personalvertretungsrecht bzw. Personalräten andererseits in der Vorgeschichte nicht durchgängig zu finden ist.

Auch wenn verschiedentlich darauf hingewiesen wurde, dass »im öffentlichen Dienst der Antagonismus Kapital–Arbeit nicht gegeben ist« (Wendeling-Schröder 1987, S. 383; vgl. Brehmer 2016; Schmidt/Müller 2022; Schmidt/Müller/Trittel 2011), gibt es gleichwohl Interessengegensätze zwischen Arbeitgeber- und Arbeitnehmerseite, die Mitbestimmung im öffentlichen Dienst wie in der Privatwirtschaft begründen. Interessengegensätze zwischen Arbeitgeber und Arbeitnehmer, so Wendeling-Schröder,

»treten vielmehr typischerweise überall dort auf, wo Arbeitsverhältnisse bestehen, also abhängige Arbeit geleistet wird. Sie beruhen auf der strukturellen Asymmetrie zwischen den Arbeitsvertragsparteien, die darin besteht, daß jeweils nur ein Vertragspartner, der Arbeitnehmer, existentiell auf den Vertragsabschluß angewiesen ist.« (Wendeling-Schröder 1987, S. 384)

Des Öfteren bedauerten Personalräte in unseren Interviews, dass manche Beschäftigte auf eine Kandidatur bzw. manche Personalräte auf eine Freistellung verzichten würden, weil sie Nachteile für die berufliche Karriere befürchten. Beispielsweise verschlechtere sich die Chance, durch Tätigkeitserweiterung oder Bewerbungen in eine bessere Entgelt- oder Besoldungsstufe aufzusteigen, weil man weniger Zeit und Möglichkeiten habe, sich beruflich zu profilieren. Obwohl sich auch freigestellte Personalratsmitglieder intern (fiktiv) auf Stellen bewerben dürfen (Benachteiligungs- und Begünstigungsverbot), ist Personalratsarbeit nur in seltenen Fällen karriereförderlich; eher das Gegenteil ist der Fall.

Um die negativen Effekte auszugleichen, seien besondere Anreize für die Personalratsarbeit erforderlich. Das Risiko, den Kontakt zum eigenen Beruf zu verlieren, sei bei einer Teilfreistellung – etwa zu 50 Prozent – zweifelsfrei geringer, allerdings sei es bei starker Arbeitsbelastung auch für teilweise Freigestellte immer wieder schwierig, regelmäßig die Kolleginnen und Kollegen am Arbeitsplatz zu verlassen, um der Personalratsarbeit nachzugehen. Zudem argumentieren manche Personalräte, dass die Vielfalt und Komplexität der freigestellten Personalratsarbeit unter Beachtung der ansonsten angewandten Kriterien der Tätigkeitsbewertung völlig unterbewertet sei. Ein freigestelltes Personalratsmitglied beispielsweise aus dem gewerblichen Bereich mit Entgeltgruppe 5 werde für seine Personalratsarbeit zu gering bezahlt.

Prinzipiell wäre ein Anreiz etwa in Form einer separaten Eingruppierung für Freigestellte – beispielsweise in Entgeltgruppe 10 oder in die bisherige Eingruppierung, falls höher – im öffentlichen Dienst prinzipiell anwendbar, ohne dem Arbeitgeber willkürliche Besserstellung oder aber die Verweigerung einer Anhebung zu ermöglichen. Das Risiko der Korruption ließe sich durch eine eindeutige Tarifvertragsregelung umgehen; allerdings müsste dann auch eine geeignete Regelung für Betriebe ohne Tarifbindung gefunden werden, denn eine Aufhebung des Besserstellungsverbots ausschließlich im öffentlichen Dienst würde einer Anpassung an das Betriebsverfassungsgesetz zuwiderlaufen und könnte dem Ansehen von Personalräten und öffentlichem Dienst schaden.

Eine praktikable Lösung könnte darin bestehen, das Besserstellungsverbot unter Tarifvorbehalt zu stellen, sodass eine Mindestentgeltgruppe für Personal- und Betriebsräte nur zur Anwendung kommt, sofern es im Tarifvertrag vorgesehen ist. Nebenbei würde damit auch ein gewisser Anreiz für Betriebsräte geschaffen, sich um Tarifbindung zu bemühen. Eine gesetzliche Festlegung der Höhe von Betriebs- und Personalratsverdiensten scheint uns hingegen nicht sinnvoll, da dies vor allem in Betrieben ohne Tarifbindung zu Inkompatibilitäten mit der betrieblich variierenden Bezahlung der Beschäftigten führen würde.

Materielle Anreize für die Personalratsarbeit könnten Kandidatur und Freistellungen fördern, zumal die jetzige Situation im Vergleich zu Leitungstätigkeiten auf Arbeitgeberseite schlicht ungerecht ist, wie manche Personalräte darlegen. Damit würde sich für manche Beschäftigte die Möglichkeit einer »Alternativkarriere« eröffnen; allerdings bestünde auch das Risiko, dass sich die Motivation für das Engagement ändert. Beispielsweise könnte häufiger als bisher versucht werden, so lange wie möglich in der Freistellung zu bleiben, was einen Streit innerhalb des Personalrats auslösen und sein Ansehen bei den Beschäftigten beschädigen könnte. Vor- und Nachteile bedürfen hier einer sorgfältigen Abwägung.

11.6 Abschließende Hinweise

Die Handlungsmöglichkeiten von Personalräten sind zwar durch gesetzliche Vorgaben, verfügbare Machtressourcen und die Kooperationsbereitschaft der Arbeitgeberseite geprägt, aber nicht vollständig determiniert. Personalräte haben durchaus Handlungsspielräume und entscheiden in einem gewissen Maße auch selbst darüber, wie sie agieren.

Die Beziehung zum Arbeitgeber wird nicht von diesem allein geprägt, denn um Anerkennung kann man kämpfen. Personalräte können sich darum bemühen, durch vertrauensbildende Maßnahmen bei zugleich klarer und gefestigter Haltung eine kooperative Arbeitsbeziehung zum Arbeitgeber aufzubauen. Dies wird nicht in jedem Fall gelingen, doch Personalräte können auch ihre Machtressourcen erweitern, um ihre Erfolgschancen zu verbessern.

Beispielsweise treten nur wenige Personalräte in direkten Kontakt zu Ratsfraktionen, doch gerade in solchen Fällen wurde häufig von Erfolgen berichtet, wobei ein solches Vorgehen selbstverständlich einen sorgfältigen Umgang mit der Schweigepflicht erfordert. In vielen Fällen können dann – genau wie beim Umgang mit der Dienststellenleitung – Spielräume bei der Nutzung dieser politischen Machtressource ausgetestet und allmählich erweitert werden.

Wichtige Voraussetzungen für eine gute Personalratsarbeit sind zweifellos Sachkenntnis und Verhandlungskompetenz, weshalb der Besuch von Schulungen grundlegend ist. Da diese auch die Beschäftigtenperspektive angemessen berücksichtigen sollten, sind gewerkschaftliche Schulungen vorzuziehen – insbesondere wenn es um Tariffragen und andere Sachverhalte geht, die zwischen Arbeitgeber- und Arbeitnehmerseite umstritten sind.

Ohne Tarifverträge und Streikrecht, aber mit der Verpflichtung zur vertrauensvollen Zusammenarbeit hätten Personalräte in der Vergangenheit vielerorts erhebliche Einbußen bei Entgelt und Arbeitsbedingungen hinnehmen müssen. Dies gilt insbesondere für die Zeit vor der Finanzmarktkrise, die in vielen Bereichen des öffentlichen Dienstes von einem strikten Austeritätskurs geprägt war, könnte aber auch in absehbarer Zukunft wieder zutreffen, beispielsweise inflationsbedingt infolge von wirtschaftlichen Krisen oder Kriegen.

Daher sind Tarifverträge ein wesentlicher Bestandteil der institutionellen Machtressourcen von Personalräten. Da aber auch Gewerkschaften nur dann akzeptable Tarifverträge erreichen können, wenn sie über eine hinreichende Mitgliederbasis verfügen, ist das Bestehen von Tarifverträgen keineswegs dauerhaft garantiert. Starke Gewerkschaften sind deshalb für alle Personalräte von Bedeutung, auch wenn diese keine Zusammenarbeit mit einer Gewerkschaft pflegen oder nicht einmal gewerkschaftliche Kontakte haben. Dass dieser praktische Nutzen einer Gewerkschaftsmitgliedschaft nicht allen Personalräten bewusst ist, ist auch als Folge der begrenzten Betreuungskapazitäten der Gewerkschaften zu sehen.

Solange es Tarifverträge gibt, profitieren alle Personalräte und Beschäftigten von Gewerkschaftshandeln, und zwar als »Free Rider«, wenn sie nicht Gewerkschaftsmitglied sind. Mit dem gewerkschaftlichen Organisationsgrad sinkt aber auch die Durchsetzungskraft der Gewerkschaften,

Schlussfolgerungen für Forschung und Praxis

weshalb Personalräte im eigenen und im Beschäftigteninteresse nicht auf Kontaktangebote von Gewerkschaften warten sollten. Indem sie von sich aus den Kontakt und die Zusammenarbeit mit Gewerkschaften suchen, selbst eintreten und neue Mitglieder gewinnen, stärken Personalräte nicht nur das duale bzw. – Beamtinnen und Beamte mitgedacht – dreigliedrige System der Arbeitsbeziehungen, sondern auch eine wichtige, ihre eigene Arbeit unterstützende Machtressource.

Auch auf den Rückhalt der Beschäftigten sind Personalräte angewiesen – davon ist die große Mehrheit überzeugt, wenngleich viele Personalräte einräumen, dass der Austausch mit den Beschäftigten manchmal oder oftmals zu kurz komme (siehe Tabelle 40).

Tabelle 40: Defizite der Personalratsarbeit aus der Sicht von Personalräten

»Kommen folgende Aspekte bei der Personalratsarbeit öfter oder manchmal zu kurz?«	kommt öfter zu kurz	kommt manchmal zu kurz	kommt selten oder nie zu kurz
Nachfolgemanagement (Personalratsnachwuchs)	56 %	32 %	12 %
Kontakte mit der Gewerkschaft	44 %	31 %	25 %
Besuch von Fortbildungsmaßnahmen	31 %	54 %	15 %
Austausch mit den Beschäftigten	30 %	55 %	15 %
Diskussion grundsätzlicher Fragen	22 %	54 %	25 %

Anmerkungen: n = 559; sortiert nach Häufigkeit von »kommt öfter zu kurz«
Quelle: eigene Erhebung

Zumindest faktisch ist der Belegschaftskontakt manchen Personalräten weniger wichtig, als dies oft bei Betriebsräten der Fall ist, weil Personalräte aufgrund der starken institutionellen Stützung weit verbreitet sind und sich weniger um ihre Existenz sorgen müssen. Leidet der Kontakt zu den Beschäftigten jedoch zu sehr, schwächt dies nicht nur die Durchsetzungskraft des Personalrats, sondern gefährdet mittelfristig auch die persönliche Wiederwahl oder die Mehrheit der eigenen Liste.

Auch wenn Personalräte, die ihre Aufgaben ernst nehmen, oft mehr als genug zu tun haben, sollten sie sich – auch und gerade Vorsitzende und Freigestellte – gelegentlich die Zeit für Rundgänge und persönliche Gespräche nehmen, denn Repräsentation funktioniert nicht ohne Beziehung.

Auch Personalversammlungen ausfallen zu lassen, falls sie schlecht besucht sind oder die Beschäftigten sich nicht hinreichend beteiligen, ist lediglich vordergründig eine Problemlösung und trägt zur weiteren Schwächung der Beziehung bei.

Positive Erfahrungen werden vor allem von Personalräten berichtet, die sich um eine partizipative Gestaltung von Personalversammlungen bemühen und beispielsweise Pinnwände und ähnliche Instrumente nutzen. Eine beteiligungsorientierte Herangehensweise senkt die Hemmschwelle für die aktive Mitwirkung und fördert auch die Kommunikation unter den Beschäftigten selbst. Ebenso können ein abwechslungsreicher Versammlungsverlauf und praxisnahe konkrete Berichte aus den jeweiligen Tätigkeitsfeldern der Beschäftigten helfen. Auch wenn konkrete Ideen, um Personalversammlungen interessanter zu gestalten, vor Ort entwickelt werden müssen, sind didaktisch gut vorbereitete Personalversammlungen ein Gewinn für die Personalratsarbeit insgesamt.

Personalräte können nicht nur die spezifischen Sachkompetenzen von Beschäftigten nutzen, sondern diese auch als Expertinnen und Experten der eigenen Arbeitserfahrungen ansprechen, denn wie Personalräte selbst wünschen sich auch die Beschäftigten soziale Anerkennung. Die Erfahrung der Wirksamkeit des eigenen Handelns vermittelt Personalräten trotz aller damit verbundenen Belastung, dass auch die eigene Persönlichkeit von der Personalratsarbeit profitiert. Diese Erfahrung der Selbstwirksamkeit sollten Personalräte zumindest gelegentlich auch Beschäftigten eröffnen, indem sie deren Expertise heranziehen, wo dies möglich ist.

Wichtig ist auch in der Beziehung zu den Beschäftigten, möglichst alle Kommunikationskanäle zu bespielen, etwa das Intranet als digitales Medium auf interessante Weise zu nutzen und dort auch gewerkschaftliche Informationen und Angebote zugänglich zu machen. Während der Corona-Pandemie haben auch viele Personalräte neue Kompetenzen hinsichtlich digitaler Kommunikation entwickelt oder zumindest deren Möglichkeiten und Potenziale kennengelernt. Dies sollte weiterhin genutzt und auch ausgebaut werden, allerdings nicht auf Kosten der unmittelbaren Face-to-Face-Kommunikation.

Obwohl Personalräte meist verborgen vor den Blicken der Bürgerinnen und Bürger agieren, erfüllen sie in ihrer Eigenschaft als betriebliche Akteure des dualen Systems der Arbeitsbeziehungen in einem wichtigen Teil der Arbeitswelt doch auch eine gesellschaftlich relevante Funktion, indem sie zur Teilhabe und Mitbestimmung der Beschäftigten in den Dienststellen beitragen und die Wirksamkeit von Tarifverträgen stützen. Durch die Artikulation von gemeinsamen Interessen verschiedener Beschäftigtengruppen – womit nicht nur Beamtinnen, Beamte und Tarifbeschäftigte gemeint sind, sondern auch verschiedene Tätigkeitsfelder und Berufe sowie Unterschiede hinsichtlich Geschlecht, Alter und Herkunft – leisten Personalräte zudem einen Beitrag zur betrieblichen Sozialintegration.

Zwar begrenzt die Differenzierung in die beiden Beschäftigungssysteme der Beamtinnen und Beamten und der Tarifbeschäftigten durch das Gruppenprinzip die integrativen Effekte; dennoch sind die Personalräte des öffentlichen Dienstes Akteure, die dem »betrieblichen Universalismus« (Schmidt 2020) dienen, indem sie auf der Basis von Regeln der Gleichbehandlung agieren. Personalräte vertreten nicht nur die Rechte von Beschäftigten, sondern wirken auch darauf hin, dass Gesetze und Tarifverträge befolgt und Willkür und Korruption verhindert werden.

Eine funktionierende betriebliche Sozialintegration darf als wesentliches Element eines gelingenden gesellschaftlichen Zusammenhalts gelten. Damit erfüllen Personalräte – wie auch die Betriebsräte (Kotthoff 2009) – eine wichtige gesellschaftliche Funktion, die stärker wahrgenommen und gewürdigt werden sollte. Wenn sich Zivilgesellschaft, Gewerkschaften und betriebliche Beschäftigtenvertretungen verbünden, begünstigt dies Ausweitung und Zugewinn der demokratischen Kontrolle über Dienstleistungen und Infrastruktur sowie deren ökologischen und sozialen Umbau. Hierzu können Personalräte ihren Beitrag leisten, insbesondere wenn sie starke Mitbestimmungsrechte sowie gesellschaftliche Sichtbarkeit und Anerkennung erhalten.

Literatur

Ahlers, Elke/Villalobos, Valeria Quispe (2022): Fachkräftemangel in Deutschland? Befunde der WSI-Betriebs- und Personalrätebefragung 2021/22. WSI-Report Nr. 76. www.wsi.de/de/faust-detail.htm?sync_id=HBS-008345 (Abruf am 18.1.2024).

Altvater, Lothar/Baden, Eberhard/Baunack, Sebastian/Berg, Peter/Dierßen, Martina/Herget, Gunnar/Kröll, Michael/Lenders, Dirk/Noll, Gerhard (2020): Bundespersonalvertretungsgesetz. Basiskommentar mit Wahlordnung und ergänzenden Vorschriften für Gerichte, Bahn, Post, Bundeswehr und NATO. 9., überarbeitete Auflage. Frankfurt am Main: Bund-Verlag.

Artus, Ingrid/Böhm, Sabine/Lücking, Stefan/Trinczek, Rainer (Hrsg.) (2006): Betriebe ohne Betriebsrat. Informelle Interessenvertretung in Unternehmen. Frankfurt am Main: Campus.

Artus, Ingrid/Liebold, Renate/Lohr, Karin/Schmidt, Evelyn/Schmidt, Rudi/Strohwald, Udo (2001): Betriebliches Interessenhandeln, Bd. 2. Opladen: Leske und Budrich.

Artus, Ingrid/Röbenack, Silke (2021): Betriebsräte ohne Gewerkschaften? Zur Praxis und Problematik der Erosion eines Kooperationsverhältnisses. In: Industrielle Beziehungen 28, S. 471–492.

Artus, Ingrid/Röbenack, Silke/Kraetsch, Clemens (2019): Betriebsräte ohne Gewerkschaften? Zur Praxis und Problematik gewerkschaftsferner betrieblicher Mitbestimmung. Study 428. Düsseldorf: Hans-Böckler-Stiftung. www.boeckler.de/de/faust-detail.htm?sync_id=HBS-007264 (Abruf am 18.1.2024).

Bach, Stephen/Bordogna, Lorenzo (Hrsg.) (2016): Public Service Management and Employment Relations in Europe. Emerging from the Crisis. New York/London: Routledge.

Bahnmüller, Reinhard/Deutschmann, Christoph/Schmidt, Werner (2021): Die Dynamik der Finanzialisierung vor und nach der Finanzkrise – und heute? In: Buhr, Daniel/Frankenberger, Rolf/Schroeder, Wolfgang/Zolleis, Udo (Hrsg.): Innovation im Wohlfahrtstaat – Neue Ideen für Wissenschaft und Politik. Festschrift für Josef Schmid. Baden-Baden: Nomos, S. 169–190.

Bahnmüller, Reinhard/Hoppe, Markus (2014): Weiterbildung in Kommunalverwaltungen. Bestandsaufnahme, tarifliche Regelungen, Empfehlungen. Reihe Modernisierung des öffentlichen Sektors, Sonderband 44. Berlin: edition sigma.

Behrens, Martin (2008): Still Married After All These Years? Union Organizing and the Role of Work Councils in German Industrial Relations. In: Industrial & Labor Relations Review 62, H. 3, S. 275–293.

Behrens, Martin/Brehmer, Wolfram (2022): Betriebs- und Personalräte in Zeiten der Covid-Pandemie. WSI-Report Nr. 75. www.wsi.de/de/faust-detail.htm?sync_id=HBS-008316 (Abruf am 18.1.2024).

Birke, Peter (2022): Grenzen aus Glas. Arbeit, Rassismus und Kämpfe der Migration in Deutschland. Wien/Berlin: Mandelbaum Verlag.

Bogner, Alexander/Littig, Beate/Menz, Wolfgang (Hrsg.) (2005): Das Experteninterview: Theorie, Methode. 2. Auflage. Wiesbaden: VS Verlag für Sozialwissenschaften.

Bogumil, Jörg/Grohs, Stephan/Kuhlmann, Sabine/Ohm, Anna K. (2007): Zehn Jahre Neues Steuerungsmodell. Eine Bilanz kommunaler Verwaltungsmodernisierung. Reihe Modernisierung des öffentlichen Sektors, Sonderband 29. Berlin: edition sigma.

Böhme, Margit (2001). Personalvertretungsrecht zwischen Demokratie- und Rechtsstaatsprinzip. Tübingen: Dr. Kovač.

Bosch, Aida/Ellguth, Peter/Schmidt, Rudi/Trinczek, Rainer (1999): Betriebliches Interessenhandeln, Bd. 1. Opladen: Leske + Budrich.

Brehmer, Wolfram (2016): Mitbestimmung im öffentlichen Dienst – eine empirische Analyse der Determinanten vertiefter Personalratsbeteiligung. Dissertation 2014, Universität Konstanz. https://d-nb.info/1111565295/34 (Abruf 18.1.2024).

Brinkmann, Ulrich/Choi, Hae-Lin/Detje, Richard/Dörre, Klaus/Holst, Hajo/Karakayali, Serhat/Schmalstieg, Catharina (2008): Strategic Unionism: Aus der Krise zur Erneuerung. Wiesbaden: VS Verlag für Sozialwissenschaften.

Czerwick, Edwin (2007): Die Ökonomisierung des öffentlichen Dienstes. Dienstrechtsreformen und Beschäftigungsstrukturen seit 1991. Wiesbaden: VS Verlag für Sozialwissenschaften.

Dannenberg, Onno/Däubler, Wolfgang/Diers, Helke/Fuchs, Karl-Detlef/Graue, Bettina/Grauvogel, Michael/Gude, Michael/Hansen, Sonja/Kamm, Désirée/Kramer, Ingo/Lewin, Danka/Oetjens, Reiner/Ramm, Thomas/Rinken, Alfred/Rust, Ursula/Sandmann, Bernd/Staack, Daniel/Staack, Sabrina (2016): Gemeinschaftskommentar zum BremPersVG. Bremen/Boston: Kellner Verlag.

Däubler, Wolfgang/Kittner, Michael (2020): Geschichte der Betriebsverfassung. Frankfurt am Main: Bund-Verlag.

DBB Beamtenbund und Tarifunion (Hrsg.) (2022): Monitor öffentlicher Dienst 2022. Berlin: dbb Verlag.

Destatis (Hrsg.) (o.J.): Arbeitnehmervertretungen. www.destatis.de/DE/Themen/Arbeit/Arbeitsmarkt/Qualitaet-Arbeit/Dimension-5/arbeitnehmervertretungen.html (Abruf am 18.1.2024).

Destatis (Hrsg.) (diverse Jahrgänge): Fachserie 14, Reihe 6: Finanzen und Steuern, Personal des öffentlichen Dienstes. Wiesbaden: Statistisches Bundesamt.

Destatis (2020): Finanzen und Steuern. Personal des öffentlichen Dienstes. Wiesbaden: Statistisches Bundesamt.

Destatis (2021a): Finanzen und Steuern. Personal des öffentlichen Dienstes. Wiesbaden: Statistisches Bundesamt.

Destatis (2021b): Gemeindeverzeichnis. Gemeinden in den Ländern nach Einwohnergrößenklassen. Gebietsstand: 31.12.2020. Erscheinungsmonat: September 2021.

Destatis (2022): Finanzen und Steuern. Personal des öffentlichen Dienstes. Wiesbaden: Statistisches Bundesamt.

Dilcher, Oliver/Gröschl-Bahr, Gabriele (2013): Bedingungsgebundene Tarifarbeit. In: Kocsis, Andrea/Sterkel, Gabriele/Wiedemuth, Jörg (Hrsg.): Organisieren am Konflikt. Tarifauseinandersetzungen und Mitgliederentwicklung im Dienstleistungssektor. Hamburg: VSA, S. 50–64.

Dose, Nicolai/Wolfes, Felix/Burmester, Carolin (2020): Kleinstaaterei im Dienstrecht der deutschen Bundesländer. Probleme bei der Bundesländergrenzen überschreitenden Mobilität von Landesbeamten nach der Föderalismusreform I. Reihe Modernisierung des öffentlichen Sektors, Standardband 45. Baden-Baden: Nomos.

Edenfeld, Stefan (2014): Arbeitnehmerbeteiligung im Betriebsverfassungs- und Personalvertretungsrecht. 4. Auflage, Köln: C. F. Müller.

Ellguth, Peter/Kohaut, Susanne (2022): Tarifbindung und betriebliche Interessenvertretung: Ergebnisse aus dem IAB-Betriebspanel 2021. In: WSI-Mitteilungen 75, S. 328–336.

Faber, Joachim (1979): Personalvertretung und Mitbestimmung im öffentlichen Dienst in der Bundesrepublik Deutschland und in Frankreich. Eine vergleichende, empirische Untersuchung der Bedingungen einer wirksamen Interessenvertretung der Beschäftigten im öffentlichen Dienst, Berlin: Duncker & Humblot.

Fabricius, Fritz (1955): Aus der Sozialgesetzgebung: Das Personalvertretungsgesetz. In: Soziale Welt 6, H. 2/3, S. 255–276.

Flick, Uwe (2008): Triangulation. Eine Einführung. 2. Auflage, Wiesbaden: VS Verlag für Sozialwissenschaften.

Fürstenberg, Friedrich (1958): Der Betriebsrat – Strukturanalyse einer Grenzinstitution. In: KZfSS 10, S. 418–429.

Gottschall, Karin/Kittel, Bernhard/Briken, Kendra/Heuer, Jan-Ocko/Hils, Sylvia/Streb, Sebastian/Tepe, Markus (2015): Public Sector Employment Regimes. Transformations of the State as an Employer, Basingstoke: Palgrave Macmillan.

Grabe, Lisa/Pfeuffer, Andreas/Vogel, Berthold (2012): »Ein wenig erforschter Kontinent«? Perspektiven einer Soziologie öffentlicher Dienstleistungen. In: Arbeits- und Industriesoziologische Studien 5, H. 2, S. 35–53.

Greifenstein, Ralph/Kißler, Leo (2000): Personalvertretung in Reformrathäusern – Zur Standortsuche von Personalräten im Modernisierungsprozess, Bd. 17. Berlin: edition sigma.

Greifenstein, Ralph/Kißler, Leo (2002): Personalräte zwischen Rationalisierungsschutz und Modernisierungsmanagement. In: Industrielle Beziehungen 9, S. 33–54.

Greifenstein, Ralph/Kißler, Leo (2010): Mitbestimmung im Spiegel der Forschung. Eine Bilanz der empirischen Untersuchungen 1952–2010. Berlin: edition sigma.

Greifenstein, Ralph/Kißler, Leo (2014): Wen Betriebsräte repräsentieren. Sozialprofil von Interessenvertretungen und Belegschaftsstrukturen: Spiegelbild oder Zerrbild? Berlin: edition sigma.

Hauser-Ditz, Axel/Hertwig, Markus/Pries, Ludger (2008): Betriebliche Interessenregulierung in Deutschland. Arbeitnehmervertretung zwischen demokratischer Teilhabe und ökonomischer Effizienz. Frankfurt am Main/New York: Campus.

Hopmann, Benedikt/Hachtmann, Rüdiger (2020): Wie sich die abhängig Beschäftigten organisierten. In: Gün, Isaf/Hopmann, Benedikt/Niemerg, Reinhold (Hrsg.): Gegenmacht statt Ohnmacht. 100 Jahre Betriebsverfassungsgesetz: Der Kampf um Mitbestimmung, Gemeineigentum und Demokratisierung. Hamburg: VSA, S. 10–17.

Hyman, Richard (2008): The state in industrial relations. In: Blyton, Paul/Bacon, Nicolas/Fiorito, Jack/Heery, Edmund (Hrsg.): The Sage Handbook of Industrial relations. Los Angeles/London/New Delhi/Singapore: Sage, S. 258–284.

Infas (Hrsg.) (2007): WSI-Personalräte-Erhebung 2007 (Tabellenband) [unveröffentlichtes Manuskript].

Jirjahn, Uwe (2010): Ökonomische Wirkungen der Mitbestimmung in Deutschland: Ein Update. Arbeitspapier 186. Düsseldorf: Hans-Böckler-Stiftung.

Kearney, Richard C./Mareschal, Patrice M. (2014): Labor Relations in the Public Sector. 5. Auflage. Boston: CRC Press.

Keller, Berndt (1981): Determinants of the wage rate in the public sector: The case of civil servants in the Federal Republic of Germany. In: British Journal of Industrial Relations 19, S. 345–360.

Keller, Berndt (2010): Arbeitspolitik im öffentlichen Dienst. Ein Überblick über Arbeitsmärkte und Arbeitsbeziehungen. Reihe Modernisierung des öffentlichen Sektors, Sonderband 36. Berlin: edition sigma.

Keller, Berndt (2014a): Der öffentliche Dienst in der Finanz- und Schuldenkrise. Austeritätspolitik und die Entwicklung der Arbeitsbeziehungen. In: Sozialer Fortschritt 63, H. 1–2, S. 30–39.

Keller, Berndt (2014b): The continuation of early austerity measures: the special case of Germany. In: Transfer 20, S. 387–402.

Keller, Berndt (2016): Germany: Retrenchment Before the Great Recession and Its Lasting Consequences. In: Bach, Stephen/Bordogna, Lorenzo (Hrsg.): Public Service Management and Employment Relations in Europe: Emerging from the Crisis. New York/London: Routledge, S. 191–217.

Keller, Berndt (2020): Employment relations without collective bargaining and strikes: the unusual case of civil servants in Germany. In: Industrial Relations Journal 51, S. 110–133.

Keller, Berndt/Schnell, Rainer (2003): Zur empirischen Analyse von Personalräten – Strukturdaten und Probleme der Interessenvertretung. In: WSI Mitteilungen 56, S. 185–193.

Keller, Berndt/Schnell, Rainer (2005): Sozialstruktur und Problemfelder der Interessenvertretung im öffentlichen Dienst. Eine empirische Untersuchung von Personalräten in West- und Ostdeutschland. In: Berliner Journal für Soziologie 15, S. 87–102.

Killian, Werner/Schneider, Karsten (1998): »Konzern Stadt« und Interessenvertretung. Herausbildung neuer Arbeitsbeziehungen im kommunalen Sektor. In: Industrielle Beziehungen 5, S. 270–297.

Kißler, Leo/Bogumil Jörg/Greifenstein, Ralph/Wiechmann, Elke (1997): Moderne Zeiten im Rathaus? Reform der Kommunalverwaltungen auf dem Prüfstand der Praxis. Reihe Modernisierung des öffentlichen Sektors, Sonderband 8. Berlin: edition sigma.

Kißler, Leo/Graf, Melanie/Wiechmann, Elke (2000): Nachhaltige Partizipation. Beschäftigtenbeteiligung als Beitrag für mehr Chancengleichheit. Reihe Modernisierung des öffentlichen Sektors, Sonderband 14. Berlin: edition sigma.

Klemm, Matthias/Liebold, Renate (2017): Qualitative Interviews in der Organisationsforschung. In: Liebig, Stefan/Matiaske, Wenzel/Rosenbohm, Sophie (Hrsg.): Handbuch Empirische Organisationsforschung. Wiesbaden: Springer, S. 299–324.

Kotthoff, Hermann (1994): Betriebsräte und Bürgerstatus. Wandel und Kontinuität betrieblicher Mitbestimmung. München/Mering: Rainer Hampp.

Kotthoff, Hermann (2009): Mitbestimmung in globalen Finanzmärkten – Inklusion/Exklusion durch institutionalisierte Mitbestimmung. In: Stichweh, Rudolf/Windolf, Paul (Hrsg.): Inklusion und Exklusion: Analysen zur Sozialstruktur und sozialen Ungleichheit. Wiesbaden: VS Verlag für Sozialwissenschaften, S. 325–340.

Kübler, Hartmut (1981): Der Einfluß des Personalrats. Empirische Studie am Beispiel der Gemeinden und Städte Baden-Württembergs. Stuttgart/München/Hannover: Richard Boorberg.

Kuckartz, Udo (2014): Qualitative Inhaltsanalyse. 2. Auflage. Weinheim/Basel: Beltz Juventa.

Kutlu, Yalçın (2013): Partizipative Streikführung: Der Erzieherinnenstreik. In: Schmalz, Stefan/Dörre, Klaus (Hrsg.): Comeback der Gewerkschaften? Machtressourcen, innovative Praktiken, internationale Perspektiven. Frankfurt am Main: Campus, S. 226–242.

LAG – Landesarbeitsgemeinschaft der Personalräte in Schleswig-Holstein (o.J.): Wir über uns. www.lagpr.de/wir-ueber-uns/ (Abruf am 18.1.2024).

Lehndorff, Steffen/Dribbusch, Heiner/Schulten, Thorsten (2018): European trade unions in a time of crises – an overview. In: Lehndorff, Steffen/Dribbusch, Heiner/Schulten, Thorsten (Hrsg.): Rough waters: European trade unions in a time of crises. Second edition. Brussels: ETUI, S. 7–38.

Liebold, Renate/Trinczek, Rainer (2002): Experteninterview. In: Kühl, Stefan/Strodtholz, Petra (Hrsg.): Methoden der Organisationsforschung. Ein Handbuch, Reinbek: Rowohlt, S. 33–71.

Litschen, Kai (2007): Leistungsorientierte Vergütung: Ein Katalysator des Kulturwandels im öffentlichen Dienst. In: Matiaske, Wenzel/Holtmann, Doris (Hrsg.): Leistungsvergütung im öffentlichen Dienst. München/Mering: Rainer Hampp, S. 87–92.

Mareschal, Patrice M. (2017): Public Sector Labour Relations in the United States: Austerity, Politics and Policy. In: Industrielle Beziehungen 24, S. 450–471.

Marx, Karl (1872–73/2017): Das Kapital. Kritik der politischen Ökonomie, Bd. 1, Buch I: Der Produktionsprozess des Kapitals. Neue Textausgabe. Hamburg: VSA.

Maurice, Marc/Sorge, Arndt (2000): Embedding Organizations. Societal Analysis of Actors, Organization and Socio-Economic Context. Amsterdam: John Benjamins.

Mayntz, Renate/Scharpf, Fritz W. (1995): Der Ansatz des akteurzentrierten Institutionalismus. In: Mayntz, Renate/Scharpf, Fritz W. (Hrsg.): Gesellschaftliche Selbstregulierung und Steuerung. Frankfurt am Main: Campus, S. 39–72.

Mayring, Phillip (2010): Qualitative Inhaltsanalyse. Grundlagen und Techniken. 11. Auflage. Weinheim/Basel: Beltz Juventa.

Minssen, Heiner/Riese, Christian (2007): Professionalität der Interessenvertretung. Arbeitsbedingungen und Organisationspraxis von Betriebsräten. Berlin: edition sigma.

Müller, Andrea/Ramos-Vielba, Irene/Schmidt, Werner/Thörnquist, Annette/Thörnqvist, Christer (2015): How do trade unions in the public sector respond to austerity before and since the recent crisis? Paper prepared for the IREC 2015 conference 10–11/09/2015, Gothenburg University.

Müller, Andrea/Schmidt, Werner (2023): Staff councils and their power resources – Workplace representation in German municipalities. In: Employee Relations 45, S. 106–120.

Müller, Steffen (2015): Works Councils and Labour Productivity: Looking beyond the Mean. In: British Journal of Industrial Relations 53, S. 308–325.

Müller, Steffen/Stegmaier, Jens (2017): Why is there resistance to works councils in Germany? An economic perspective. In: Economic and Industrial Democracy 3, S. 540–561.

Müller-Jentsch, Walther (1991): Vorwort des Herausgebers. In: Müller-Jentsch, Walther (Hrsg.): Konfliktpartnerschaft. Akteure und Institutionen der industriellen Beziehungen. München/Mering: Rainer Hampp.

Müller-Jentsch, Walther (2004): Theoretical Approaches to Industrial Relations. In: Kaufman, Bruce E. (Hrsg.): Theoretical Perspectives on Work and the Employment Relationship. Champaign: IRRA, S. 1–40.

Müller-Jentsch, Walther (2018): Seven decades of industrial relations in Germany: Stability and change through joint learning processes. In: Employee Relations 40, S. 634–653.

Müller-Jentsch, Walther/Seitz, Beate (1998): Betriebsräte gewinnen Konturen. Ergebnisse einer Betriebsräte-Befragung im Maschinenbau. In: Industrielle Beziehungen 5, S. 361–387.

Neumann, Volker (2019): Repräsentation als staatsrechtswissenschaftliches Thema vom Vormärz bis heute. In: Voigt, Rüdiger (Hrsg.): Repräsentation. Eine Schlüsselkategorie der Demokratie. Baden-Baden: Nomos, S. 15–43.

Ossenbühl, Fritz (1986): Grenzen der Mitbestimmung im öffentlichen Dienst. Baden-Baden: Nomos.

Potthoff, Werner (1965): Die »Mitbestimmung« der Beamten im öffentlichen Dienst. Dissertation, Westfälische Wilhelms-Universität Münster.

Rinken, Alfred (1996): Demokratie und Hierarchie. Zum Demokratieverständnis des Zweiten Senats des Bundesverfassungsgerichts. In: Kritische Vierteljahresschrift für Gesetzgebung und Rechtswissenschaft 79, H. 3, S. 282–309.

Schäfer, Claus/Seifert, Hartmut/Ziegler, Astrid (2008): Wissen, was Betriebsräte bewegt. In: Mitbestimmung 7+8, www.boeckler.de/de/maga

zin-mitbestimmung-2744-wissen-was-betriebsraete-bewegt-11182.htm (Abruf am 18.1.2024).

Schmalstieg, Catharina (2015): Prekarität und kollektive Handlungsfähigkeit. Gewerkschaftsarbeit im Niedriglohnsektor. Das Beispiel USA. Hamburg: VSA.

Schmalz, Stefan/Dörre, Klaus (2014): Der Machtressourcenansatz: Ein Instrument zur Analyse gewerkschaftlichen Handlungsvermögens. In: Industrielle Beziehungen 21, S. 217–237.

Schmalz, Stefan/Ludwig, Carmen/Webster, Edward (2018): The power resources approach: developments and challenges. In: Global Labour Journal 9, H. 2, S. 113–134.

Schmidt, Werner (2005): Industrielle Beziehungen, Interesse und Anerkennung. Plädoyer für eine duale Perspektive. In: Industrielle Beziehungen 12, S. 51–73.

Schmidt, Werner (2020): Geflüchtete im Betrieb. Integration und Arbeitsbeziehungen zwischen Ressentiment und Kollegialität, Bielefeld: transcript.

Schmidt, Werner/Müller, Andrea (2013): Leistungsorientierte Bezahlung in den Kommunen: Befunde einer bundesweiten Untersuchung. Berlin: edition sigma.

Schmidt, Werner/Müller, Andrea (2018): Germany: an intertwined two-part system of unilateralism and collective bargaining. In: Labor History 59, S. 71–86.

Schmidt, Werner/Müller, Andrea (2022): Trade union power resources in the public and the private sector: What makes the difference? The German example. Paper presented at the 13th ILERA European Congress, 8.–10. September 2022, Barcelona.

Schmidt, Werner/Müller, Andrea/Ramos-Vielba, Irene/Thörnquist, Annette/Thörnqvist, Christer (2018): Finanzmarktkrise und Arbeitsbeziehungen im öffentlichen Sektor. Deutschland, Großbritannien, Schweden und Spanien. Reihe Modernisierung des öffentlichen Sektors, Sonderband 48. Baden-Baden: Nomos.

Schmidt, Werner/Müller, Andrea/Ramos-Vielba, Irene/Thörnquist, Annette/Thörnqvist, Christer (2019): Austerity and public sector trade union power: Before and after the crisis. In: European Journal of Industrial Relations 25, S. 129–145.

Schmidt, Werner/Müller, Andrea/Trittel, Nele (2011): Der Konflikt um die Tarifreform des öffentlichen Dienstes: Verhandlungsprozesse und Umsetzungspraxis. Berlin: edition sigma.

Schmidt, Werner/Trittel, Nele/Müller, Andrea (2011): Performance-related pay in German public services. The example of local authorities in North Rhine-Westphalia. In: Employee Relations 33, S. 140–158.

Schneider, Karsten (2002a): Arbeitspolitik im »Konzern Stadt«. Zwischen der Erosion des Zusammenhalts im kommunalen Sektor und den effizienzfördernden Wirkungen organisatorischer Dezentralisierung. Baden-Baden: Nomos.

Schneider, Karsten (2002b): Mitbestimmung im »Konzern Stadt«. Arbeitspolitische Implikationen des dezentralisierten kommunalen Sektors. In: Industrielle Beziehungen 9, S. 7–32.

Schroeder, Wolfgang (2014): Perspektiven der industriellen Beziehungen in der deutschen Exportwirtschaft und die Rolle der Finanz- und Wirtschaftskrise 2008/2009. In: Sozialer Fortschritt 63, H. 1–2, S. 21–30.

Schroeder, Wolfgang/Weßels, Bernhard (2003): Das deutsche Gewerkschaftsmodell im Transformationsprozess: Die neue deutsche Gewerkschaftslandschaft. In: Schroeder, Wolfgang/Weßels, Bernhard (Hrsg.): Die Gewerkschaften in Politik und Gesellschaft. Wiesbaden: Westdeutscher Verlag, S. 11–37.

Silver, Beverly J. (2003): Forces of Labor: Workers' movements and globalization since 1870. Cambridge: Cambridge University Press.

Streeck, Wolfgang/Thelen, Kathleen (2005): Introduction. In: Streeck, Wolfgang/Thelen, Kathleen (Hrsg.): Beyond Continuity. Oxford: Oxford University Press, S. 1–39.

Teuteberg, Hans Jürgen (1981): Ursprünge und Entwicklung der Mitbestimmung in Deutschland. In: Zeitschrift für Unternehmensgeschichte, 19. Beiheft, S. 7–73.

Thünken, Oliver/Morgenroth, Sissy/Hertwig, Markus/Fischer, Alrun (2020): Kampf um Mitbestimmung: Antworten auf »Union Busting« und die Behinderung von Betriebsräten. Bielefeld: transcript.

Tietel, Erhard (2008): Konfrontation – Kooperation – Solidarität. Betriebsräte in der sozialen und emotionalen Zwickmühle. 2. Auflage. Berlin: edition sigma.

Trinczek, Rainer (1995): Experteninterviews mit Managern. Methodische und methodologische Hintergründe. In: Brinkmann, Christian/Deeke, Axel/Völkel, Brigitte (Hrsg.): Experteninterviews in der Arbeitsmarktforschung, Beiträge zur Arbeitsmarkt- und Berufsforschung 191, S. 59–68.

Trittel, Nele/Schmidt, Werner/Müller, Andrea/Meyer, Thomas (2010): Leistungsentgelt in den Kommunen. Typologie und Analyse von Dienst- und Betriebsvereinbarungen. Reihe Modernisierung des öffentlichen Sektors, Sonderband 35. Berlin: edition sigma.

Voswinkel, Stephan (2001): Anerkennung und Reputation. Die Dramaturgie industrieller Beziehungen. Mit einer Fallstudie zum »Bündnis für Arbeit«. Konstanz: UVK.

Voswinkel, Stephan (2012): ›Recognition‹ and ›interest‹: a multidimensional concept in the sociology of work. In: Distinktion. Scandinavian Journal of Social Theory 13, S. 21–41.

Walton, Richard E./McKersie, Robert B. (1965): A Behavioral Theory of Labor Negotiations. An Analysis of a Social Interaction System. New York: ILR Press.

Wendeling-Schröder, Ulrike (1987): Mitbestimmung im öffentlichen Bereich und Demokratieprinzip. In: Arbeit und Recht 35, S. 381–387.

Wilkesmann, Uwe/Wilkesmann, Maximiliane/Virgillito, Alfredo/Bröcker, Tobias (2011): Erwartungen an Interessenvertretung. Analysen anhand repräsentativer Umfragedaten, Berlin: edition sigma.

Witzel, Andreas (1982): Verfahren der qualitativen Sozialforschung. Überblick und Alternativen. Frankfurt am Main/New York: Campus.

Witzel, Andreas (2000): Das problemzentrierte Interview. In: Forum Qualitative Sozialforschung 1(1), Artikel 22.

Wright, Erik Olin (2000): Working-Class Power, Capitalist-Class Interests, and Class Compromise. In: American Journal of Sociology 105, S. 958–1002.